L'EXPRESSION POUR TOUS

techniques d'expression
orale et écrite

formation continue des adultes
et formation initiale
niveau intermédiaire

Gilberte Niquet
Assistante à l'université
des sciences et techniques de Lille I

Roger Coulon
Certifié Lettres Classiques

HACHETTE
Technique

Nous adressons nos plus vifs remerciements au C.U.E.E.P. (Centre Université, Économie d'Éducation Permanente - Lille) sans la participation duquel nous n'aurions pu mener à bien cet ouvrage.

Cet ouvrage est complété par :

- un cahier d'activités et de travaux,
- une cassette à usage collectif (durée de l'enregistrement : 1 heure).

Aux ouvrières de chez Damart mon respect, mon affection.

G.N.

ISBN 2.01.006007.5

bons baisers de vacances

Nous sommes nombreux à avoir écrit ces mots au dos d'une carte postale, et cependant, ce n'était pas exactement ce que nous voulions dire. Ce que nous désirions exprimer était plus personnel, plus détaillé aussi, plus joli sans doute. Nous aurions voulu dire, par exemple, aux êtres chers que nous avions laissés, et qui ne partaient pas en vacances, que nous les aimions bien et que nous pensions à eux. Ou bien nous aurions souhaité partager avec eux ce que nous découvrions : paysages, rencontres, idées nouvelles. « Bons baisers de vacances », pourtant ! Nous n'avons pas exprimé ces choses.

La même situation se produit souvent dans les moments importants de notre vie. Un chagrin nous arrive, par exemple ; nous nous sentons malheureux, presque perdus. Ce qui nous intéressait hier ne nous dit plus rien aujourd'hui. Écouter la radio, parler aux autres, à l'usine, au bureau, en classe, regarder les magasins, faire du sport : tout nous est pénible. Nous voudrions en parler à quelqu'un pour être compris et encouragés. Et cependant, bien souvent, nous nous contentons de phrases toutes faites, qui disent peu de chose de l'étendue de notre peine et de notre difficulté à en sortir : « J'en ai marre... J'ai le cafard... Ça ne va pas... » On appelle ces phrases là « des expressions », et on a bien raison, car elles ne sont pas « notre » expression. Elles ne sont l'expression de personne d'ailleurs, car elles traînent partout. Ce sont des phrases toutes faites. On les appelle encore « des clichés ».

La joie nous inspire souvent la même attitude. Voilà, par exemple, qu'un être arrive dans notre vie et l'illumine : c'est un petit enfant, un nouvel ami, un ou une fiancé(e). Ou bien nous sommes heureux parce que nous avons réussi quelque chose : un objet, une performance sportive, un examen, etc. Dans ces moments de notre vie, nous éprouvons le besoin de nous exprimer. Cela est indispensable à notre joie. Et cependant, nous nous contentons bien souvent de clichés : « C'était bien... C'était chouette... C'est formidable... »

Cela signifie-t-il que nous ne sommes pas capables de nous exprimer avec des mots? Qu'il y a ceux qui savent écrire et ceux qui ne sont pas faits pour cela? Certainement pas. La vérité est tout autre. La vérité est que chacun de nous porte en soi une richesse : le désir de s'exprimer et l'aptitude à le faire. Cette richesse n'a pas toujours été épanouie par la vie ; elle a même été recouverte, peu à peu, par certaines choses : les soucis matériels, la fatigue, si bien que nous ne percevons plus sa présence. Mais elle *est*. Elle est intacte en nous, en profondeur, comme une source souterraine; et rien, rien ne peut remplacer, pour ceux que nous aimons, les mots et les gestes qu'elle nous inspire. Un écrivain français, Sacha Guitry, disait avec raison : « Le plus grand poète du monde, assis à son bureau, ne trouvera pas, en les cherchant, des mots d'amour plus beaux que ceux murmurés spontanément par n'importe qui à l'oreille de n'importe qui. »

La source est en nous. Les pages qui vont suivre n'ont pas d'autre but que d'aider à son éveil. Puisse l'utilisateur de ce livre les suivre avec confiance ! Alors, au fil des jours, la source jaillira... Et nous aimerons les messages que nous écrirons avec nos mots. Comme des gouttes d'eau que la lumière transforme en soleils, ils deviendront les « bons baisers » de notre joie et de celles des autres.

LES AUTEURS

« En nous est une source puissante. Une énergie plus forte que celle de mille soleils. »

M. Gray,
Le Livre de la vie.

1

s'exprimer

L'EXPRESSION PAR L'IMAGE

L'EXPRESSION PAR LA MUSIQUE

L'EXPRESSION PAR LES MOTS

L'EXPRESSION PAR LES TEXTES

CRÉATION

■ L'EXPRESSION PAR LA PHOTO

présentation

Les pages qui suivent vont vous présenter quelques *photos*. Regardez-les attentivement, puis choisissez-en une. Ce sera peut-être celle que vous trouverez la plus belle, ou celle qui vous touchera, ou une autre qui vous parlera pour d'autres raisons. L'important, c'est que cette photo soit vraiment choisie par vous.

activité

● Efforcez-vous ensuite d'écrire *un petit texte* pour cette photo. Ce texte pourra la décrire, comme vous le ferez peut-être en rentrant chez vous : « On m'a demandé de décrire une photo qui représentait... » Ou bien le texte pourra dire pourquoi vous l'avez choisie.
Ou bien encore, il accompagnera la photo comme cela arrive dans les revues et les magazines : une photo, un commentaire.

Ne cherchez pas à « construire » à tout prix votre texte. Ne cherchez pas les mots rares, les phrases parfaites. Regardez la photo et laissez simplement sortir de vous les mots qu'elle vous inspire.

● Vous avez écrit votre texte... Lisez-le et relisez-le en silence de façon à en donner aux autres une belle lecture, quand le moment du partage sera venu.

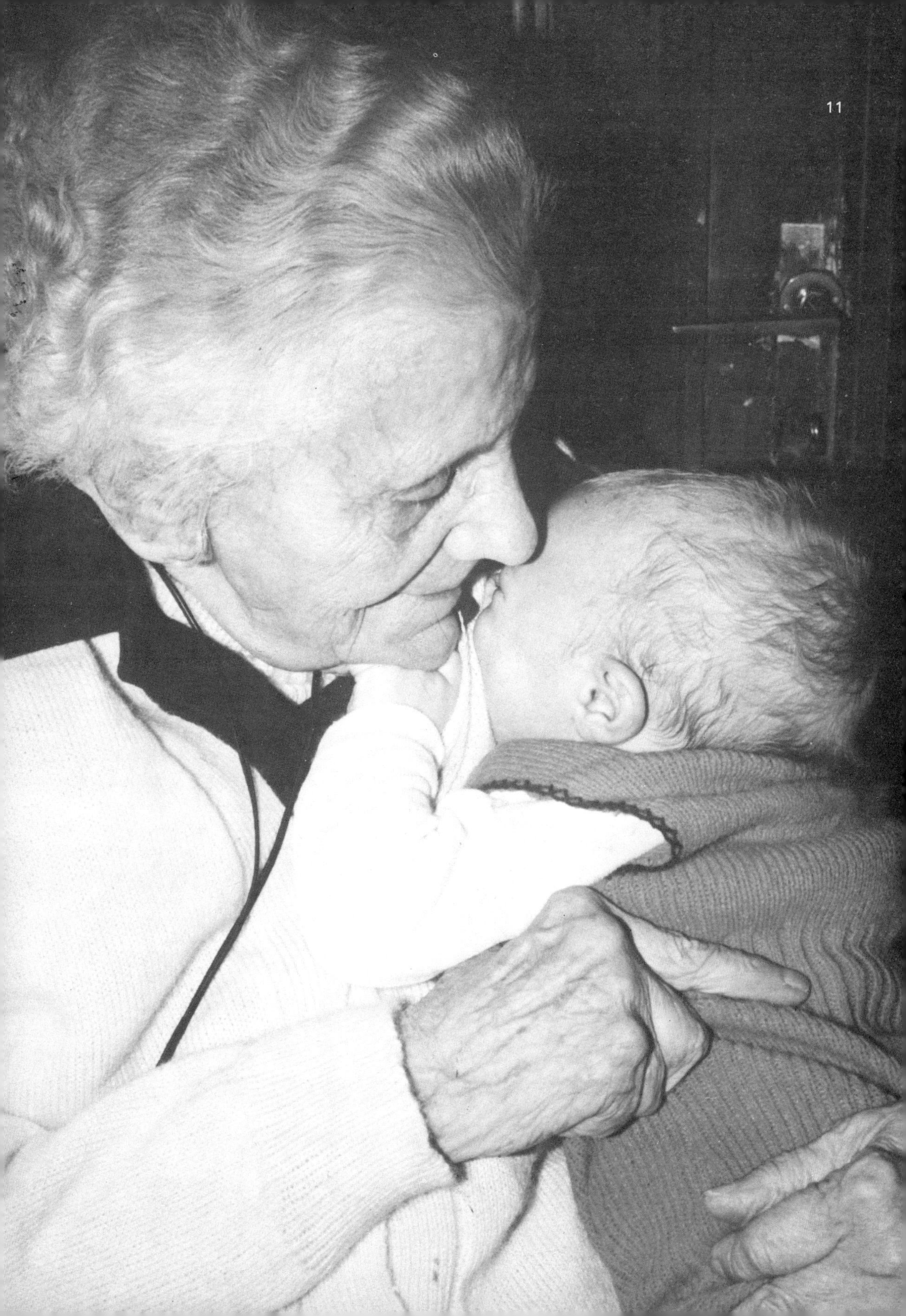

12

Agence Nationale Pour l'Emploi
afpa
JEUNES
venez

■ L'EXPRESSION PAR LA PEINTURE

présentation

Voici à présent *un tableau* d'un artiste moderne.

activité

● Essayez de donner *un titre* à ce tableau, ou composez un petit texte qui l'accompagnera comme une légende.

● Votre formateur va vous révéler à présent le titre que l'artiste a donné à son œuvre.
Qu'en pensez-vous?

● Suivez la consigne de l'exercice précédent pour les deux tableaux qui suivent.

● Connaissez-vous la peinture? Avez-vous déjà vu des tableaux ou des reproductions? Si vous possédez une reproduction que vous aimez, apportez-la; les autres s'exprimeront à son sujet. Ils lui donneront un titre ou composeront une légende qui l'accompagnera.

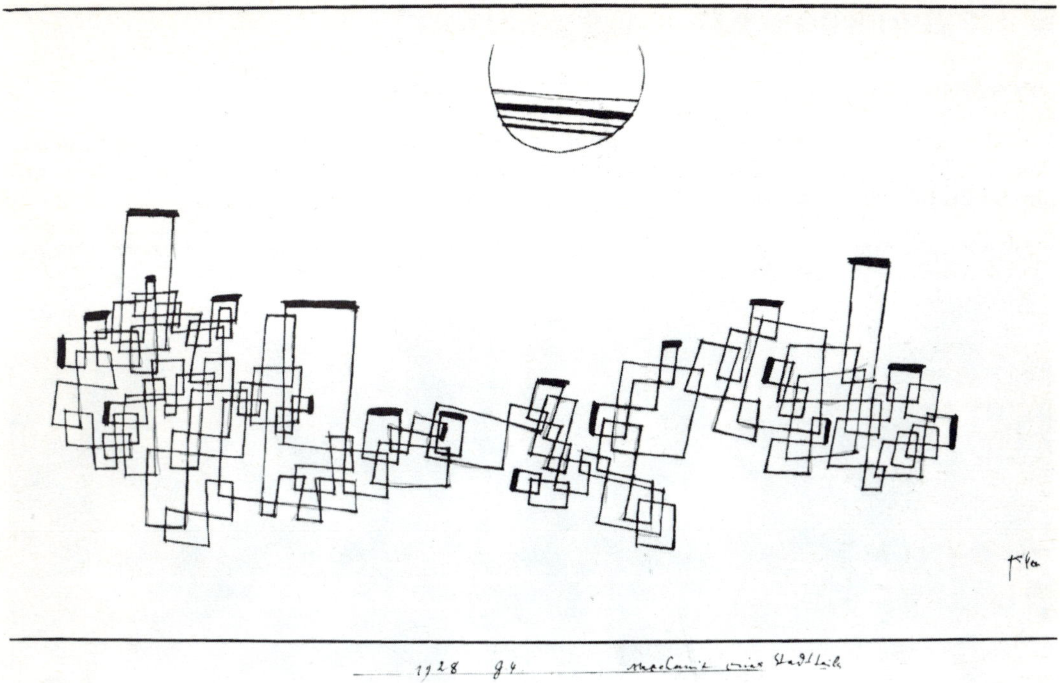

■ L'EXPRESSION PAR LA SCULPTURE

présentation

Les photographies ci-dessous représentent deux *sculptures*. Celles-ci ont été réalisées par un grand artiste, Rodin.

activité

● Essayez de composer *une légende* qui accompagnera l'une ou l'autre des sculptures, à votre choix.

L'EXPRESSION PAR LE DESSIN

LES VACANCES

Vie de la forêt et des eaux...

Présence des feuillages, de la lumière, et de l'eau qui chante sous les herbes...

Le temps de voir ces choses...

Le temps de s'y sentir heureux : Vacances !

présentation

Les *dessins* qui vont suivre évoquent les vacances. Regardez-les attentivement, puis prenez la parole si l'un d'eux évoque une forme de vacances que vous aimez, ou que vous détestez, ou simplement que vous avez connue.

activité

- A présent, choisissez *un mot* qui symbolise ce que représentent pour vous les vacances. Le choix sera sans doute difficile car les vacances sont faites de beaucoup de choses ; mais il s'agit de choisir ce qui est le plus important pour vous. Quand vous aurez trouvé ce mot, allez l'écrire au tableau. Peu importe si un autre l'a déjà choisi, il est *le vôtre.*

- Essayez maintenant d'expliquer le mot que vous avez porté au tableau, en construisant autour de lui *un texte court.* Ce texte pourra ressembler à celui présenté ci-dessus : une série de noms aboutissent au mot « vacances ». Ou bien il pourra adopter une structure très simple : « Les vacances, c'est... » Ou bien encore, il pourra avoir, si vous le désirez, un autre aspect. L'essentiel est qu'il soit vraiment *votre texte.*

- Lorsque vous aurez écrit votre texte, vous essaierez d'en donner aux autres une bonne lecture.

Hoviv

— Vous pouvez descendre, il y a deux places là en bas.

■ L'HABITAT

présentation

La rue, le quartier, on y vit tous les jours, on y passe pour rentrer chez soi ou pour sortir, et souvent on y fait les courses.

Les dessins qui vont suivre évoquent différentes sortes d'habitations et de quartiers. Regardez-les, et prenez la parole si l'un d'eux vous inspire des réflexions.

activité

● Comme vous l'avez fait pour « les vacances », portez au tableau *un mot* qui symbolise votre rue ou votre quartier. Puis essayez d'expliquer ce mot par *un texte court*.

● Essayez ensuite d'évoquer par *un dessin* ce qui serait pour vous l'habitation idéale ou le quartier idéal. Ne dites pas : « Je ne sais pas dessiner » ; les gens qui n'ont pas l'habitude de dessiner font souvent des dessins naïfs qui ont du charme et qui sont expressifs. N'hésitez pas aussi à utiliser des couleurs différentes, si vous le désirez : ce dessin doit être vraiment *votre expression*.

Quand il sera terminé, présentez-le aux autres et commentez-le, soit par une légende écrite, soit en prenant la parole.

RUE
MOHAT

l'expression par la musique

présentation

La musique... L'aimez-vous? Vous arrive-t-il d'en écouter? Comment : à la radio? en passant un disque? Quel genre de musique aimez-vous? Jouez-vous d'un instrument? Si non, auriez-vous aimé en jouer?

Votre formateur va vous faire entendre *un morceau de musique*. Vous l'entendrez une première fois, puis une seconde fois en sourdine.

activité

- Notez par *des noms* les images qu'il vous inspire. Ce sera peut-être pour certains : « fête, joie, enfants, etc. »; pour d'autres : « torrent, feuillage, été, etc. ». Cela dépendra de votre réaction à cette musique.
- L'audition finie, construisez *un texte* avec les noms que vous aurez jetés sur le papier. Ce texte exprimera votre réaction à la musique.

l'expression par les mots

■ L'AMOUR, L'AMITIÉ, LA NATURE : LA VIE

présentation

Vous vous êtes exprimé jusqu'ici à partir de photos, de tableaux, de sculptures ou de dessins. Vous êtes invité à le faire, à présent, à partir de *mots*.

activité

● Neuf séries de mots vous sont proposées ; choisissez la série qui vous attire le plus, et composez *un texte court* qui utilise l'ensemble ou une partie de ces mots.

1re série : des hommes, une main, la parole, fraternel (le).

2e série : le printemps, boutons d'or, joie.

3e série : le ballon, le but, un dieu.

4e série : mère, tendresse, trésor, soleil.

5e série : lui, elle, soleil, je t'aime.

6e série : petit chat, bleu, feu, lampe.

7e série : un enfant, un outil, la maison, la vie.

8e série : mon enfant, petite pêche, ma vie, l'aurore.

9e série : nuages, rivière, enfant, loup.

● Efforcez-vous à présent de donner aux autres une bonne lecture de votre texte.

● Voici maintenant les textes que différents auteurs ont écrits avec les mots que vous venez d'employer. Repérez ces mots et *soulignez-les*.

1) Parce que le même ciel nous enveloppe,
Parce que nous sommes taillés dans la même étoffe,
Parce que nous sommes tous des hommes,
La parole, quand elle est vraie, peut aider comme une main fraternelle.

M. Gray,
Le Livre de la vie.

2) Le printemps, ce sont les fleurs, les animaux, les enfants et les femmes qui ont quitté leurs manteaux noirs pour des robes bouton d'or. La joie, c'est de vivre.

R. Barjavel,
Les Années de la lune.

3) Il a conquis le ballon et seul, sans se presser, il descend vers le but adverse. O majesté légère comme s'il courait dans l'ombre d'un dieu...

H. de Montherlant,
Les Olympiques.

4) Souviens-toi de la tendresse maternelle
Des mains de ta mère modelant ton visage
Les nerfs tendus par les rayons durs du soleil canicule
Trésor sans prix, inégalable, mère.

J.B. Mutabaruka,
Anthologie négro-africaine.

5) Quand elle l'attendait quelque part et le voyait arriver, c'était comme si mille soleils s'allumaient dans le ciel et transformaient la terre. Elle sentait se gonfler dans sa poitrine comme un nuage de lumière... Il lui demandait en souriant ce qu'elle avait. Elle répondait : je t'aime.

R. Barjavel,
Le Grand Secret.

6) Tu es mort aujourd'hui, mon compagnon le chat
Bleu de fumée, ô petit frère entre les lampes...
Tu as mis à mourir une patiente ardeur
Te battant pour la vie avec ton large cœur...
Mon petit feu du soir, roi couronné d'oreilles
Tu as perdu ainsi tous les prochains soleils...

A. Sodenkamp,
Sainte Terre.

7) La vie, c'est un livre qu'on aime, c'est un enfant qui joue à vos pieds, un outil qu'on tient bien dans sa main, un banc pour se reposer le soir devant sa maison.

J. Anouilh,
Antigone, 1944.

8) Pour mon enfant frais
Comme une petite pêche mûre
Tu vas tomber dans ma vie
Et je te cueillerai avec soin
Pour garder longtemps
Ton odeur de fruit
Et ta peau d'aurore.

D. Jallais,
Les Couleurs de la mer.

9) La faim fait rêver les grands loups moroses,
La rivière court, le nuage fuit,
Derrière la vitre où la lampe luit,
Les petits enfants ont des têtes roses.

V. Hugo,
L'Art d'être grand-père.

LA PLUIE, LE VENT, LE FEU, LA NEIGE

présentation

La pluie... Les poètes la célèbrent, la comparant aux doigts des fées ou à des perles. Selon les époques, les paysans la redoutent ou souhaitent sa venue. Les gens des villes ne l'aiment guère généralement... Et vous?

activité

• Avec l'une ou l'autre des séries de mots qui vont suivre, efforcez-vous de composer *un texte* pour la pluie. Vous verrez ensuite ce que des poètes ont fait avec ces mêmes mots.

1re **série** : pluie ô pluie ô pluie ô averse, mouille.

2e **série** : doigts bleus, feuilles mortes, tambourin.

3e **série** : machine à coudre, pluie, aiguilles, vite.

4e **série** : petit nuage, drapeau blanc, seau.

• Voici les textes que différents auteurs ont écrits avec les mots que vous venez d'employer. Repérez ces mots et *soulignez-les.*

1) **Il pleut**

Averse averse averse averse averse averse
pluie ô pluie ô pluie ô ! ô pluie ô pluie ô pluie !
gouttes d'eau gouttes d'eau gouttes d'eau gouttes d'eau
parapluie ô parapluie ô paraverse ô !
paragouttes d'eau paragouttes d'eau de pluie
capuchons pélerines et imperméables
que la pluie est humide et que l'eau mouille et mouille !
mouille l'eau mouille l'eau mouille l'eau mouille l'eau
et que c'est agréable agréable agréable
d'avoir les pieds mouillés et les cheveux humides
tout humides d'averse et de pluie et de gouttes
d'eau de pluie et d'averse et sans un paragoutte
pour protéger les pieds et les cheveux mouillés
qui ne vont plus friser qui ne vont plus friser
à cause de l'averse à cause de la pluie
à cause de l'averse et des gouttes de pluie
des gouttes d'eau de pluie et des gouttes d'averse
cheveux désarçonnés cheveux sans parapluie.

R. Queneau,
Si tu t'imagines.

2) La pluie, la pluie aux doigts bleus,
Joue sur la peau des feuilles mortes
Son air de joyeux tambourin.

La pluie, la pluie aux yeux verts,
Danse sa danse tournoyante
Et fait des ronds dans la poussière.

J. Richepin.

3) **La pluie**

Machine à coudre de la pluie
Pique Pique Pique Pique
Le tulle des nuages gris
Sur les toits luisants de Paris.
Cet habit de cérémonie,
C'est pour qui? Pour qui? Pour qui?

C'est la Tour Eiffel aujourd'hui
Vite Vite Vite Vite
Qui s'unit au ciel de Paris.
La mariée s'est vêtue de pluie
L'époux s'est revêtu de gris
C'est pour lui ! Pour lui ! Pour lui !

A Notre-Dame de Paris
C'est le rite rite rite
L'archevêque en cérémonie
Les bénira sur le parvis.
Le blanc pour elle, à lui le gris,
C'est la vie ! La vie ! La vie !

Machine à coudre de la pluie
Pique Pique Pique Pique
Mille aiguilles sur les toits gris
Cousent, recousent son habit.
A la fenêtre je m'ennuie
C'est tant pis ! Tans pis ! Tans pis !

J. Charpentreau,
La Ville enchantée.

4) Nuage

Diaphane, un petit nuage est passé.
Petit, petit,
Léger, léger,
Sans prétention,
Sans ambition,
Avec... un rien d'eau... sur le dos.
Pas combatif pour deux seaux,
Folâtre, inconscient,
Ayant hissé le drapeau blanc.
Et derrière lui, ventripotents,
Sombres et tout de noir vêtus... ses parents,
Désolés d'avoir engendré
Cet élément
Récalcitrant,
Avaient bien envie de pleurer !

P. Gauthiez.

● **A présent, composez *un petit texte* qui évoque, à votre gré, l'un ou l'autre des éléments suivants : le feu, la neige, le vent.**

L'AUTOMNE, LES SAISONS

présentation

L'automne... C'est la saison prestigieuse où les arbres se couvrent d'or, où la forêt a des couleurs chaleureuses... Mais c'est aussi la saison qui annonce l'hiver, le froid, les jours raccourcis. Aimez-vous cette saison ?

activité

● **Évoquez l'automne dans *un petit texte* en utilisant, selon les sentiments qu'il vous inspire, l'une ou l'autre des séries suivantes.**

1re **série** : torches, flammes, or, fête.

2e **série** : mouillé, rouillé, fini.

3e **série** : ciel gris, or pâle, silence, frémir.

4e **série** : octobre, allumer, gris doux, baisers.

5e **série** : fleurs, glacer, soleil, refroidir, heures.

● **Voici les textes que des auteurs ont écrits avec les mots que vous venez d'employer. Repérez ces mots et *soulignez-les*.**

1) Féerie d'automne

Octobre survenant, l'automne a mis ses torches aux quatre coins des bois [...] La forêt est comme un livre d'heures avec des dessins éclatants, des lettres ornées, des arabesques et des filets dorés à chaque feuille.

C'est merveille de suivre tout ce travail d'enluminure. Et que de tons variés dans ces couleurs d'automne ! Les saules ont des roux argentés ; les cerisiers et les érables des flammes écarlates ; les cornouillers des tons vineux ; les tilleuls, l'acacia, des blonds fades ; les hêtres des rougeurs de chaudron ; les chênes des teintes mordorées. On dirait que le bois se prépare à une fête vénitienne. Tout flambe. Tout est buisson ardent. Et la forêt, crêtant d'or le coteau, semble chanter sous le soleil d'octobre en hymne triomphal.

J. Nesmy,
La Féerie des bois.

2) On ne peut plus s'asseoir, tous les bancs sont mouillés,
Crois-moi, c'est bien fini jusqu'à l'année prochaine,
Tant les bancs sont mouillés, tant les bois sont rouillés,
Et tant les cors ont fait ton ton, ont fait ton taine !...

J. Laforgue,
L'Hiver qui vient.

3) Dans un bois en automne

Depuis la première gelée, il a suffi d'un coup de vent : et toutes les feuilles sont tombées. Pas toutes, non. Il en reste encore quelques-unes aux branches dénudées, ovales délicats et roux sur le ciel gris. De temps à autre, l'une se détache, glisse dans l'air et vient, en planant, ajouter une simple touche d'or pâle ou de feu sur le tapis qui jonche la terre [...]

Avec l'humidité, une odeur prenante, ineffable, s'élève du sol spongieux, faite de bois mort et de pourriture, de lichen, de terreau et de mousse. Une feuille roule, on ne sait pourquoi, et dans le silence végétal, le long des herbes lourdes d'eau, ce crissement léger comme un signal m'a fait frémir.

E. Herriot,
On n'est pas perdu sur la Terre.

4) C'est la douceur d'octobre et la pipe allumée.
Un rouge-gorge chante au boueux soleil pâle
Je viens d'entrer dans le gris très doux de ma chambre.
Aujourd'hui, le souvenir de mes chagrins est moins amer.
Je me revois tout jeune, en octobre, à quatre heures,
Quand j'étais écolier et que mon dictionnaire
Avait des dates qui étaient des baisers [...]

F. Jammes,
Le deuil des Primevères.

5) Ces feuilles qui tombent comme nos ans, ces fleurs qui se fanent comme nos heures, ces nuages qui fuient comme nos illusions, cette lumière qui s'affaiblit comme notre intelligence, ce soleil qui se refroidit comme nos amours, ces fleurs qui se glacent comme notre vie, ont des rapports secrets avec nos destinées.

Chateaubriand,
Mémoires d'Outre-Tombe.

● **A présent, composez** ***un texte*** **qui évoque une des trois saisons : l'hiver, l'été ou le printemps, à votre choix.**

S'EXPRIMER PAR LA POÉSIE

présentation

Vous vous êtes exprimé jusqu'ici à partir d'images ou de mots. Vous êtes invité à le faire à présent à partir des *textes*. Ceux-ci ne sont pas autre chose qu'une suite de mots, organisée, façonnée, de manière à exprimer un message.

Voici d'abord un poème de Jacques Prévert.

Paris at night

Trois allumettes une à une allumées dans la nuit
La première pour voir ton visage tout entier
La seconde pour voir tes yeux
La dernière pour voir ta bouche
Et l'obscurité tout entière pour rappeler tout cela
En te serrant dans mes bras.

J. Prévert,
Paroles.

activité

● **Aimez-vous ou non ce poème? Pourquoi? Vous êtes invité à vous exprimer à partir de la question suivante : si vous pouviez, à l'instant, craquer trois allumettes en donnant un sens à ce geste, pour qui ou pour quoi les craqueriez-vous?**

Trois allumettes une à une allumées dans...
La première pour...
La seconde pour...
La dernière pour...
Et l'obscurité tout entière pour...

● **Vous pouvez, si vous le désirez, changer le titre du poème.**

présentation

Voici un poème de Germaine Beaumont. Vous êtes invité à en prendre connaissance.

J'écris avec l'encre noire, les chagrins de tous les jours, et leur trame sans histoire, et leur éternel retour... J'écris le deuil des saisons et le mal de la raison, et le jour près de s'éteindre.

J'écris avec l'encre verte un jardin que je connais.
J'écris les feuilles et l'herbe que le printemps remuait...
J'écris la lumière douce des chemins de mon pays...

Avec l'encre violette, j'écris les soirs de bruyères sur les terres désolées et j'écris les âmes fières de n'être pas consolées.

J'écris avec l'encre rouge tous les feux qui m'ont brûlée et tous les rubis qui bougent dans le fond des cheminées, et le soleil qui se couche sur ses plus longues journées, et toutes les roses qui sur la mer s'en sont allées...

J'écris avec l'encre bleue le vol du geai dans les bois.
J'écris la mer un dimanche et sa frissonnante voix.

G. Beaumont,
Les Nouvelles littéraires, 22 juillet 1954.

activité

● **A votre tour, dites ce que vous exprimeriez avec l'une des encres du texte, ou avec une encre d'une autre couleur, à votre choix.**

J'écris avec l'encre...

présentation

Dans le texte qui suit, un père enseigne la vie à son fils.

Le plus important dans la vie,
Mon garçon,
C'est l'air pour respirer,
C'est l'eau pure pour boire,
C'est...
C'est...
C'est...
C'est...

activité

● **Essayez d'achever le poème. En retournant votre livre, vous verrez ensuite la fin que l'auteur a donnée à ce poème.**

C'est l'air pour respirer,
C'est l'eau pure pour boire,
C'est le lait pour se nourrir,
C'est la terre pour y marcher,
C'est le temps pour bien le remplir.
Mon garçon, parfois
L'air s'appelle liberté,
L'eau pure est synonyme d'amitié,
Le lait est pour tous ceux qu'on aime,
La terre est un devoir,
Le temps est une conscience.

A. Bosquet,
La Nouvelle Guirlande de Julie.

---

présentation

Voici le début d'un poème. Celui-ci est écrit et chanté par Oscar Mathus.

activité

● **Prenez connaissance de ce poème et essayez de l'achever.**

Un cœur

J'ai besoin d'un cœur presqu'infini
Grand ouvert à la vie des autres.
Un cœur jouet pour les enfants pauvres.
Un cœur repos pour...
Un cœur dimanche pour...
Un cœur vaillant comme celui...
Un cœur qui...
Un cœur sans...
Un cœur qui...
Aujourd'hui, le cœur que j'ai ne me suffit plus.

O. Mathus,
Hombre Canta.
Le Chant du Monde,
LDX 74.49.09

● **En retournant votre livre, voyez à présent comment l'auteur a achevé son poème.**

Un cœur repos pour les paysans,
Un cœur dimanche pour les ouvriers,
Un cœur vaillant comme celui des mineurs,
Un cœur qui sente l'encre et le papier neuf,
Un cœur sans race, sans couleur et sans langue,
Un cœur qui ne réponde qu'au seul nom d'homme.
Aujourd'hui, le cœur que j'ai ne me suffit plus.

---

présentation

Le texte qui suit est un extrait d'une chanson de Jacques Brel.

Litanie pour un retour

Mon cœur ma mie mon âme
Mon ciel mon feu ma flamme [...]

Mon chant mon rire mon vin ma joie
Mon aube mon cri ma vie ma foi [...]

Mon cœur ma mie mon âme
Mon ciel mon feu ma flamme
Mon corps ma chair mon bien
Voilà que tu reviens.

J. Brel.

activité

● **A la manière de Jacques Brel, essayez d'évoquer à votre tour un être que vous aimez. Ce sera peut-être un enfant, un (e) ami (e), un (e) fiancé (e), un époux ou une épouse, ou même un animal, pourquoi pas? L'essentiel est que vous l'évoquiez bien à travers les images qu'il ou qu'elle vous inspire. Vous pourrez ensuite terminer le poème comme vous le voudrez.**

Mon... ma... mon...
Mon... mon... mon...
etc.,

Voilà que...

présentation

Le texte qui va suivre est extrait d'un long poème de Jacques Prévert. L'auteur y évoque des gens qu'on côtoie quotidiennement. Ce sont pour la plupart des êtres qui travaillent et qui souffrent.

Tentative de description d'un dîner de têtes à Paris-France

Ceux qui mangent de la mauvaise viande [...]
Ceux qui passent leurs vacances dans les usines
Ceux qui ne savent pas ce qu'il faut dire [...]
Ceux qui fabriquent dans les caves les stylos avec lesquels d'autres écriront en plein air que tout va pour le mieux
Ceux qui ont trop à dire pour pouvoir le dire
Ceux qui ont du travail
Ceux qui n'en ont pas
Ceux qui en cherchent [...]
Ceux dont on prend les empreintes [...]
Ceux qui n'ont jamais vu la mer [...]
Ceux qui n'ont pas l'eau courante [...]
Ceux qui vieillissent plus vite que les autres.

J. Prévert, *Paroles*.

activité

• Ajoutez un vers ou deux au poème de Jacques Prévert en évoquant d'autres *ceux qui*. Puis essayez de terminer le poème en vous posant l'une ou l'autre des questions suivantes : « Qu'arrivera-t-il un jour à ces gens-là? » ou « Quel souhait est-ce que je forme pour ces gens-là? »

présentation

Voici maintenant le texte qu'un adulte a composé pour sa mère infirme.

Quand je n'aurai plus

Quand je n'aurai plus, non, plus à pousser
Le fauteuil infirme où tu t'es figée,

Quand je n'aurai plus, non, plus à porter
Ce corps douloureux qui t'a capturée,

Quand je n'aurai plus, non, plus à lisser
La peau chiffonnée de tes doigts fermés,

Quand je n'aurai plus, non, plus à hausser
Le son de ma voix pour te rencontrer,

Quand je n'aurai plus, non, plus tout cela,
Comme tu me manqueras !

G. Niquet.

activité

• Essayez d'évoquer à votre tour des activités de votre vie quotidienne. Cela vous mènera peut-être à donner à votre texte un aspect émouvant, comme dans le poème ci-dessus, ou au contraire un aspect amusant, à votre choix.

Quand je n'aurai plus, non, plus à . . . .
. . . .
Quand je n'aurai plus, non, plus à . . . .
. . . .
Quand je n'aurai plus, non, plus à . . . .
. . . .
Comme . . . . !

■ S'EXPRIMER SUR DES THÈMES

■ NOËL

présentation

Noël, Nouvel An... Ces jours de fête sont pour beaucoup d'entre nous des moments d'affection et de joie. Pour d'autres, hélas ! ces journées sont cruelles : elles accentuent leur solitude, ou leur rendent plus pénible encore la peine qu'ils ressentent ou la misère où ils se trouvent.

Jehan Rictus, poète du début de notre siècle, évoque un de ces êtres. Il a écrit son poème dans la langue que parlait ce personnage.

Nous sommes donc dans la première partie de notre siècle, vers les années 1920... C'est un soir de Noël... Du bord d'un trottoir parisien, une jeune prostituée prie la Vierge...

La Charlotte prie Notre-Dame durant la nuit du réveillon

Seigneur Jésus, je pense à vous !
Ça m'prend comm' ça gn' y a pas d'offense !
J' suis mort' de froid, j' me tiens pus d'bout,
Ce soir encor... j'ai pas eu d' chance.

Ce soir, pardi ! C'est Réveillon :
On n' voit passer qu' des rigoleurs ;
J' gueul'rais « au feu » ou « au voleur »,
Qu' personne il y f'rait attention.

Et vous aussi, Vierge Marie,
Sainte Vierge, Mère de Dieu,
Qui pourriez croir' que j' vous oublie,
Ayez pitié du haut des cieux.

J' suis là, Saint' Vierge, à mon coin d' rue
Où d'pis l'apéro, j' bats la semelle ;
J' suis qu'eune ordur' ; qu'eun' fill' perdue,
C'est la Charlotte qu'on m'appelle [...].

Vierge Marie... pleine de grâce...
J' suis fauchée à mort, vous savez ;
Mes pognets, c'est pus qu'eun' crevasse
Et me v'là ce soir su' l' pavé.

Si j'entrais m' chauffer à l'église,
On m' foutrait dehors, c'est couru ;
Ça s' voit trop que j' suis fill' soumise...
(Oh ! mand' pardon, j' viens d'dir' « foutu »).

T'nez, z'yeutez, c'est la Saint-Poivrot ;
Tout flamb', tout chahut', tout reluit...
Les restaurants et les bistrots
Y z'ont la permission d' la nuit.

Tout chacun n' pens' qu'à croustiller.
Y a plein d' mond' dans les rôtiss'ries,
Les épic'mards, les charcut'ries,
Et ça sent bon l' boudin grillé.

Ça m' fait gazouiller les boïaux !
Brrr ! à présent Jésus est né.
Dans les temps, quand c'est arrivé
Si g'lait comme y gèle, c'te nuit,
Su' la paill' de vot' écurie
V's'z'avez rien dû avoir frigo,
Jésus et vous, Vierge Marie.

Bing !... On m'bouscule avec des litres,
Des pains d'quatr'livr's, des assiett's d'huîtres,
Non, r'gardez-moi tous ces salauds !
(Oh ! esscusez, Vierge Marie,
J'crois qu'j'ai cor dit un vilain mot !)

N'est-c'pas que vous êt's pas fâchée
Qu'eun'fill' d'amour plein' de péchés
Vous caus' ce soir à sa magnère
Pour vous esspliquer ses misères?
Dit's-moi que vous êt's pas fâchée !

C'est vrai que j'ai quitté d'chez nous,
Mais c'était qu'la dèche et les coups,
La doche à crans, l'dâb toujours saoul,
Les frangines déjà affranchies...
(C'était h'un vrai enfer, Saint'Vierge ;
soit dit sans ête eune effrontée,
vous-même y seriez pas restée.)

C'est vrai que j'ai plaqué l'turbin,
Mais l'ouvrièr' gagn'pas son pain.
Quoi qu'a fasse, alle est mal payée,
A n'fait mêm'pas pour son loyer.
A la fin, quoi, ça décourage,
On n'a pus de cœur à l'ouvrage,
Ni le caractère ouvrier.

J'dois dire encor', Vierge Marie !
Que j'ai aimé sans permission
Mon p'tit... « mon béguin »... un voyou,
Qu'est en c'moment en Algérie,
Rapport à ses condamnations.

(Mais quand on a trinqué tout gosse,
On a toujours besoin d'caresses,
On se meurt d'amour tout' sa vie.
On s'arr' fait pas que voulez-vous !) [...]

Enfin, je suis dégringolée,
Souvent on m'a mise à l'hosto,
Et j'm'ai tant battue et soûlée,
Que j'en suis plein' de coups d'couteau.

Bref, je suis pus qu'eun' salop'rie,
Un vrai fumier Vierge Marie !
(Seul'ment, quoi qu'on fasse ou qu'on dise
Pour essayer d'se bien conduire,
Y a quéqu'chos' qu'est pus fort que vous.)

Eh ben, c'est pas des boniments,
J'vous l'jur', c'est vrai, Vierge Marie !
Malgré comm'ça qu'j'aye fait la vie,
J'ai pensé à vous ben souvent.

Et ce soir encor ça m'rappelle
Un temps, qui jamais n'arr'viendra,
Ousque j'allais à vot'chapelle
Les mois que c'était votre fête

J'arr' vois vot' bell' rob' bleue, vot' voile,
(mêm' qu'il était piqué d'étoiles,)
Vot' bell' couronn' d'or su' la tête
Et votre trésor su' les bras.
Pour sûr que vous étiez jolie
Comme eun' reine, comme un miroir,
Et c'est vrai que j' vous r'vois ce soir
Avec mes z'yeux de gosseline ;
C'est comm' si j'y étais... parole.

Seul'ment, c'est pus comme à l'école ;
Ces pauv's callots, ce soir, Madame,
Y sont rougis et pleins de larmes.

Aussi, si vous vouliez, Saint'Vierge,
Fair' ce soir quelque chos' pour moi,
En vous rapp'lant de ce temps-là,
Ousque j'étais pas eune impie ;
Vous n'avez qu'à l'ver un p'tit doigt
Et n'pas vous occuper du reste...

J'vous d'mand' pas des chos's... pas honnêtes !
Fait's seul'ment que j'trouve et ramasse
Un port'-monnaie avec galette
Perdu par un d'ces muf's qui passe
(A moi plutôt qu'au balayeur !) [...]

Ou alorss, si vous pouvez pas,
Ou voulez pas, Vierge Marie...
Vous allez m'trouver ben hardie,
Mais... faits'moi de suit sauter l'pas !

Et pis... emm'nez-moi avec vous,
Prenez-moi dans le Paradis
Ousqu'y fait chaud, ousqu'y fait doux,
Ou pus jamais j'f'rai la vie. [...]

Ah ! emm'nez-moi, dit's... emm'nez-moi
Avant que la nuit soye passée
Et que j'soye encor ramassée ;
Saint'Vierge, emm'nez-moi, j'vous en prie !

Je n'en peux pus de grelotter...
T'nez... allumez mes mains gercées
Et mes p'tits souliers découverts ;
J'n'ai toujours qu'mon costum' d'été
Qu'j'ai fait teindre en noir pour l'hiver.

Voui, emm'nez-moi, dit's, emm'nez-moi.
Et comme y doit gn'y avoir du ch'min,
Si des fois vous vous sentiez lasse,
Vierge Marie, pleine de grâce,
De porter à bras not'Seigneur,
(Un enfant c'est lourd à la fin.)

Vous me l'repass'rez un moment,
Et moi, je l'port'rai à mon tour,
(Sans le laisser tomber par terre),
Comm'je faisais chez mes parents
La p'tit' moman dans les faubourgs.
Quand j'trimballais mes petits frères.

J. Rictus,
Les Soliloques du pauvre.

activité

● **Dites, en quelques lignes, ce qu'évoquent pour vous Noël ou les fêtes de fin d'année.**

■ L'ENFANCE

présentation

Voici maintenant une suite de textes. Tous évoquent l'enfance. Prenez-en connaissance, puis indiquez le texte que vous préférez et pourquoi.

1) Lorsque l'enfant paraît, le cercle de famille
Applaudit à grands cris ; son doux regard qui brille
Fait briller tous les yeux,
Et les plus tristes fronts, les plus souillés peut-être,
Se déridant soudain à voir l'enfant paraître,
Innocent et joyeux.

V. Hugo,
Les Feuilles d'automne.

2) Le juge

Dites de lui ce qu'il vous plaira, moi je connais les fautes de mon enfant.
Ce n'est point parce qu'il est sage que je l'aime, mais parce qu'il est mon petit enfant.
Que savez-vous de la tendresse qu'il peut inspirer, vous qui prétendez faire un compte exact de ses qualités et de ses défauts ?
Quand je dois le punir c'est alors qu'il ne fait plus qu'un avec moi-même.
Quand je fais couler ses larmes, mon cœur pleure avec lui.
Seul je puis blâmer et punir, car seul celui qui aime a le droit de châtier.

R. Tagore,
La jeune lune, trad. Sturge Moore.

3) Seigneur, préservez-moi, préservez ceux que j'aime
Frères, parents, amis, et mes ennemis même
Dans le mal triomphant
De jamais voir, Seigneur, l'été sans fleurs vermeilles
La cage sans oiseaux, la ruche sans abeilles
La maison sans enfants.

V. Hugo,
Les Feuilles d'automne.

4) L'origine

« D'où suis-je venu ? Où m'as-tu trouvé ? » demande Bébé à sa mère.
Elle pleure et rit tout à la fois et, pressant l'enfant sur sa poitrine, lui répond :
« Tu étais caché dans mon cœur, mon chéri, tu étais son désir.
« Tu étais dans les poupées de mon enfance et quand, chaque matin, je modelais dans l'argile l'image de mon dieu, c'était toi que je faisais et défaisais alors [...]
« Dans tous mes espoirs, dans toutes mes amours, dans ma vie, dans la vie de ma mère, tu as vécu. »

R. Tagore,
La jeune lune, trad. Sturge Moore.

5) Les grandes personnes ne comprennent jamais rien toutes seules, et c'est fatigant, pour les enfants, de toujours et toujours leur donner des explications.

A. de Saint-Exupéry,
Le Petit Prince.

6) Le temps des mirages

Tu dis
Regarde les cheveux
Et c'est un arbre
Tu dis
Donne la lune
Pour manger
Tu dis
Je t'aime
Grand comme une maison
Tu prends les grains de café
Pour des chocolats
Le mimosa
Pour des œufs durs
Les nuages
Pour des locomotives
Tu crois
Que les phares ont des yeux
Que les autos ont des oreilles
Que les chats parlent
Que les vaches existent
Seulement sur les gruyères.

D. Jallais,
Les Couleurs de la mer.

7) Le don

Je désire te faire un don, mon enfant, car la vie nous emporte à la dérive.

Nos destinées nous sépareront [...].

Jeune est ta vie, longue ta route ; d'une seule gorgée tu bois la tendresse que nous t'apportons, puis tu te détournes et fuis loin de nous.

Tu as tes jeux et tes compagnons. Qu'importe si tu ne nous consacres ni temps ni pensée ?

Mais à nous, la vieillesse donne le loisir de compter les jours d'autrefois, de choyer dans nos cœurs ce que nos mains ont perdu pour jamais.

Le fleuve rapide coule en chantant et brise devant lui tous les obstacles. Mais la montagne immobile le suit avec amour et garde le souvenir du passé.

R. Tagore,
La jeune lune, trad. Sturge Moore.

activité

● **Vous êtes maintenant invité, à votre tour, à évoquer l'enfant.**

Composez ainsi *un petit texte* pour un enfant qui vous est cher, ou pour l'enfance de façon générale.

■ LE MÉTIER

présentation

Le métier... Nous lui donnons ou nous lui donnerons une bonne part de notre vie : les heures de nos matinées et de nos après-midi ; ou celles de nos nuits.

Les textes qui vont suivre évoquent différents métiers. Prenez-en connaissance, puis dites celui que vous préférez et pourquoi.

1) Usine

Un atelier, quelque part dans la banlieue, un jour de printemps, pendant ces premières chaleurs si accablantes pour ceux qui peinent. L'air est lourd d'odeurs de peinture et de vernis. C'est ma première journée dans cette usine. Elle m'avait paru accueillante, la veille : au bout de toute une journée passée à arpenter les rues, à présenter des certificats inutiles, enfin ce bureau d'embauche avait bien voulu de moi. Comment se défendre, au premier instant, d'un sentiment de reconnaissance? Me voici sur une machine. Compter cinquante pièces... les placer une à la fois sur la machine, d'un côté, pas de l'autre... manier un levier... ôter la pièce... en mettre une autre... encore une autre... compter encore... Je ne vais pas assez vite. La fatigue se fait déjà sentir. Il faut forcer, empêcher qu'un instant d'arrêt sépare un mouvement du

mouvement suivant. Plus vite, encore plus vite ! Allons bon ! Voilà une pièce que j'ai mise du mauvais côté. Qui sait si c'est la première ? Il faut faire attention. Combien est-ce que j'ai fait de pièces les dernières dix minutes ? Je ne vais pas assez vite. Je force encore. Peu à peu, la monotonie de la tâche m'entraîne à rêver. Pendant quelques instants, je pense à bien des choses. Réveil brusque : combien est-ce que j'en fais ? Ça ne doit pas être assez. Ne pas rêver. Forcer encore. Si seulement je savais combien il faut en faire ! Je regarde autour de moi. Personne ne lève la tête, jamais. Personne ne sourit. Personne ne dit un mot. Comme on est seul ! Je fais 400 pièces à l'heure. Savoir si c'est assez ? Pourvu que je tienne à cette cadence. La sonnerie de midi, enfin. Tout le monde se précipite à la pendule du pointage, au vestiaire, hors de l'usine. Il faut aller manger. J'ai encore un peu d'argent, heureusement. Mais il faut faire attention. Qui sait si on va me garder ici ? Si je ne chômerai pas encore des jours et des jours ? Il faut aller dans un de ces restaurants qui entourent les usines. Ils sont chers. Certains plats semblent assez tentants, mais ce sont d'autres qu'il faut choisir, les meilleur marché. Ce repas n'est pas une détente. Quelle heure est-il ? Il reste quelques moments pour flâner. Mais sans s'écarter trop. L'heure avance. Il faut rentrer. Voici ma machine. Voici mes pièces. Il faut recommencer. Aller vite... Je me sens défaillir de fatigue et d'écœurement. Quelle heure est-il ? Encore deux heures avant la sortie. Comment est-ce que je vais pouvoir tenir ?

S. Weil,
La Condition ouvrière.

2) Que devrait être une usine aujourd'hui ? Avant tout elle devrait être *belle*. Notre déplorable école des Beaux-Arts a enseigné à des générations d'architectes comment construire des palais ! Elle envoyait les meilleurs d'entre eux rêver parmi les ruines de Rome, au lieu de leur expliquer qu'il y avait une tâche urgente : humaniser, embellir, rendre *attrayants* les lieux de travail de l'homme d'aujourd'hui, les lieux où il passe l'essentiel de sa vie consciente, le reste de son temps étant dévoré par les transports et le sommeil.

Une usine, au lieu de ces murs gris, de ces portails de caserne, de ces toits de suie, ce devrait être un bâtiment harmonieux, joyeux, coloré, clair, dont toutes les fumées et les poussières seraient avalées et digérées. A l'intérieur, entre les machines : des jardins, des fleurs, des couleurs, des formes *agréables et inutiles*. Autour d'elle, une forêt et ses rivières. Et, dans les clairières, les habitations des ouvriers, maisons individuelles ou petits immeubles, d'où ils pourraient venir à leur travail *à pied*, parmi les jeunes arbres, accompagnés par leurs enfants, leur chien et les bêtes libres de la forêt.

La société industrielle contemporaine, capitaliste ou marxiste, écrase l'homme, l'enfonce dans la laideur, la puanteur, la fatigue ahurissante, le contraint au mouvement perpétuel entre la hideur de son lieu de travail et les promiscuités de son lieu d'habitation. Tout cela parce qu'elle a la production comme unique finalité. L'homme n'est plus qu'un *moyen* de production et de consommation, au lieu d'être le but et la fin.

R. Barjavel,
Les Années de la lune.

3) Le père Mathieu

C'était un vieux
Un très vieux travailleur
Avec un front rude comme sa peine
Avec un regard simple comme son histoire
Avec des épaules lasses comme sa fatigue
C'était un vieux
Un très vieux travailleur

Avec des mains dures comme son métier
Avec des yeux clairs comme l'honnêteté
Et quand il vous disait les mots
Compagnon travail salut
Ces mots étaient plus beaux
Que tous les mots d'amour
Pour qui sait comprendre
La vie d'un vieux
D'un très vieux travailleur

J. Urbain,
Une pelle, une pioche et l'espérance,
in *Poèmes d'aujourd'hui pour les enfants de maintenant.*

4) L'électricien

Charles avait admiré l'adresse de Vidal dans sa façon de parler aux gens. Il l'admira de nouveau dans sa façon de conduire l'ouvrage. Le jeune garçon ne connaissait guère le métier d'électricien, mais il avait vu souvent des camarades, ou des adultes, travailler auprès de lui. Et il savait déjà qu'il existe plus d'une manière de travailler.

Vidal était beau à regarder. Il glissait à travers son travail, sans jamais accrocher, comme s'il en avait repéré d'avance tous les chemins. Sa longue habitude de travailler sans aide lui avait donné des élégances d'acrobate ou de prestidigitateur. A la seconde même où le besoin s'en faisait sentir, on voyait sortir, de dessous son bras, d'entre ses jambes, d'une poche de sa veste, un tournevis, une vrille, une pince, un marteau, une mignonne paire de tenailles. Soudain apparaissait, entre son pouce et son index, le boîtier d'un double mètre en métal élastique. Le ruban de métal filait le long du mur, puis rentrait brusquement, comme l'immense langue d'une bestiole. Jamais la mesure n'était fausse. Jamais on n'entendait Vidal grogner des « zut » ou des « sacré ceci ou cela ». Il n'accusait point les clous de se tordre exprès, ni le bois de se fendre, ni le plâtre du mur d'éclater par morceaux. Tout ce qu'il se permit de dire en ce sens fut, une fois : « Les murs ne sont pas fameux. » Dans son attitude à l'égard du travail, il restait même peut-être, quelque chose du voyou qu'il avait été : le refus de prendre la chose trop au sérieux, d'être trop servilement absorbé, de s'étonner de ce qui étonne ou déconcerte les autres. Quand il regardait l'ouvrage, de ses longs yeux plissés, il tenait à mettre les distances.

De temps en temps, il descendait de l'escabeau, allumait une cigarette, se reculait, examinait ce qui restait à faire.

J. Romains,
Les Hommes de bonne volonté.

5) Professeur

Un ancien professeur s'adresse à de jeunes collègues qui vont débuter.

Je ne me rappelle pas sans trouble mes premières classes. C'était au lendemain de la « Grande guerre », dans une petite ville du Nord. Au lendemain de cette immense erreur des hommes à laquelle j'avais pris part, parmi un peuple plein de souvenirs douloureux et passionnés, nous eûmes, des petits garçons et moi, à retrouver ensemble les chemins de la raison. Vous ferez bientôt la même expérience. Si celle des gens de mon âge fut plus pathétique, cela n'est dû qu'à des circonstances dont je ne vous souhaite pas qu'elles se reproduisent jamais. Votre propre expérience ne manquera pas d'être émouvante. Ce sera, au fond, le même débat. Cela se passera dans une ville de vous inconnue. Un matin d'octobre, vous trouverez devant vous vingt à trente enfants ; il y aura là des fils d'officiers, de paysans, d'ouvriers, d'avocats, d'industriels, de commerçants. Ils vous arriveront tout chargés des préjugés de leur famille, de leur fortune, de leur religion, de leur condition. Vous, vous ignorerez leur famille, leur fortune, leur religion, leur condition, vous leur demanderez leur nom. Et chaque nom ne sera pour vous que le nom d'un esprit, d'un visage curieux et avide. Ainsi, vous aurez devant vous vingt jeunes et purs esprits, que par acte de foi, dans le premier moment, vous proclamerez égaux, et vous les convoquerez tous ensemble à regarder en face la vérité. Celui qui aura l'audace et la force de la mieux regarder, sans seulement ciller les yeux, c'est celui-là qui sera pour vous le meilleur. La terrible inégalité des esprits vous apparaîtra bientôt. Vous ne vous y résignerez pas. Et vous n'aurez de cesse que tout ce petit monde, s'il ne reconnaît pas la lumière de la vérité, en sente du moins autour de lui, la chaleur. C'est cela une classe, Messieurs. N'avais-je pas raison de dire qu'elle est le lieu de la plus grande probité ? Les inégalités, les injustices, les roueries du monde y sont inconnues. On n'y pense au monde que pour le corriger.

Vous voilà donc au travail. Tout de suite, vous sentirez combien vous êtes trop savants. Bon gré, mal gré, vous devrez renoncer à la plus grande partie de votre science, et tous les jours devenir plus simples. Les enfants sont sages ; ils se moquent de l'érudition et du fatras. Ce qu'ils attendent, ce sont des idées fortes et claires qui remplissent leur raison et comblent leur imagination. Un jour enfin, après avoir quelque temps parlé dans une sorte de vide sonore, vous sentirez soudain que vous vous heurtez à des esprits, et, certain silence grave et attentif s'établissant dans la classe, vous pourrez vous dire que la communication est établie.

J. Guéhenno,
Sur le chemin des hommes.

activité

- **Vous êtes invité maintenant à évoquer en quelques lignes votre métier ou celui auquel vous vous destinez.**

■ DES CHOSES DE LA VIE

présentation

Le recueil de textes qui va suivre s'appelle *des choses de la vie*. C'est dire qu'il va évoquer ces moments tristes ou heureux, banals ou cocasses, que nous voyons passer au fil de l'existence et dont nous pensons : « C'est la vie... » Prenez connaissance des textes, puis indiquez celui qui vous a le plus marqué et pourquoi.

1) Déjeuner du matin

Il a mis le café
Dans la tasse
Il a mis le lait
Dans la tasse de café
Il a mis le sucre
Dans le café au lait
Avec la petite cuiller
Il a tourné
Il a bu le café au lait
Et il a reposé la tasse
Sans me parler
Il a allumé
Une cigarette
Il a fait des ronds
Avec la fumée
Il a mis les cendres
Dans le cendrier
Sans me parler
Sans me regarder
Il s'est levé
Il a mis
Son manteau de pluie
Parce qu'il pleuvait
Et il est parti sous la pluie
Sans une parole
Sans me regarder
Et moi j'ai pris
Ma tête dans ma main
Et j'ai pleuré.

J. Prévert,
Paroles.

2) Ramuz... l'amour n'est pas ce que l'on croit quand on commence.

Ce n'est pas seulement des baisers que l'on échange, ces petits mots qu'on se glisse à l'oreille ; ou bien, de se tenir serrés l'un contre l'autre : le temps de la vie est long, le jour des noces n'est qu'un jour, c'est ensuite, tu te rappelles? — C'est seulement ensuite qu'a commencé la vie.

Il faut faire, c'est défait. Il faut refaire, et c'est défait encore.

Les enfants viennent, il faut les nourrir, les habiller, les élever, ça n'en finit plus ; il arrive qu'ils soient malades : tu étais debout la nuit, moi, je travaillais du matin au soir.

Il y a des fois qu'on désespère : et les années se suivent, et on n'avance pas, et il semble qu'on revient en arrière.

Tu te souviens, femme ?

Tous ces soucis, tous ces tracas : seulement tu as été là. On est resté fidèle l'un à l'autre. Et ainsi j'ai pu m'appuyer sur toi et toi sur moi.

Le vrai amour n'est pas ce qu'on croit. Le vrai amour c'est pas d'un jour, mais de toujours.

R. Ramuz,
Même si.

3) La naissance

Sa mère m'a donné un fils
Un garçon blond dépourvu de sourcils
Une boule de lumière
   enfouie
   dans ses langes bleus
   qui ne pèse que trois kilos.

Quand mon fils est né
Des enfants sont nés en Corée
Ils étaient pareils à des tournesols
Mac Arthur les a fauchés
Il sont partis encore inassouvis
   du lait maternel.

Quand mon fils est né
Des enfants sont venus au monde
Dans les prisons de Grèce
Leurs pères furent fusillés
Et comme si c'était la chose la première
   à contempler sur terre,
   ils ont vu des barreaux.

Quand mon fils est né
Des enfants sont nés en Anatolie
C'étaient des bébés aux yeux noirs
   aux yeux bleus
   aux yeux marron
Dès leur enfance, ils étaient couverts de poux
Qui sait combien d'entre eux
   par miracle
   survivront ?

Quand mon fils est né
Des enfants sont nés dans les plus grands pays du monde
Et de suite ils étaient heureux.

Quand mon fils atteindra mon âge,
Moi je ne serai plus de ce monde-ci
Mais ce monde sera comme un berceau superbe
Un berceau qui bercera
dans ses langes de soie bleue
Tous les enfants
noirs, jaunes et blancs.

N. Hikmet,
C'est un dur métier que l'exil.

4) Depuis que je suis dans la vie

Depuis que je suis dans la vie
J'ai appris beaucoup de choses
J'ai appris à parler
J'ai appris du vocabulaire
J'ai appris : race, racisme, raciste
J'ai appris à l'entendre
J'ai appris à le dire
Mais quand j'ai voulu comprendre
Personne ne m'a expliqué :
« Qu'est-ce que le racisme. »

D'une jeune algérienne.

5) L'orange

Noël, dans mon enfance, c'était le jour où on me donnait une orange, et c'était un grand événement. Sous la forme de cette pomme d'or, parfaite et brillante, je pensais tenir dans mes mains le bonheur du monde.

Pendant des mois, elle nous assurait par ses belles couleurs que le bonheur et la beauté étaient de ce monde. Quelquefois je la palpais, je la tâtais. Il m'arrivait d'insinuer qu'elle serait bientôt trop mûre.

— Attendons encore ! répondait ma mère. Quand nous l'aurons mangée, qu'est-ce qui nous restera ?

Nous attendions. En avril ou mai, il fallait la jeter, parce qu'elle était gâtée. Je n'ai pas souvenir d'avoir jamais mangé l'orange de Noël.

J. Guéhenno,
Journal d'un homme de 40 ans.

6) La vie est chère

« La vie est chère. J'ai voulu acheter mon confort honnêtement, à coups d'heures supplémentaires. Pour le frigo, la télé, j'ai bazardé des bricoles inutiles : mes réunions syndicales, les balades en ville, les chopines avec les copains.

Pour une voiture, j'ai vendu mes heures de bricolage et mes soirées de jardinage, à croire que ceux qui se sont battus pour arracher les 40 heures ne l'ont fait que pour me permettre de faire des heures supplémentaires !

Pour du mobilier Ségalot, j'ai troqué mes lectures et mes séances de ciné.

Pour un appartement moderne, j'ai fait du noir le dimanche... et j'ai abandonné ces week-ends où, avec ma femme et les gosses, on allait se balader dans la nature.

Pour l'argent, j'ai lâché mon sommeil d'homme fatigué, mes congés, et j'ai été volé de ma santé. Et j'ai tout perdu : l'harmonie de notre couple, ma vie de famille, l'amour de mes gosses. Je ne suis plus ni père, ni mari...

Toi qui, à tout prix, veux du bien-être matériel, ne l'achète pas avec tes loisirs, ne vends pas ce qui fait de toi un Homme. C'est vieux comme le monde, et toujours vrai, l'argent ne fait pas le bonheur... »

G. Douart,
L'Usine et l'homme.

7) Un dimanche, j'ai rencontré un père et une mère de famille, des gens pauvres, dont les visages portaient les rides d'une inépuisable bonté. Le père m'a dit : « Les jeunes, ça donne du souci. Nous avons le fils de seize ans et demi qui est parti, l'autre semaine. Il n'en pouvait plus de l'école, qu'il a dit. Le soir, on a même prévenu les gendarmes. Puis il est arrivé à 11 h de la nuit. Vous savez, chez nous, on ne s'embrasse pas souvent. Mais quand je l'ai vu là, je l'ai embrassé. »

Et je me suis dit : « Ou bien il te prendra pour un imbécile, ou bien il verra que tu es son père. » Ça s'est très bien passé. Il était content. Et nous aussi. Il a dit à ses copains, le lendemain : « Mes parents, ils ont été formidables. J'aurais jamais cru qu'ils me recevraient comme ça. »

G. Bessière,
Les Acrobates de Dieu.

8) Il faut vieillir

Il faut vieillir. Ne pleure pas, ne joins pas des doigts suppliants, ne te révolte pas : il faut vieillir. Répète-toi cette parole, non comme un cri de désespoir, mais comme le rappel d'un départ nécessaire. Regarde-toi, regarde tes paupières, tes lèvres, soulève sur tes tempes les boucles de tes cheveux : déjà tu commences à t'éloigner de ta vie, ne l'oublie pas, il faut vieillir !

« Éloigne-toi lentement, lentement, sans larmes : n'oublie rien ! Emporte ta santé, ta gaieté, ta coquetterie, le peu de bonté et de justice qui t'a rendu la vie moins amère ; n'oublie pas ! va-t-en parée, va-t-en douce, et ne t'arrête pas le long de la route irrésistible, tu l'essaierais en vain — puisqu'il faut vieillir ! Suis le chemin, et ne t'y couche que pour mourir. Et quand tu t'étendras en travers du vertigineux ruban ondulé, si tu n'as pas laissé derrière toi un à un tes cheveux en boucles, ni tes dents une à une, ni tes membres un à un usés, si la poudre éternelle n'a pas, avant ta dernière heure, sevré tes yeux de la lumière merveilleuse — si tu as, jusqu'au bout gardé dans ta main la main qui te guide, couche-toi en souriant, dors heureuse, dors privilégiée... »

Colette,
Les Vrilles de la vigne.

9) Vie d'une sténo-dactylo

« Je travaille comme sténo-dactylo dans une banque. Aujourd'hui, c'est samedi, j'en profite pour faire mon ménage. J'y consacre toute ma matinée. Les jours de semaine, je suis tellement fatiguée que je n'aurais pas la force de traîner un balai. Je me lève à six heures. Il faut que je me prépare et que je prépare mes enfants. Tous les jours, sauf aujourd'hui, je les emmène, l'un après l'autre, endormis dans mes bras, chez la nourrice qui habite dans l'immeuble d'en face, au troisième étage. Je conduis ma fille d'abord ; ensuite je monte chercher mon garçon. Ensuite, je prends le bus de 7 h 42 qui me dépose en ville à 8 h 15. Parfois, il a cinq minutes de retard ; alors, je cours comme une dératée jusqu'à la banque. J'arrive tellement essoufflée que je ne peux plus parler. Mes copines de bureau me regardent d'un drôle d'air. Elles pensent que j'ai mauvais caractère ou que je suis mal lunée. Ce n'est pas vrai. Ce qui est vrai, c'est que, pour supporter huit heures de travail par jour, la maison, et les enfants, il faut une santé de fer ; et ce n'est peut-être pas mon cas.

Quand je rentre le soir, vers six heures, il faut que je fasse les courses, puis que j'aille récupérer les deux gosses chez leur gardienne. Il faut que je les fasse dîner et que je les couche. Quand arrive l'heure du repas, je n'ai plus la force de manger. Voilà mes journées. Ce n'est pas toujours drôle pour mon mari. J'ai vingt-six ans, mais je commence à avoir l'impression d'être une vieille femme qui attend l'âge de la retraite pour se reposer. »

B. Gros,
4 heures de transport par jour.

activité

• A votre tour, évoquez dans un texte court, un fait, un sentiment ou une idée qui vous semble appartenir aux « choses de la vie ».

■ CONTINUER, FINIR

Le texte qui suit est le début du premier chapitre d'un roman policier.

Bientôt deux heures du matin. La ville dort... La ville, avec ses hauts buildings compacts et blancs, profilés vaguement sur le ciel nocturne...

La ville, avec ses rues vides, si vides que le seul bourdonnement d'une voiture attardée y éveille un écho brutal...

La ville, avec ses enseignes clignotantes, rouges et blanches, racoleuses de fantômes...

Jungle de pierre, créée par l'homme, désertée en cette heure par l'homme... décor monté, semble-t-il, pour quelque vision de cauchemar... Mais, surgissant de la nuit...

J. Eastwood,
La Femme à abattre.

activité

• Essayez d'ajouter *quelques lignes* à ce texte, sans chercher à finir le chapitre. Vous communiquerez ensuite votre feuille à quelqu'un d'autre qui prolongera votre texte de quelques lignes. A son tour, il transmettra vos deux textes à un autre participant qui imaginera, lui, la fin du chapitre.

COMMENCER, CONTINUER, FINIR

activité

● **Efforcez-vous maintenant de *composer un petit texte* qui soit le début d'une histoire. Vous avez toute liberté pour choisir le genre de cette dernière : conte, histoire drôle, fait divers, histoire policière, etc. N'imaginez surtout pas la fin de l'histoire, ne songez qu'à son début, et essayez de rendre votre texte attrayant de sorte que les autres aient envie d'en connaître la suite.**

Quand votre texte sera composé, votre formateur le confiera à une autre personne qui s'efforcera de le *continuer*. Vous-même recevrez le début d'une histoire et essaierez de lui donner une suite. Vous ne terminerez pas l'histoire. Ce sera la tâche d'une troisième personne...

Votre formateur va, en effet, relever les textes une deuxième fois. Il les redistribuera de façon à ce que chacun reçoive une feuille sur laquelle ne figurera pas son écriture. Cette feuille comportera donc deux écrits : le début d'une histoire, et sa suite. Chaque participant essaiera alors de *terminer* l'histoire.

● **Lorsque vous aurez fini d'écrire, vous lirez et relirez silencieusement l'ensemble des trois textes que vous aurez sous les yeux, de façon à bien comprendre leurs différentes écritures. Ceci vous permettra, un peu plus tard, de donner aux autres une bonne lecture de l'histoire qui figurera sur votre feuille.**

POUR LA POÉSIE

« Bien placés, bien choisis,
Quelques mots font une poésie.
Les mots, il suffit qu'on les aime
Pour écrire un poème. »

R. Queneau,
Poèmes pour les jeunes du temps présent.

présentation

Vous êtes invité à vivre l'aventure de la poésie. Nous sommes convaincus qu'elle est à votre portée puisque, comme le dit le poète : « Les mots, il suffit qu'on les aime pour écrire un poème. » Des séries de mots vont vous être proposées. Elles ne sont pas tout à fait semblables à celles que vous avez rencontrées jusqu'ici, car elles sont faites de mots qui riment deux par deux. Ainsi dans la première série :

donner **rime avec** *aimer*,
comprendre **rime avec** *entendre*.

activité

● **Choisissez la série qui vous attire le plus.**

● **Essayez de composer *une phrase* qui se termine par un des mots de cette série.**

● **Si le cœur vous en dit, essayez à la suite de construire une *seconde phrase* qui s'achève par un autre mot.**

● **Si l'aventure vous tente, efforcez-vous de faire une *troisième phrase* qui se termine par un autre mot.**

● **Et si vous parvenez à faire une *quatrième phrase*, vous aurez eu... le dernier mot ! Le trésor de la poésie se sera enrichi d'un nouveau *poème*, le vôtre. Il ne vous restera plus qu'à le signer.**

1re série : donner, aimer, entendre, comprendre.

2e série : chaîne, semaine, ortie, suie.

3e série : petit sapin, bien, Noël, ciel.

4e série : retraite, cigarette, yeux, vieux.

5e série : ils se rencontrèrent, guère, pas, foi.

6e série : cheveux rouges, bougent, tambour, tour.

7e série : mélancolie, fantômes vermeils, oubli(e), grands soleils.

8e série : aurore, or, comète, s'arrête.

● **Voyez à présent aux pages suivantes ce que des poètes ont fait avec ces mêmes mots.**

1) Te remercierai-je jamais assez

Te remercierai-je jamais assez
De m'avoir mis au monde
Et de m'avoir donné
Tant d'arbres à aimer,
Tant d'oiseaux à cueillir,
Tant d'étoiles à effeuiller,
Tant de mots à faire chanter,
Tant de cœurs à comprendre,
Tant de jeunes filles à entendre,
Tant de mains d'hommes à serrer
Et une âme de petit enfant
Qui ne demande à l'existence
Qu'un peu de brise pour son cerf-volant.

M. Carême,
Mère.

2) Aucune fleur ne passe

c'est bien serré, l'usine qui rend
c'est à la chaîne
c'est à la semaine

Dedans c'est plein
Beaucoup de bras
Beaucoup de reins
Pour soutenir le ventre

Dehors c'est grand
De la plaine cuite
Et du ciel blanc

c'est entouré

Des champs de rouille
Des champs d'ortie
Des champs de suie

c'est bien gardé

Aucun rire ne pousse
Aucune fleur ne passe.

P. Valet,
Les Poings sur les I.

3) Berceuse du petit sapin

Dors, mon petit sapin, dors bien
Sur les genoux verts de ta mère.
Ne crois pas ce que le tarin
Raconte au seuil de la clairière.

Non, on ne te coupera pas
Pour te planter, à la Noël,
Tout illuminé de chandelles,
Dans un bac en papier doré.

Dors, mon petit sapin, dors bien ;
Tu connaîtras le gel, la bise,
Le souffle amical du lapin
Qui se blottit sous ta chemise.

Et c'est une étoile du ciel,
Une vraie, qui te coiffera
Quand le petit Jésus naîtra,
Tout bleu de froid, à la Noël.

M. Carême,
La Grange bleue.

4) Dans le petit square

où le vert est si noir,
devant la maison de retraite
En allumant la cigarette,
Et en disant
Quel temps !
Un jour où il gelait
j'ai allumé ses yeux
au vieux
Et je l'ai réchauffé
on aurait dit qu'il n'avait
pas parlé depuis... depuis cent ans peut-être
Il est parti moins seul avec ma cigarette.

P. Gauthiez.

5) Les mal aimés

Il aimait qui ne l'aimait guère,
Elle aimait qui ne l'aimait pas.
Mais un jour ils se rencontrèrent,
Ces deux-là que l'on n'aimait pas.

Et ils s'aimèrent, ces deux-là,
Comme l'on ne s'aime plus guère,
Avec tant d'audace et de foi
Que le jour où ils rencontrèrent,

Lui, celle qui ne l'aimait guère,
Elle, celui qui ne l'aimait pas,
Ils ne se souvinrent même pas
De leur pauvre amour de naguère.

M. Carême,
Petites Légendes.

6) Le clown

Un nez... des cheveux... rouges,
Des oreilles... elles bougent,
Une bouche... deux... trois... hilares,
Un violon, une guitare,
Une trompette, un tambour,
Tour à tour.
Sans bouton, le veston
Vaste le pantalon... avec un fond
Et puis des cris, des bonds, des bonds... des bonds,
D'habiles maladresses,
De joyeuses détresses,
Des culbutes, des rétablissements.
D'énormes coups de pieds, d'un énorme soulier,
Et dans les yeux d'enfants...
Des soleils... par milliers.

P. Gauthiez.

7) Soleils couchants

Une aube affaiblie
Verse par les champs
La mélancolie
Des soleils couchants.
La mélancolie
Berce de doux chants
Mon cœur qui s'oublie
Aux soleils couchants.
Et d'étranges rêves,
Comme des soleils
Couchants sur les grèves,
Fantômes vermeils,
Défilent sans trêves,
Défilent, pareils
A de grands soleils
Couchants sur les grèves.

Verlaine,
Poèmes saturniens.

8) Les antennes de télévision

Les antennes vibrent encore
Quand la télévision s'arrête
A l'heure où la ville s'endort.
Alors,
Descendent du ciel les comètes :
Les antennes jusqu'à l'aurore
Peignent leurs chevelures d'or.

J. Charpentreau,
La Ville enchantée.

2

communiquer

JE TE DIS CE QUI M'ARRIVE

JE TE DIS CE QUE J'AI ENTENDU

JE TE DIS CE QUE JE VOIS

JE TE DIS CE QUE JE CONNAIS

JE TE DIS CE QUE J'AI LU,
JE TE DIS CE QUE J'EN PENSE

je te dis ce qui m'arrive

Communiquer, c'est s'adresser à une personne ou à quelques personnes pour dire quelque chose. La nature de notre message varie selon les circonstances et la personnalité de celui ou de ceux auxquels nous nous adressons. Nous pouvons ainsi communiquer une information, un renseignement, une idée qui nous vient, un sentiment que nous éprouvons, etc.

La forme du message dépend également des circonstances. Nous pouvons choisir de communiquer oralement : soit par un dialogue, soit à travers un débat, soit par l'intermédiaire du téléphone. Ou bien, nous pouvons communiquer par écrit en choisissant l'une ou l'autre des formes suivantes : la lettre, le télégramme, la carte, l'annonce, etc. Ce sont les circonstances qui guident notre choix.

Quelle que soit la forme que nous choisissons, elle a sa particularité. On ne rédige pas une lettre comme un télégramme, et on n'engage pas la conversation avec quelqu'un situé devant soi comme on le ferait par téléphone. Chaque forme a son *support* et son *code*. Ainsi la communication téléphonique a pour support notre voix et le téléphone ; son code est fait de mots et de phrases qu'il nous faut insérer dans notre message : « Allo ?... Ne coupez pas s'il vous plaît... », etc.

C'est pour vous aider à maîtriser ces formes usuelles de communication, que nous nous proposons de les aborder l'une après l'autre au fil des pages qui vont suivre.

je te dis ce qui m'arrive

Nos vies sont tellement liées à celles des autres qu'il est presque toujours nécessaire, lorsqu'un événement nous arrive, d'en avertir les autres. Selon les circonstances, nous choisirons pour le faire l'une des formes suivantes :

● forme orale :
— conversation,
— communication téléphonique ;

● forme écrite :
— lettre,
— carte,
— télégramme,
— annonce.

Nous allons nous entraîner successivement à ces formes de communication. Commençons par l'oral.

■ ENTRAÎNEMENT A L'EXPRESSION ORALE

présentation

Le support essentiel de l'oral est notre *voix*. Votre formateur va vous faire entendre un même texte dit de 4 façons différentes.

activité

Appréciation

● Écoutez attentivement ces prises de parole, puis faites-en la critique. Essayez ensuite de tirer de votre critique quelques principes qui, lorsqu'ils sont suivis, permettent de bien utiliser la voix.

Choix et expression

● A présent, essayez d'appliquer ces principes à une première prise de parole. Seize petits textes vont vous être proposés ; choisissez spontanément celui qui vous attire le plus sans vous laisser influencer par la longueur ou la brièveté des textes. Efforcez-vous de lire ce texte en vous donnant cet objectif : « Je désire que les autres comprennent bien ce que je vais lire. »

Vous serez enregistré au magnétophone, si vous le désirez, de façon à pouvoir faire ensuite, avec les autres, une critique cordiale de votre prise de parole. Après avoir lu votre texte, prenez la parole très simplement pour dire aux autres pourquoi vous avez choisi ce texte.

Si vous êtes plusieurs à choisir le même texte, cela n'a aucune importance. Ce texte sera lu plusieurs fois. L'essentiel est qu'il soit *votre texte*.

1) J'aime la brume, j'aime le soleil, j'aime la pluie, le vent, le froid, la chaleur, les nuages et le ciel bleu. Tout ce que la vie nous donne est beau.

R. Barjavel,
Les Années de la lune.

2) A chaque instant, au jeu de la vie, les cartes changent. Hier, la maladie. Aujourd'hui, la santé. Aujourd'hui, le bonheur et la paix. Demain, le désespoir. Mais nous pouvons bâtir avec ce qui nous est donné.

M. Gray,
Le Livre de la vie.

3) Lorsque je vins au monde, en découvrant ma mère, je compris que la vie était belle.

S. Guitry,
Dictionnaire de Sacha Guitry,
Paris-Match, août 1957.

4) Les jeunes, à peine ils se rencontrent, ils se tutoient, comme les marins. Pas besoin de se connaître : ils se reconnaissent. [...] Ils ont en commun ce privilège inouï : un corps qui vous obéit, un corps qu'on ne sent pas. [...] Ils transportent le monde entier avec eux, légers comme l'oiseau...

G. Cesbron,
Lettre ouverte à une jeune fille morte.

5) Les ombres

Tu es là
En face de moi
Dans la lumière de l'amour
Et moi
Je suis là
En face de Toi
Avec la musique du bonheur [...]

J. Prévert,
Histoires et autres histoires.

6) On n'a plus le temps ni d'élever ses enfants ni de fermer les yeux de ses parents. On mène ce qu'on appelle une vie active. Un pour Tous. Tous pour Un. Personne pour Personne. On vit quarante ou cinquante ans dans une H.L.M. Ensuite on fait sa valise et on va mourir dans un centre spécialisé.

C. Paysan,
Les Feux de la Chandeleur.

7) Poulidor en 1969 a continué d'être second. Nous l'aimons bien parce qu'il nous ressemble : nous ne pouvons pas tous être le premier.

R. Barjavel,
Les Années de la lune.

8) Écoutez les damnés de la Terre !
Écoutez les exclus, les fous, les malades, les criminels, les sourds, les aveugles. Il n'y a pas d'exclus. Il n'y a pas de fous. Il n'y a pas de malades. Il n'y a pas de coupables. A tout homme, son regard, sa vie, et pour tout homme, l'oreille qui sait l'entendre, le regard qui reconnaît son visage. Il n'y a pas de déchets humains.

M. Bellet,
Les Survivants.

9) Le printemps, ce sont les fleurs, les animaux, les enfants et les femmes qui ont quitté leurs manteaux noirs pour des robes bouton d'or... La joie, c'est de vivre.

R. Barjavel,
Les Années de la lune.

10) « Les femmes et les enfants, d'abord ! » est le grand cri de notre civilisation, mais ce n'est vrai qu'en cas de catastrophe ; le reste du temps, c'est : « Les Hommes, d'abord ! »

G. Cesbron,
Lettre ouverte à une jeune fille morte.

11) A soixante ou soixante-cinq ans, la retraite dans la société d'aujourd'hui n'est pas la récompense d'une vie d'effort mais la mise à l'écart d'un outil usagé. En quittant le travail obligatoire pour entrer dans l'ennui inévitable, et souvent la misère, le retraité ne fait que changer son purgatoire pour un autre peut-être pire.

R. Barjavel,
Les Années de la lune.

12) Il faudrait apprendre à être automobiliste : préférer le sourire échangé avec le piéton qu'on laisse traverser au regard triomphant lancé au conducteur qu'on double. Apprendre à être téléspectateur : regarder certaines émissions délibérément choisies et non l'ensemble du programme. Apprendre à voyager : construire sa propre aventure au lieu de s'en remettre aux agences de tourisme. Apprendre à être malade : défendre soi-même sa santé au lieu de démissionner entre les bras de la médecine.

F. de Closets,
Le Bonheur en plus.

13) Il y avait la grande plage claire... Il y avait le bleu de la mer et l'odeur des algues. Il y avait les ongles roses des petits coquillages. Il y avait plein de lumière et de calme dans le ciel... Il n'y avait rien de spécial ce jour-là... Mais comme c'était bien !...

G. Niquet.

14) Comme le soleil, la vie décrit une courbe. Un jour elle commence à décliner, lentement. Il faut se préparer à ce temps. L'accepter. Savoir que cette deuxième moitié de la vie est aussi la vie. Qu'elle peut être aussi pleine que la première. Il est des crépuscules qui sont plus beaux que des aurores. Il faut simplement le vouloir. Et éclairer les autres et soi de sa paix intérieure.

M. Gray,
Le Livre de la vie.

15) Le dialogue presque silencieux d'une jeune mère avec son tout petit est celui de l'amour véritable : don absolu, confiance aveugle [...]. Privé de vous, il cesse aussitôt de vivre, il survit seulement. Privé de lui, vous voici infirme à jamais. Ce mystère est grand. Plus grand que celui de l'Amour entre un homme et une femme...

G. Cesbron,
Lettre ouverte à une jeune fille morte.

16) Quand on est glorieux, qu'importe un ennemi !
Un ennemi de plus,
C'est fort peu, je suppose,
Quand ils sont déjà si nombreux.
Mais un ami nouveau quand on est malheureux,
Je crois que ça, c'est autre chose !

S. Guitry,
Dictionnaire de Sacha Guitry,
Paris-Match, août 1957.

Expression : au fil de la vie

● **Nous gardons tous le souvenir de certains moments de notre vie. Notre mémoire ne les a pas oubliés, soit parce qu'ils ont été drôles, soit parce qu'ils ont été dangereux, ou encore émouvants. Choisissez l'un de ces moments (à condition, bien sûr, qu'il n'y ait pas d'indiscrétion à l'évoquer), et prenez la parole très simplement pour le relater aux autres.**

● **Quelqu'un observera la *portée* de votre voix, il vous dira si vous avez parlé assez haut. Quelqu'un d'autre surveillera le *débit* de votre voix, il vous dira si vous n'avez pas parlé trop vite. Une troisième personne enfin sera attentive à votre *intonation.* Elle vous dira si vous avez bien animé votre texte.**

Expression : changer la vie

● **« La vie est belle », disent les poètes. Pourtant, il est des jours où nous voudrions la voir un peu modifiée ; soit pour qu'elle devienne plus aisée, soit pour qu'elle devienne plus belle. Quelle mesure voudriez-vous qu'on adopte pour améliorer la qualité de la vie? Prenez la parole pour l'exposer aux autres.**

Le support de l'oral

Lorsque nous prenons la parole, il nous faut à la fois être compris et être intéressant.

● **Être compris**

C'est parler :
- suffisamment haut ;
- sans rapidité excessive ;
- en articulant bien.

C'est aussi :
- regarder tous les autres en parlant ;
- et non une seule personne ou un point sur le mur.

● **Être intéressant**

- C'est animer son texte avec sa voix.
- C'est aussi l'accompagner parfois de quelques gestes et, éventuellement, de son sourire.

LA COMMUNICATION TÉLÉPHONIQUE

activité

● Votre formateur va vous faire entendre une communication téléphonique. Écoutez-la attentivement, puis faites-en la critique. Essayez ensuite de tirer de votre critique quelques principes, qui permettent, lorsqu'ils sont respectés, de bien téléphoner.

exercice 1

Vous téléphonez à la gare de votre localité pour connaître les heures des trains pour Lyon, le matin. Si vous habitez Lyon, vous téléphonez à la gare la plus proche de votre domicile pour connaître l'heure des trains pour Dijon.

exercice 2

Vous vous réveillez avec un violent mal de dents. Vous savez que votre dentiste ne reçoit que sur rendez-vous, mais vous souffrez tellement que vous décidez de lui téléphoner pour lui demander de vous prendre en urgence.

exercice 3

Vous aviez rendez-vous chez le coiffeur, cet après-midi, mais un empêchement majeur vous oblige à y renoncer. Vous téléphonez à votre coiffeur pour annuler votre rendez-vous et en demander un autre.

exercice 4

Vous souffrez d'ennuis digestifs assez persistants, aussi votre docteur vous conseille-t-il de faire une radio de l'estomac. Vous téléphonez à un médecin radiologue pour prendre rendez-vous.

exercice 5

Vous avez égaré, il y a deux mois, une feuille de sécurité sociale et une ordonnance. Voilà que vous les retrouvez ; vous téléphonez à la caisse d'assurances sociales de votre ville pour savoir si ces documents sont encore valables.

exercice 6

Pour une raison professionnelle ou familiale, vous devez vous rendre inopinément à Montpellier. Votre séjour durera 48 h. Vous téléphonez à un hôtel de la ville pour retenir une chambre.

exercice 7

Véronique du Laboratoire Herbaut

Véronique est secrétaire dans un laboratoire d'analyses médicales. Sa fonction consiste surtout à renseigner les clients qui téléphonent et à leur donner des rendez-vous. Mais bien souvent les examens médicaux nécessitent une préparation : jeûne du malade, absorption de certaines substances, etc. Le client doit absolument se conformer à cela, sinon ses examens ne pourraient pas avoir lieu. Il faut donc qu'il soit mis au courant.

Ce matin, l'activité du laboratoire est particulièrement dense. Les coups de téléphone se succèdent. Véronique est un peu débordée. Une dame appelle : à la demande de son médecin, elle doit faire effectuer une analyse de crachats mais elle indique qu'elle ne sait pas cracher. En ce cas, le laboratoire procède à un prélèvement effectué par « tubage » ; cette opération nécessite que la patiente soit à jeun. Véronique donne à la cliente le rendez-vous qu'elle demande : la dame est convoquée le lendemain matin à 10 heures ; cependant, débordée, Véronique oublie de prévenir la dame qu'elle doit venir à jeun.

Vers la fin de l'après-midi, vérifiant ses rendez-vous du lendemain, Véronique se rend compte de son oubli. Vite, vite, il lui faut joindre sa cliente et la prévenir. Elle consulte l'annuaire, la dame n'a pas le téléphone. D'autre part, cette cliente habite à la campagne, à 60 km du laboratoire ; Véronique ne peut donc songer à se rendre chez elle. La jeune fille, en effet, n'a pas de voiture. Que faire ? Véronique n'a pas d'autre solution que d'étudier l'annuaire. Elle y relève le numéro de téléphone d'une personne qui habite dans la rue de sa cliente. Il s'agit de M. Lefort, domicilié 24, rue Camille-Guérin à Millonfosse. La cliente, elle, habite au 128 de la rue Guérin et s'appelle Mme Dangremont. Véronique hésite un peu. Plus de cent numéros séparent les deux personnes. M. Lefort acceptera-t-il quand même de se déranger? Pourtant, Véronique n'a pas le choix. Il faut absolument que Mme Dangremont soit prévenue. La jeune fille décroche le téléphone...

N.B. N° du Laboratoire Herbaut : 57.48.02.
N° de M. Lefort : 87.32.12.

● **L'un de vous va tenir le rôle de Véronique. Il va essayer de vivre cette communication. Un autre volontaire sera M. Lefort. Le reste du groupe va observer cette situation de communication. Vous mettrez ensuite en commun les observations que vous aurez pu faire.**

exercice 8

Vous projetez de passer vos vacances d'été en Périgord. Vous téléphonez au syndicat d'initiative de Sarlat-La-Canéda (Dordogne) pour demander qu'on vous adresse la liste des locations disponibles et une documentation sur la région.

Les lois de la communication téléphonique

● **Pour obtenir le numéro de notre correspondant**

S'il se trouve dans notre département :
— décrocher ;
— attendre la tonalité ;
— former soigneusement le numéro.

S'il se trouve dans un autre département :
— décrocher, attendre la tonalité ;
— former le 16, attendre la tonalité ;
— former l'indicatif du département (il figure dans l'annuaire) ;
— former le numéro du correspondant.

● **Pour communiquer**

— identifier le correspondant, s'assurer qu'on l'a bien au bout du fil ;
— se nommer ;
— ne parler ni trop fort ni trop bas, et bien articuler ;
— dire l'essentiel, ne pas rentrer dans les petits détails. (Les communications téléphoniques sont taxées.)

■ LE TÉLÉGRAMME

exercice 1

Pour une raison professionnelle ou familiale, vous êtes amené inopinément à vous rendre en Suisse. Vous partirez demain, et passerez par Paris où vous ferez halte quatre heures entre 18 h et 22 h. Vous avez précisément des amis parisiens que vous seriez heureux de revoir. Vous leur télégraphiez pour leur annoncer la nouvelle et leur demander s'il serait possible que vous les rencontriez.

Adresse des amis :
Monsieur et Madame Michaux
22, rue de Rennes
PARIS

Gare où vous serez :
Gare de l'Est

Note :
Si vous êtes parisien, vous imaginez que vous devez vous rendre en Italie et que vous attendrez 4 h à l'aéroport de Nice.

exercice 2

Vos amis, monsieur et madame Lancel, désirent passer leurs vacances d'été en Bretagne. Sur la liste des locations que leur a adressée le syndicat d'initiative de Carnac, ils ont trouvé quelque chose qui leur conviendrait : il s'agit d'un appartement de type F 4, situé à 100 mètres de la plage, et loué 2 000 F. Comme vous vous rendez dans la région à Pâques, vos amis vous demandent de visiter cette location et de la leur retenir si elle correspond à la description qui en est faite.

Arrivé à Carnac, vous constatez que l'appartement est déjà loué, mais vous en trouvez un autre, F 4 également, bien conçu, à 300 mètres de la plage. Le loyer est de 2 200 F. Une famille est déjà sur cette location et doit rendre sa réponse le lendemain. Il faut donc faire vite. Vous décidez de télégraphier à vos amis.

Adresse des amis :
Monsieur et Madame Lancel
8, avenue Jean-Jaurès — 71000 MACON

Votre adresse :
Hôtel des Mouettes — 56340 CARNAC

exercice 3

Vous avez emmené avec vous, en vacances, Jean-Michel Ansart, le fils de vos voisins. Malheureusement, Jean-Michel tombe malade. Le médecin que vous appelez diagnostique une crise d'appendicite ; il conseille d'opérer sans retard. Vous télégraphiez aux parents de Jean-Michel et vous leur demandez de vous téléphoner d'urgence au 58.12.24 à Autun (Saône-et-Loire).

Adresse des parents de Jean-Michel :
Monsieur et Madame Ansart
3, rue de Roubaix - 50000 SAINT-LO

Votre adresse :
3, Grand'Rue - 71129 DRACY LE FORT

exercice 4

Votre sœur et son mari sont appelés au chevet de la maman de votre beau-frère, en Belgique. Cette dame va subir une opération assez importante. Outre l'inquiétude, votre sœur et votre beau-frère éprouvent un peu d'anxiété car leur fils Bernard est en plein examen. Il a passé l'écrit d'un examen d'entrée à la S.N.C.F. et en attend les résultats. S'il est reçu à l'écrit, il passera l'oral. Vous promettez de télégraphier les résultats dès qu'ils seront connus.

Aujourd'hui, vous apprenez que Bernard a obtenu l'écrit de l'examen et que l'oral aura lieu mercredi à 10 h. Le moral et la santé du candidat sont excellents. Vous télégraphiez aux parents pour leur annoncer ces bonnes nouvelles.

Adresse de votre sœur et de votre beau-frère :
Monsieur et Madame Prouvot
chez Madame Dumont
3, rue du Général-Leclerc - LIÈGE, Belgique

exercice 5

Marc Andrieux fait partie de l'équipe de basket de Rouen. Son équipe doit disputer un match à Mulhouse, samedi soir. Il est convenu que le jeune homme profitera de ce déplacement pour passer la soirée et la nuit chez son frère, qui habite à 10 km de la ville. Malheureusement, la veille du match, Marc se blesse à l'entraînement ; il doit donc renoncer au déplacement et veut en avertir immédiatement son frère pour lui éviter de venir le chercher inutilement au stade.

Adresse du frère :
Jean-Louis Andrieux
26, rue de Bordeaux - 68300 SAINT-LOUIS

Adresse de Marc :
3, rue David-Ferrand - 76100 ROUEN

exercice 6

Jean Poitevin a été envoyé à Besançon par son employeur pour y faire un stage d'une semaine en horlogerie. Vers la fin du stage, il devra se rendre en Suisse pour visiter une entreprise ; or, dans la précipitation de son départ, Jean a oublié sa carte d'identité. Celle-ci sera indispensable pour passer la frontière. Jean Poitevin télégraphie donc à ses parents pour leur demander de lui envoyer la carte ; il précise que le document se trouve dans la poche de son imperméable.

Adresse de Jean Poitevin :
Hôtel de la Gare - 25001 BESANÇON

Adresse de ses parents :
Monsieur et Madame Poitevin
8, rue du Général-de-Gaulle
49000 ANGERS

exercice 7

Pierre Lelong est un cycliste passionné. Il est parti en vacances en Savoie en emmenant sa bicyclette. L'envie lui prend d'escalader quelques grands cols alpins. Malheureusement, il n'a pas emporté les pignons qu'il lui faut. Séjournant pour une semaine au camping municipal de Sallanches, il voudrait que son père lui expédie d'urgence son pignon de 28. Celui-ci est rangé dans le garage, au-dessus de l'établi. Les parents de Pierre n'ont pas le téléphone ; le jeune homme décide donc de télégraphier.

Adresse de Pierre Lelong :
Camping municipal
74700 SALLANCHES

Adresse de ses parents :
Monsieur et Madame Lelong
3, avenue de la République
33000 BORDEAUX

exercice 8

Chantal Hido a obtenu un C.A.P. de coiffure et d'esthétique. Elle aurait voulu exercer ce métier près de son domicile, mais n'a malheureusement pas trouvé d'emploi. En attendant, elle travaille dans un salon de coiffure à Amiens et a laissé son adresse à divers salons de la région parisienne. Un lundi matin, ses parents reçoivent pour elle une proposition provenant d'un salon de coiffure parisien. Il s'agit du salon Yvonne, 8, rue de Vaugirard - (tél. 318.22.24). Chantal doit donner une réponse rapide. Ne pouvant la joindre au salon de coiffure, qui est fermé le lundi matin, ses parents lui télégraphient.

Adresse des parents :
Monsieur et Madame Hido
5, rue du Paradis - 75000 PARIS

Adresse de Chantal :
33, rue des Tilleuls - 80001 AMIENS

exercice 9

Imaginez une situation qui nécessiterait l'envoi d'un télégramme.

N° 698 TÉLÉGRAMME

Étiquettes

Timbre à date

N° d'appel :

INDICATIONS DE TRANSMISSION

Ligne de numérotation

ZCZC

N° télégraphique

Taxe principale.

Taxes accessoires

Total . .

Ligne pilote

N° de la ligne du P.V. :

Bureau de destination — Département ou Pays

Bureau d'origine — Mots — Date — Heure — Mentions de service

Services spéciaux demandés :
(voir au verso)

Inscrire en CAPITALES l'adresse complète (rue, n°, bloc, bâtiment, escalier, etc...) et le texte (une lettre par case, laisser une case vierge entre les mots).

adresse

TEXTE et éventuellement signature très lisible

Nom et adresse de l'expéditeur :
(Ces indications ne sont taxées et transmises que sur la demande expresse de l'expéditeur)

Télégraphier

• Ce qu'il faut faire

— Réduire à peu de mots notre message, tout en restant clair et courtois.
— Bien libeller l'adresse du destinataire et l'inscrire dans le cadre que les P. et T. lui ont réservé.
— Ne pas oublier de noter son propre nom et son adresse au bas du formulaire.

• Ce qu'il ne faut pas faire

— Entrer dans les détails, rédiger un texte trop long.
— Écrire quelque chose dans la partie du formulaire qui est réservée à l'administration.

LA LETTRE

QUELQUES CAS SIMPLES

exercice 1

Votre épicier livre à domicile. Vous passez chez lui pour lui commander diverses choses ; il est absent. Vous lui laissez un mot pour lui dire quand il doit passer chez vous et ce qu'il doit apporter.

exercice 2

Après huit jours de grippe, votre enfant retourne au C.E.S. Vous lui donnez une lettre pour le principal de l'établissement : vous expliquez la raison de l'absence de l'enfant et vous demandez qu'il soit dispensé de sport pendant huit jours.

exercice 3

Vous avez commandé par correspondance au magasin *Le Grand Bazar* (8, boulevard Magenta - 75000 PARIS) un radiateur à bain d'huile d'une puissance de 2 000 watts. Or vous recevez un radiateur de 1 500 watts. Vous retournez l'article et vous écrivez au Grand Bazar pour exprimer votre mécontentement. Vous en profitez pour demander un renseignement : vous aimeriez acheter une couverture qui figure sur le catalogue « hiver », mais ne se trouve pas sur le catalogue « été » qui vient de sortir. Vous voudriez savoir si vous pouvez quand même la commander.

N.B. Référence du radiateur désiré : B - 2895.03. Référence de la couverture : H - 3028.86.

exercice 4

Votre médecin vous a donné un traitement de longue durée. Il a noté au bas de son ordonnance : « A renouveler pendant trois mois. » Vous avez fait faire des photocopies de l'ordonnance et vous avez envoyé l'ordonnance à la Sécurité sociale, avec la première feuille de maladie. Un mois après, vous envoyez une seconde feuille de maladie avec une photocopie de l'ordonnance. La Sécurité sociale vous répond en vous demandant l'original. Comme il est encore en sa possession, vous écrivez pour mettre les choses au point.

N.B. Date d'envoi de la 1re feuille : 6 septembre.

Les cas de lettres qui vont suivre sont un peu plus compliqués que les précédents. Vous pouvez les traiter en sous-groupes ou individuellement... à votre convenance.

■ LETTRES DE DEMANDE

exercice 1

La tombola des Anciens Combattants

Madame Penel, domiciliée 3, rue de la Liberté à Roanne, travaille aux Établissements Tricodex. Elle y est manutentionnaire au service emballage. Tricodex est une entreprise de confection qui fabrique des sous-vêtements et des vêtements légers : pulls, polos, chaussettes, etc. L'entreprise a quelques magasins de vente dans diverses villes de France, mais vend surtout par correspondance. Pour adresser aux clients les articles qu'ils ont commandés, elle se sert de petits sacs de matière plastique très coquets. Ils sont de couleurs vives et marqués du nom de l'entreprise. Les commandes des clients sont glissées dans ces sacs avant d'être emballées.

Madame Penel est intéressée par ces sacs pour la raison suivante : son mari est président de l'Association des Anciens Combattants de Roanne (Loire). L'Association organise prochainement au bénéfice de ses œuvres un tournoi de 421. Celui-ci sera accompagné d'une tombola dont les lots ont été fournis par les commerçants de Roanne. Madame Penel pense qu'il serait pratique de disposer des petits sacs pour emballer les lots.

Elle écrit à son directeur pour en faire la demande.

N.B. Madame Penel a 15 ans d'ancienneté dans l'entreprise.

exercice 2

Un bon appétit

Martine Verhaeghe est demi-pensionnaire au lycée Molière. Sa mère se rend compte que la nourriture donnée aux repas devient vraiment insuffisante pour l'appétit de l'enfant ; aussi, en accord avec son mari, décide-t-elle de retirer sa fille de la demi-pension.

Elle téléphone à la surveillante générale du lycée pour la mettre au courant. Cette dernière est absente. Sa remplaçante, madame Lecomte, écoute avec attention le cas de Martine. Comme il y a trop de demi-pensionnaires, elle donne son accord de principe, mais demande à madame Verhaeghe de rédiger, à l'intention de la surveillante générale, une lettre que Martine déposera au bureau le lendemain.

- **Vous êtes madame Verhaeghe ; vous téléphonez au lycée.**
- **Vous rédigez la lettre à la surveillante générale.**

■ LETTRES DE RÉCLAMATION

exercice 1

Le vide-ordures de la résidence des Alouettes

Madame Largillier habite à Poitiers, 2, rue de la Justice, dans un immeuble appartenant au G.I.H. (Groupement Interprofessionnel d'habitats). Madame Largillier est locataire d'un appartement de type F 4, situé au 5e étage de la « résidence des Alouettes ».

Depuis qu'elle habite cet immeuble, elle constate que le vide-ordures est souvent bouché. Lorsque cela arrive, le régisseur de l'immeuble en avertit le G.I.H. qui demande au service de voirie de passer. Mais les dépannages sont très lents. La dernière fois, le vide-ordures est resté bouché pendant dix jours ; aujourd'hui, il est de nouveau obstrué et cela dure depuis trois semaines.

Lasse de cette situation, madame Largillier décide d'écrire au G.I.H.

exercice 2

Les feuilles mortes se ramassent à la pelle

Monsieur Verheyde vient d'emménager à Landujan en Ille-et-Vilaine. Il s'efforce d'avoir une maison propre et coquette.

Rapidement cependant, il se heurte à un problème : le service d'ébouage ne ramasse que les ordures ménagères et refuse d'enlever les feuilles mortes qui s'accumulent sur le trottoir. Ces feuilles proviennent pourtant de peupliers situés dans le jardin de la mairie. Le vent les chasse sur les trottoirs, lesquels sont des biens communaux.

Monsieur Verheyde se rend à la mairie. Il y rencontre le secrétaire général. Ce dernier lui explique qu'il n'est pas qualifié pour régler le problème ; il conseille à monsieur Verheyde d'écrire au maire.

Las de tant de feuilles accumulées, monsieur Verheyde prend une feuille !...

exercice 3

Une déception

Monsieur et madame Laniez habitent à Marchiennes dans le Nord (59138), 25, rue Poincaré. Ils ont fait récemment l'acquisition d'une caravane et décident maintenant d'acheter du matériel de camping. Ils passent commande aux magasins *La Redoute* d'une table de camping et de trois fauteuils pliants. Ce matin, un camion des Transports Bochain (entreprise de livraison à domicile) livre le matériel. La joie de voir arriver la commande fait bientôt place à la déception. Madame Laniez constate en effet que le colis est détérioré et que les meubles ont souffert : le revêtement de la table est rayé en plusieurs endroits, et la toile de l'un des fauteuils est déchirée.

Madame Laniez fait constater ces dégâts au livreur. Elle garde les deux fauteuils qui sont intacts, et remet au livreur les meubles endommagés pour que la société de transports puisse constater leur détérioration.

Ceci fait, elle écrit à la société pour exprimer son mécontentement et demander le remboursement des meubles endommagés. (Ces derniers avaient été payés à la commande.)

Adresse de la société de transports :
Transports Bochain, 66, rue Gambetta
59300 VALENCIENNES

exercice 4

Une lettre de rappel

Monsieur Jean Delbecque est plombier. Il habite Narbonne, 2, rue Jean-Jaurès, et travaille aux Établissements Delahouttre. Pour se rapprocher de son domicile, et aussi pour obtenir davantage de sécurité dans l'emploi, il voudrait bien entrer, en qualité de plombier, dans les services municipaux de la ville. Il a écrit au maire en ce sens, et a reçu en retour un formulaire de curriculum vitae. Jean Delbecque s'est empressé de remplir ce document et de le renvoyer à la mairie. Mais depuis, il n'a plus eu de nouvelles des services municipaux : ni accusé de réception, ni proposition d'embauche. Un an s'étant écoulé, il décide d'écrire au maire.

■ LETTRE DE DEMANDE D'EMPLOI ET CURRICULUM VITAE

présentation

Une lettre de demande d'emploi ne doit pas être longue, car elle ne fait qu'accompagner un document qui nous présente : le curriculum vitae.

Souvent, la lettre de demande d'emploi répond à une annonce ; elle doit donc faire référence à celle-ci en indiquant le journal dans lequel l'annonce est parue et la date.

La lettre doit encore indiquer pourquoi nous postulons la place proposée, et signaler que nous sommes prêts à rencontrer l'employeur pour fournir des renseignements complémentaires.

activité

● **Efforcez-vous de rédiger les lettres de demande d'emploi des exercices suivants.**

exercice 1

Jean-Marie Deconninck a 19 ans. Il est né le 6 août 1959 à Vence (Alpes-Maritimes). Il est célibataire et domicilié chez ses parents : monsieur et madame Deconninck, 3, rue d'Angleterre à Nice. Son père est monteur en charpente métallique aux Établissements Charbonnaux. Sa mère ne travaille pas.

Jean-Marie vient de terminer son service militaire au 38e régiment d'artillerie caserné à Melun. Il y avait le grade de caporal-chef et était affecté au parc des véhicules du régiment, où il s'occupait particulièrement de l'entretien et de la réparation de camions diesels.

Étant enfant, Jean-Marie a fréquenté l'école Lamartine, 22, rue Molière à Vence. Il y a fait sa première scolarité jusqu'au CM 2 ; puis en septembre 1970 il est allé au C.E.S. Carnot, boulevard Carnot à Nice. Il y a malheureusement manqué le B.E.P.C. en juin 1974. Cet échec n'a pas découragé Jean-Marie car depuis son enfance, il savait ce qu'il voulait faire : il voulait devenir mécanicien automobile.

Il est donc entré en septembre 1974 au C.E.T. Colbert, 129, rue Briqueterie à Nice, où il a préparé un C.A.P. de mécanique automobile. Jean-Marie a obtenu son C.A.P. en juin 1976.

Entre-temps, son goût du métier se confirmait et le jeune homme a mis à profit ses vacances pour travailler dans une station-service, puis dans un garage. Il s'agit de la Station Diesel-Nice, rue Meurein à Nice (gérant M. Pellegrin), où il a travaillé en juillet et août 1974, puis du garage Berliet, 74, rue d'Artois à Nice (propriétaire M. Delcambre), où il a travaillé en juillet et août 1975. Les deux employeurs ont été contents des services du jeune homme et lui ont donné de bons certificats de référence.

En juillet 1976, Jean-Marie décide de devancer l'appel sous les drapeaux, mais il ne peut être incorporé avant ses 18 ans, c'est-à-dire le 1er octobre 1977. En attendant, il trouve du travail chez son ancien employeur, M. Delcambre.

A présent, Jean-Marie est rentré de l'armée. Il cherche du travail. Il trouve dans *Nice-Matin* l'annonce suivante :

> GARAGE SAVIEM
> — Région niçoise —
> cherche
> **MÉCANICIEN**
> **C.A.P. exigé**
> Adresser candidature
> B.P. 306 CEDEX NICE

Il décide de poser sa candidature.

● **Ainsi Jean-Marie Deconninck aurait pu rédiger sa lettre de demande d'emploi de la sorte :**

Jean-Marie Deconninck
3 Rue d'Angleterre
06 000 NICE

à Monsieur le Chef du Personnel
du Garage Saviem

à Nice, le 10-10-1978

Monsieur,

Votre annonce parue dans "Nice-Matin" du 9-10-1978 a retenu mon attention. Libéré récemment du service militaire, je suis en effet à la recherche d'un emploi de mécanicien automobile.

Je me permets de joindre à ma lettre un curriculum vitae ainsi que mes certificats de référence.

Me tenant à votre disposition pour tout renseignement complémentaire et dans l'espoir d'une réponse favorable, je vous prie d'agréer, Monsieur, l'expression de ma parfaite considération.

J.-M. Deconninck

● **Un autre candidat aurait eu peut-être une autre raison d'être intéressé par l'emploi proposé.** *Exemple :* **« Récemment arrivé dans les Alpes-Maritimes pour raisons familiales,... » ou « Licencié pour cause économique,... », etc.**

CURRICULUM VITAE

ETAT CIVIL

NOM :

PRENOM :

DATE et LIEU de NAISSANCE :

NATIONALITE :

SITUATION MILITAIRE :

SITUATION FAMILIALE :

NOMBRE d'ENFANTS - AGE :

PROFESSION du CONJOINT (e) :

ADRESSE PERSONNELLE :

ETUDES et DIPLOMES

. *Ecole Elémentaire*............................	*C.E.P.*........................
. *C.E.S.*	*B.E.P.C.* ....
. *L.E.P.*	*C.A.P.* ....
	B.E.P. ....

EXPERIENCE PROFESSIONNELLE PASSEE

EMPLOI (S)	*EMPLOYEUR (S)*	*DATES*	*RAISONS du DEPART*
		de...............	
		à	
		de	
		à	

SITUATION PROFESSIONNELLE ACTUELLE

EMPLOI ....

EMPLOYEUR ....

à *le*

Signature :

exercice 2

Chantal Caudron est née à Bordeaux le 6 octobre 1952. Elle travaille dans l'Entreprise Tramodal, importante fabrique de sous-vêtements. Chantal y occupe un poste de surjeteuse. Elle se plaît dans l'entreprise mais regrette la distance qui la sépare de son domicile. Les Établissements Tramodal sont en effet situés 22, boulevard d'Alsace à Arcueil, et Chantal habite Paris, 23, boulevard de la Gare (13e). Elle doit, chaque jour, prendre le métro et un autobus pour se rendre à son travail, et passe ainsi près de trois heures dans les transports en commun. Cela lui pose d'autant plus de problèmes qu'elle est mariée et mère de deux enfants : Denis, cinq ans et Sylviane, trois ans. Son mari, Jean-Pierre Caudron, chauffeur-routier aux Établissements Transports Caramis, est constamment sur les routes et ne peut s'occuper des enfants.

Aujourd'hui, Chantal Caudron apprend que l'Entreprise Vancoppenolle recherche une surjeteuse. Cette entreprise est située beaucoup plus près de son domicile, 22, rue de Tolbiac à Ivry. Elle fabrique également des sous-vêtements. Chantal décide de poser sa candidature.

La jeune femme a effectué sa scolarité à l'école primaire George-Sand à Bordeaux où elle a obtenu le certificat d'études en 1964. Puis, après avoir suivi une 6e et une 5e au C.E.S. Jean-Moulin, elle a préparé un C.A.P. de l'industrie de l'habillement (fabrication industrielle) au C.E.T. Anne-Frank à Bordeaux. Elle a obtenu son diplôme en juin 1968.

Françoise a d'abord travaillé comme piqueuse aux Établissements Marschal à Bordeaux, restant dans l'entreprise de septembre 1968 à décembre 1972.

Puis le 20 décembre 1972, elle s'est mariée et s'est installée à Paris. Elle est alors entrée dans l'Entreprise Tramodal le 24 avril 1973.

L'Entreprise Vancoppenolle ayant passé une annonce dans le journal, Chantal Caudron va y répondre.

N.B. Nom de jeune fille de Chantal Caudron : Chantal Vandelaine.

exercice 3

Jean Rivière a 22 ans. Il est né le 3 janvier 1957 à Rennes (Ille-et-Vilaine). Il termine son service militaire au 22e chasseurs caserné à Avesnes (Nord). Jean est soldat de 1re classe, affecté à la conduite de camions. Il sera démobilisé le 22 février 1979.

Avant son départ à l'armée, Jean Rivière habitait une petite chambre meublée : 3 ter, rue Bollain à Fougères. Il l'a quittée lors de son incorporation et n'a pas d'autre adresse actuelle que celle de ses parents :

Monsieur et Madame Rivière, 13, rue du Général-Leclerc - 35000 RENNES,
ou son adresse militaire : 22e chasseurs - 3 Cie / 2e Pel. SP 62631.

Jean Rivière n'est pas marié, mais il est fiancé à Jeannine Lagache qu'il compte épouser à la fin de l'année. La jeune fille habite à Redon (Ille-et-Vilaine). Elle est employée à la Société Générale de Banque, boulevard Clemenceau à Redon. Elle est satisfaite de son emploi et aimerait le garder ; c'est pourquoi son fiancé s'efforce de trouver du travail dans la même zone.

Jean a fréquenté l'école primaire George-Sand à Rennes jusqu'à ses onze ans, c'est-à-dire de septembre 1963 à juin 1968. Puis il est allé au C.E.S. Jean-Jaurès de Rennes où il a obtenu le B.E.P.C. en juin 1973. Jean Rivière a alors décidé de préparer le métier qu'il voulait exercer : chauffeur-routier. Il a été admis, en septembre 1973, au C.E.T. Louis-Pasteur à Rennes. En juin 1975, il y a obtenu le permis « poids lourds » et le C.A.P. de conducteur routier.

Jean a alors travaillé à la Société Laitière de Fougères qui lui a confié un semi-remorque D.A.F. pour faire des livraisons de produits laitiers dans la région parisienne. Jean est entré dans cette société le 1er juillet 1975. Son employeur était content de lui, mais en décembre 1975, la Laiterie Lacto de Vitré (Ille-et-Vilaine) lui a fait une offre plus intéressante. Il s'agissait de conduire un semi-remorque Berliet pour faire des livraisons de produits laitiers dans la région de Nantes et de Saint-Nazaire.

Jean a accepté ce poste car le salaire était plus élevé et les horaires de travail meilleurs. Il est entré en fonction chez Lacto le 1er janvier 1976.

Lorsqu'il a eu 19 ans, Jean Rivière a demandé un sursis d'incorporation. Il voulait passer, en effet, avant son départ à l'armée, le brevet de transporteur routier. Ce diplôme ne peut se préparer qu'à partir de 20 ans et à la condition d'avoir 2 ans de pratique professionnelle. Le 10 janvier 1978, Jean a donc quitté son emploi chez Lacto et il est entré au centre de Monchy-Saint-Éloi (Oise) pour suivre le stage qui prépare au brevet. Il en est sorti, le 20 février, avec le brevet de transporteur.

Le 28 février 1978, il était appelé sous les drapeaux.

A présent, la démobilisation approche et Jean se préoccupe de trouver un emploi. Il voudrait travailler dans les transports régionaux afin de ne pas laisser sa jeune femme trop souvent seule; il voudrait aussi trouver un employeur dont le siège soit à Rennes ou dans le secteur de Redon, afin de pouvoir rentrer chez lui, le soir, après son travail. Jean lit, chaque jour, les journaux locaux.

Le dimanche 18 février 1979, il repère dans *Ouest-France* une annonce qui semble correspondre en tout point à ce qu'il recherche. Il s'agit d'une société de fruits et légumes, implantée à Redon, qui recherche un chauffeur-routier pour des transports régionaux. Jean Rivière décide de poser immédiatement sa candidature.

Voici le texte de l'annonce de *Ouest-France* :

Ets WACRENIER
Fruits et Primeurs
62 *bis*, rue La Fayette
REDON
recherche
chauffeur P.L.
pour livraisons régionales

■ LETTRES ET TÉLÉGRAMMES

présentation

Les textes qui suivent présentent une situation de communication, c'est-à-dire un petit événement qui nécessite que des personnes communiquent entre elles.

activité

● **Les exercices suivants comportent chacun deux variantes (1er cas et 2e cas). Essayez de traiter l'une et l'autre en discernant la forme de communication qui convient à chacune d'elles (lettre, télégramme, etc.).**

exercice 1

Monsieur et madame Vermeesch habitent 10, rue Pasteur à Brest. Ils ont deux enfants : Jean-Louis, 8 ans, et Catherine, 6 ans. Leurs amis, monsieur et madame Pottier, les ont invités à passer le week-end dans leur caravane à Brignogan-Plage (camping des Pins, allée 3 - 29238 Brignogan-Plage).

Mais voilà que Catherine se réveille aujourd'hui avec une forte fièvre. Le médecin appelé à son chevet diagnostique les oreillons. Monsieur et madame Vermeesch envisagent d'abord de confier l'enfant à sa marraine afin de ne pas décevoir leurs amis. Mais ils abandonnent rapidement cette solution, pensant qu'ils sont probablement porteurs du germe de la maladie et qu'ils risquent ainsi de contaminer le jeune fils de leurs amis. (Madame Vermeesch sait que Bruno n'a pas encore eu les oreillons.)

Que vont faire monsieur et madame Vermeesch?

1er cas : nous sommes un samedi matin. Monsieur et madame Vermeesch n'ont plus que quelques heures pour prévenir leurs amis (1).

2e cas : nous sommes un jeudi matin. Monsieur et madame Vermeesch disposent de 48 heures pour prévenir leurs amis.

(1) Le camping des Pins n'a pas le téléphone.

exercice 2

● **Suivez la même consigne que pour l'exercice précédent.**

M. et Mme Huet, domiciliés, 3, rue d'Italie à Grenoble, ont passé le week-end chez des amis, à 80 km de Grenoble. Le dimanche après-midi, leurs amis les ont emmenés chez des cousins, domiciliés à Sévrier, petite ville au bord du lac d'Annecy. Cette ville se trouve à 20 km environ de la maison des amis des Huet.

L'après-midi a été sympathique. M. et Mme Huet ont fait la connaissance de M. et Mme Bocquet, cousins de leurs amis. Les uns et les autres ont parlé de leurs enfants, de leurs parents et montré des photos.

En rentrant chez lui, M. Huet constate qu'il a oublié chez les Bocquet (1) l'étui qui contenait les photos.

1er cas : l'étui contenait aussi son permis de conduire ; il est urgent de le récupérer.

2e cas : l'étui ne contenait que les photos, mais M. et Mme Huet y tiennent beaucoup.

Adresse des Bocquet :
21, rue La Fontaine - 74320 SÉVRIER

(1) Les Bocquet n'ont pas le téléphone.

Pour écrire une lettre

● **Préparer**

— Penser à ce qu'on va dire et le noter en abrégé sur un aide-mémoire.

Exemple : pour la lettre de la page 76 :

1) On ne peut pas venir.
2) Catherine est malade.
3) On regrette beaucoup.
4) On a peur de contaminer Bruno.
5) On espère qu'on aura une autre occasion de se revoir.

● **Organiser**

— Voir, dans ce qu'on a noté, quels éléments doivent être réunis.

Exemple : 1 — 2 — 4 ; 3 — 5

— Décider ensuite de l'ordre dans lequel on va présenter ces groupes d'éléments. Par quoi commencer? Par quoi finir?

Exemple : A) 1 — 2 — 4
B) 3 — 5

● **Rédiger**

— Suivre le plan qu'on a préparé.
— Rédiger en courtes phrases.

● **Ne pas oublier**

— De ponctuer le texte.
— De faire figurer son adresse, en haut et à gauche du texte.
— De porter la date en haut à droite.
— De porter sur l'enveloppe l'adresse exacte du destinataire de la lettre avec le code postal.

■ LE DERNIER MOT... SELON L'USAGE

Voici comment on peut terminer une lettre adressée à un interlocuteur inconnu ou peu connu.

D'un homme à une femme

— Veuillez agréer, Madame, mes salutations distinguées.

— Veuillez agréer, Madame, mes respectueux hommages.

Commun aux deux sexes

— Veuillez agréer, Madame (Monsieur), l'expression de ma parfaite considération.

— Veuillez agréer, Madame (Monsieur), l'expression de mes sentiments distingués.

D'un homme ou d'une femme
à un correspondant respecté

— Veuillez agréer, Madame (Monsieur), l'expression de mon profond respect.

— Veuillez agréer, Madame (Monsieur), l'expression de mes sentiments respectueux.

— Respectueusement.

■ AVOIR LE DERNIER MOT

Colette, grand écrivain du XXe siècle, a beaucoup écrit à ses amis. Voici comment elle termina quelques-unes de ses lettres.

A une amie

— Je t'embrasse et suis ta tendre et vieille amie.

— D'ici, de n'importe où, je te suis fidèlement tendre.

— Je t'embrasse et je nous souhaite des années d'amitié.

— Adieu, je vous embrasse très gentiment.

A un ami

Colette écrit en son nom et celui de son mari :

— Willy vous envoie ses amitiés, et je vous dis mille gentillesses.

— Nous vous souhaitons bonne année et bonne santé, et je reste amicalement vôtre.

Colette écrit en son nom propre :

— Et si je pouvais avoir la joie, on ne sait jamais, de vous être utile, faites-moi confiance et usez de moi.

A une relation cordiale

— Croyez-moi sympathiquement vôtre.

— Je vous remercie et vous serre cordialement la main.

— Je vous prie de croire, Monsieur, à mes sentiments sympathiques.

— Je vous remercie et vous serre la main de bon cœur, cher Jean Vignaud.

A un couple ami

— Je vous embrasse comme je vous aime, et c'est beaucoup.

— Je vous salue et vous embrasse tous deux très affectueusement.

Au nom de son mari et au sien :

— Nous vous aimons tous deux, et je pense que rien n'y changera.

— Nous avons bien raison de vous aimer !

Lettres de Colette à Marguerite Moreno.
Lettres de Colette à ses pairs.

L'ANNONCE

présentation

Ce n'est pas à une seule personne parfois, mais à beaucoup de monde, que nous voulons communiquer « ce qui nous arrive ». Par exemple, si nous recherchons un emploi, ou si nous désirons vendre ou acheter un objet, nous voulons en informer un grand nombre de gens afin d'accroître nos chances de réussite. Nous confions alors notre message à un journal où il prend une forme particulière : il y devient une *annonce*.

Voici le message que Gérard Doucet désire faire passer dans un journal :

Je vends une table de ping-pong olympique. Elle est pliable. Elle est en parfait état. Elle a des filets de rechange. Son prix est à débattre. Téléphoner au 58.32.24, ou s'adresser à M. Doucet, 22, rue Clemenceau à Rodez, après 19 heures.

Voici le texte de l'annonce :

> VENDS
> Table de ping-pong olympique, pliable, parfait état, filets de rechange. Prix à débattre.
> Tél. 58.32.24 ou s'adresser : Doucet, 22, rue Clemenceau - Rodez, après 19 h.

● **Phrase après phrase, comparez le texte du message et celui de l'annonce, puis essayez de dégager de cette comparaison quelques principes qui vous permettront de bien rédiger une annonce.**

L'annonce

Son principe

Rédiger une annonce, c'est abréger un message en le réduisant à l'essentiel.

Son code

Cela conduit très souvent à effacer certains éléments de nos phrases :

Le sujet : vends table de ping-pong (au lieu de : *je* vends...).
Les articles : vends table de ping-pong (au lieu de : *une* table...).
Les auxiliaires : excellent état (au lieu de : elle *est* en excellent état) ; filets de rechange (au lieu de : elle *a* des filets...).
Certaines prépositions : s'ad. M. Doucet (au lieu de : s'adresser *à* M. Doucet).

activité

● **Plusieurs situations de communication vont vous être à présent proposées. Toutes appellent la rédaction d'une annonce. En prenant modèle sur le formulaire ci-après, essayez de rédiger chacune de ces annonces comme si vous alliez effectivement les déposer au bureau d'un journal.**

LA VOIX DU NORD

A REMPLIR PAR LE CLIENT

Nom : ....

Adresse : ....

Ville : ....

Pièce d'identité N° ....

Dates d'insertions souhaitées (1)

....

(1) Les dates d'insertions ne sont jamais garanties.

TEXTE :

Réservé au Service

Réf. 6.99.029

exercice 1

Monsieur et madame Langlois viennent d'installer le chauffage central dans leur maison, aussi songent-ils à revendre leur convecteur. Celui-ci est de marque Surdiac et fonctionne au charbon. Il est de style rustique et a une puissance de chauffe de 240 m³. Étant donné qu'il est en très bon état, ses propriétaires voudraient le vendre 800 F. Les amateurs peuvent le voir à domicile (86, rue de Fontenoy à Libourne), tous les jours de 10 h à 14 h.

exercice 2

Jean Masurel vient de s'acheter une chaîne hi-fi. Il n'a donc plus besoin de son ancien électrophone. Il passe une annonce dans le journal pour le proposer.

Il s'agit d'un électrophone stéréophonique, de marque Nevada et d'une puissance de 2 × 3 watts. On peut le brancher sur du 110 volts ou du 220 volts. Sa valeur est estimée à 600 F, mais Jean Masurel est prêt à débattre du prix. On peut voir cet objet au domicile de Jean Masurel : 13, rue Charles-Péguy à Caen. Le jeune homme est chez lui tous les soirs à partir de 18 h 30.

exercice 3

Bernard Vernel a une chienne de race. C'est un Setter irlandais de trois ans. Il l'a croisée avec un étalon, et la chienne vient de mettre au monde quatre chiots. Ceux-ci ont donc un pedigree. Bernard Vernel les a fait tatouer et vacciner; il cherche à présent à en vendre trois. Il va passer une annonce dans le journal mais veut préciser qu'il est un particulier (non un éleveur) et qu'il ne vendra ses chiots qu'à des amateurs sérieux. Bernard Vernel veut encore signaler que les chiots seront disponibles dans quinze jours et qu'on peut le contacter à son domicile : 3, rue Saint-Exupéry, 62100 Calais, soit en lui écrivant, soit en allant le voir.

exercice 4

Brigitte Descamps a des amis qui font souvent du vélo au cours des week-ends. Elle a envie de les accompagner et se met à la recherche d'une bicyclette pliante pour adulte. Elle la veut en bon état avec, si possible, des sacoches. Elle mettrait jusqu'à 250 F pour cet achat. On peut la contacter par téléphone à son bureau (96.28.32), aux heures de travail.

exercice 5

Jean-Marc Muller est un jeune ouvrier lillois de 21 ans. Il envisage de passer ses congés à Toulouse où il a des amis ; il pense se mettre en route à partir du 16 juillet. Cependant, le prix d'un billet de chemin de fer lui semble trop élevé pour son budget et il voudrait trouver un automobiliste faisant le trajet Lille-Toulouse aux environs du 16 juillet ; il partagerait avec lui les frais de route. Il décide de passer une annonce dans le journal et précise qu'on peut le contacter par téléphone au 54.47.22, après 18 heures.

exercice 6

Roger Cremont est monteur en presses hydrauliques dans une entreprise de Strasbourg. Il vient d'être muté dans une succursale de son entreprise, à Lyon. Il cherche d'urgence un appartement de type F 4, à Lyon ou dans une banlieue proche de la ville.

Il passe une annonce dans un journal lyonnais et propose qu'on lui réponde au journal : lettres Y V K.

exercice 7

Jeannine Boutry termine un C.A.P. d'habillement, fabrication industrielle, au C.E.T. Jean-Moulin à Marseille. Pour se faire un peu d'argent de poche, elle voudrait garder des enfants de temps à autre. Elle passe une annonce dans le journal en précisant qu'elle est libre le mardi soir, le mercredi soir, et au cours des week-ends. On peut la joindre par téléphone au 92.24.26, après 18 heures.

■ COMMUNIQUER - EXERCICES DE SYNTHÈSE

exercice 1

Monsieur Paul Lemaître, domicilié 22, rue Jules-Guesde à Orléans, est tourneur dans une visserie (Établissements Delahousse, 3, rue Masséna à Orléans). Il est à son travail quand on lui apporte avec ménagement ce message :

« L'hôpital de Painbœuf (Loire-Atlantique) vient de téléphoner pour annoncer le décès de votre maman. Elle est morte ce matin, à 6 heures, à l'hôpital-hospice de Paimbœuf. L'hôpital demande que la famille prenne rapidement contact avec lui pour arrêter la date des obsèques. »

Monsieur Lemaître est le fils aîné de la défunte. Il a un frère cadet, Jean Lemaître, domicilié 135, rue Germain-Delbecque à Nérac (Lot-et-Garonne). Ce frère n'a pas le téléphone, mais une de ses voisines le possède. Il s'agit de madame Laurent, 153, rue Germain-Delbecque à Nérac (tél : [58] 73.12.24).

Monsieur Lemaître décide d'assister aux obsèques de sa mère avec sa femme et son fils Pierre. Pierre est actuellement élève au C.E.S. Condorcet à Orléans. Il est en classe de 4e 2 et en période de compositions trimestrielles. Il est de rigueur, dans ce C.E.S., que toute absence soit justifiée par une lettre des parents.

Enfin, la localité où la défunte résidait en maison de retraite et où elle sera inhumée est une petite agglomération. Il serait prudent d'y retenir une chambre d'hôtel pour être sûr d'être hébergé. Monsieur Lemaître se rappelle le nom d'une amie de sa mère qui habite précisément Tharon. C'est madame Desprez, domiciliée 4, rue des Chênes-Verts à Tharon. Elle n'a pas le téléphone.

● **Monsieur Lemaître vient de prendre connaissance du message de l'hôpital. Quelles réactions d'ordre pratique auriez-vous à sa place ?**

exercice 2

Madame Binois habite Toulouse, 16, rue du Brun-Pain. Elle travaille comme surjeteuse dans une fabrique de confection. Dans son entreprise, les horaires de travail fonctionnent selon un système « d'équipes ». Madame Binois travaille une semaine de 6 h à 14 h, et, la semaine suivante, de 14 h à 22 h. Cette semaine, elle suit l'horaire du matin. Elle sera donc libre à 14 h et disposera de son après-midi. Son mari, monsieur André Binois, est monteur dans une entreprise qui fabrique des métiers à tisser. Ses fonctions l'obligent à se déplacer souvent, soit pour monter des métiers neufs dans des entreprises qui les ont commandés, soit pour dépanner sur place des métiers tombés en panne.

Monsieur et madame Binois ont deux enfants : Jean-Marie, 15 ans et Michèle 12 ans. Ces jeunes font partie de l'A.S.T. (Association sportive toulousaine) où ils jouent l'un et l'autre au basket. Monsieur Binois est président de la section basket de l'A.S.T. Chaque année, il a la charge d'organiser, avec les dirigeants de la section « La Nuit du Basket », bal accompagné d'une tombola et destiné à alimenter la caisse du club. Cette soirée attire généralement beaucoup de monde. Sa préparation a donc une certaine envergure et demande à être soignée.

Aujourd'hui, madame Binois rentre chez elle à 14 h 30. Elle trouve sur la table de la cuisine ce message de son mari :

Je suis appelé d'urgence en dépannage à Lyon. Je prends le train à 12 h. J'en ai probablement pour toute la semaine. J'avais des choses urgentes à faire cette semaine pour le bal. Il faudrait que tu t'en occupes à ma place. Voici ce dont il s'agit :

— Il faudrait téléphoner d'urgence au chef de l'orchestre « Les Intrépides » : c'est monsieur Jean Barty, 74, rue du Huy à Auch (Gers), tél. 24.36.02.

— Il faut lui demander sa réponse définitive pour le bal : peut-on ou non compter sur son orchestre ? Précise bien que nous maintenons la date du 6 mars. Demande lui aussi son prix ferme. Dès que tu auras sa réponse, envoie Michèle prévenir monsieur Nivesse. Il n'attend que cela pour s'occuper des affiches.

— Il y aura probablement au courrier la réponse de la mairie au sujet de la location de la salle des fêtes. Télégraphie-moi cette réponse dès que tu l'auras. Si c'est non, il faudra que je téléphone immédiatement à un ami pour trouver une autre salle. Si c'est oui, il faudra que je prenne une décision en fonction du prix de la salle et que je fasse rapidement savoir au maire si nous confirmons ou non notre réservation. Adresse ton télégramme à l'hôtel où je descends : Hôtel du Commerce, 32, rue des Jacobins, Lyon. Je préfère le télégramme au téléphone car tu sais qu'en période de dépannage, mes heures de retour à l'hôtel sont incertaines.

— Fais une petite lettre aux commerçants de la ville pour leur demander des lots pour notre tombola. Avertis-les que les enfants commenceront à passer chez eux dès la semaine prochaine. Sitôt ta lettre faite, porte-la à Janie. Elle la tapera sur stencils et la fera ronéotyper.

— Enfin, il faudrait passer une annonce dans « Inter 47 » au sujet de la friteuse que nous avons décidé d'acheter. Surtout précise bien qu'il s'agit d'une friteuse pour kermesses, fêtes, etc., sinon on nous proposera des petites friteuses familiales. Précise aussi qu'il faut pouvoir la bouger facilement car nous voulons l'utiliser pour la « fête de Plein Air » en juillet et pour la « Ducasse ». Donc quelque chose sur roues. Dis enfin que nous recherchons de préférence une friteuse qui fonctionne au butane (c'est toujours plus commode pour les déplacements).

Je suis désolé de tout le tracas que je te laisse, mais je sais que tu feras au mieux. Grosses bises.

André

● **Vous êtes invité (e) à accomplir avec madame Binois les démarches que cette situation appelle.**

Mairie de TOULOUSE

Tél. 74.48.79

-=-=-

Service des Fêtes

AM - 75 D 137 -

Toulouse, le 2 février 1979

OBJET : Location de la salle des fêtes

Monsieur,

En réponse à votre lettre du 29 janvier, j'ai l'honneur de vous faire savoir que la salle des fêtes est encore disponible à la date du 6 mars.

Le coût de la location est fixé comme suit :

600 F jusqu'à minuit;
100 F par heure supplémentaire après minuit.

Je vous serais obligé de bien vouloir me confirmer rapidement votre réservation.

Veuillez agréer, Monsieur, l'expression de ma considération distinguée.

Le Maire.

■ TRANSMETTRE DE VIVE VOIX

présentation

Trois d'entre vous vont sortir. En leur absence, le formateur va vous faire entendre un enregistrement au magnétophone. Il s'agit de la relation d'un accident de la circulation. Vous serez invités ensuite à suivre quelques consignes.

activité

● A travers la critique de cet exercice, pouvez-vous dégager quelques principes qui permettent de transmettre, sans le déformer, un message que nous avons entendu ?

● De nouveau, votre formateur va vous faire entendre un enregistrement. Il s'agit, cette fois, d'un incident qui se produit dans un supermarché. A la suite, vous serez conviés à suivre des consignes.

● Pour la troisième fois, vous allez entendre un enregistrement au magnétophone et suivre les consignes qui s'y rapportent.

Transmettre

Pour transmettre correctement un message qui nous a été dit, il faut :

● Écouter

Cela nous permet ensuite de ne pas dénaturer le message en oubliant de transmettre des éléments qui seraient importants.

● Dégager l'essentiel du détail

Notre mémoire ne peut tout absorber. Si nous la mettons au service du détail, nous risquons que l'essentiel lui échappe.

● Ne transmettre que ce qui a été dit

Les rumeurs, les « bruits », et bien souvent les calomnies, viennent de ce que nous « brodons » parfois autour de ce qui nous a été dit. Nous ajoutons au message notre point de vue, ou nos commentaires. Celui qui nous écoute les transmet à son tour en y ajoutant sa propre appréciation. Ainsi naissent les fausses nouvelles.

Transmettre un message, c'est faire preuve de « haute fidélité » à son égard. C'est ne redire que ce qui a été dit.

■ TRANSMETTRE PAR UNE AFFICHE

présentation

La commune de Breteuil a une Association des Familles très active. Le budget de cette association est alimenté par les cotisations des adhérents et par deux fêtes annuelles : « La Nuit de la Saint-Sylvestre » et « La Kermesse du Printemps ». Ce budget permet à l'association d'acheter chaque année des choses utiles aux familles. Ainsi elle acheta un matériel à tapisser (tables, brosses, etc.) qui fut mis à la disposition des familles. Puis elle créa un mini-lavoir avec séchoirs et tables de repassage. Aujourd'hui, l'association doit décider de ses achats pour la nouvelle année. Son comité directeur se réunit à cet effet.
Voici la transcription fidèle de ce qui se dit au cours de la réunion.

Une réunion d'une association des familles

M. Lavigne (Président de l'Association) : Mesdames, messieurs, je me permets de vous rappeler notre ordre du jour : nous avons un choix à faire entre l'achat de deux caravanes, qui seraient placées sur un terrain de camping du littoral, et la création d'une bibliothèque et d'une discothèque. Dans les deux cas, il y aurait un loyer à payer.

M. Gallet : Moi, j'ai déjà dit que j'étais pour la bibliothèque. On se plaint que la culture s'en va, que les gens n'ont plus d'instruction, qu'ils ne lisent plus, qu'ils ne voient plus autre chose que la télé... Eh bien ! je dis qu'une association comme la nôtre doit réagir à ça. Si elle ne le fait pas, c'est lamentable. Nous sommes au contact des familles, et c'est dans les familles qu'il faut changer les choses. C'est par là qu'il faut commencer.

Mme Fournier : Je suis bien d'accord avec vous, mais les vacances, les week-ends, c'est important aussi. La vie..., la vie est devenue tellement dure. On arrive au soir, ou au bout de ses semaines, on est complètement à plat. Faut voir la tête des gens, le soir, dans l'autobus !

M. Gallet : Je ne vous dis pas le contraire ; je suis même tout à fait d'accord avec ce que vous venez de dire, mais les vacances, la détente, tout le monde peut s'en donner. Ce n'est pas difficile de partir se promener ; tandis que les livres...

M. Nival : Si tu permets, Roger, je voudrais faire une remarque : ce n'est pas difficile de partir se promener, quand on a une voiture, mais quand on n'a que ses pieds, c'est autre chose. C'est la ville, la ville, la ville partout ! Pour voir des murs et respirer les gaz des voitures, autant rester chez soi. Si on veut s'évader, faut aller assez loin, prendre le train, et alors, c'est tout de suite l'hôtel, le restaurant, des frais qu'une famille modeste ne peut pas supporter.

Mme Boussemard : C'est pour cela que les caravanes seraient utiles.

Mme Malandin : Je suis d'accord avec vous, mais ça me fait quand même mal au cœur de renoncer à la bibliothèque. Roger a raison : les gens ne savent plus rien. On devient des robots.

M. Gallet : Des robots de la consommation...

Mme Ansart : Et ça se répercute sur les enfants. Tous les professeurs le disent : le niveau baisse chaque année, les gosses ne savent plus rien, ils ne s'intéressent plus aux études. Avant, on avait son certificat, ça représentait quelque chose. Maintenant, c'est du vent. Même le B.E.P.C., j'en connais qui le passent et qui font des fautes d'orthographe plus grosses qu'eux.

M. Gallet : C'est pour ça qu'il faut repartir de la famille, redonner aux parents le goût de lire, de s'instruire.

Mme Boussemard : Oui, mais pour y arriver il faut des gens *re-po-sés*. Tu peux essayer de faire lire quelqu'un qui est fatigué, c'est comme si tu mettais un emplâtre sur une jambe de bois... ça n'a aucun effet !

M. Bourrel : On pourrait peut-être se placer sur le plan du budget pour choisir, voir ce qui est le plus à la portée de notre bourse... peut-être que ça trancherait.

M. Lavigne : Alors là, il faut s'adresser à notre trésorier. Il a fait une étude des dépenses... Mon cher Maurice, c'est à toi.

M. Lhernaux : Oui... J'ai vu Caravalo qui nous fait une remise de 20 % sur deux caravanes familiales, six places... Coût total : 22 000 F... C'est à peu près ce qu'il faut compter pour un ensemble bibliothèque/discothèque, en démarrant moyennement avec 300 livres/300 disques par exemple.

Mme Malandin : Restent les loyers.

M. Lhernaux : Là aussi, on est dans les mêmes prix. Il faut compter 2 400 F pour le loyer annuel d'une caravane, soit 220 F par mois pour une, et 440 F pour les deux... C'est le loyer qu'il faut mettre pour un grand local.

M. Lavigne : Plus les charges...

M. Lhernaux : Bien sûr, plus les charges... mais avec les caravanes, il faudra compter l'entretien. Ça reviendra presque au même.

M. Lavigne : Si je fais le point, je vois que les deux projets sont aussi utiles l'un que l'autre et que les frais sont à peu près égaux... Alors je propose qu'on vote.

(On procède ici au vote des participants.)

M. Lavigne : Sur les 14 bulletins exprimés, 10 sont en faveur des caravanes et 4 pour la bibliothèque. L'achat des caravanes est donc décidé. Alors maintenant, nous allons décider de trois choses : Qui va acheter les caravanes ? Où allons-nous les placer ? Et comment allons-nous les mettre à la disposition des familles ?

M. Dubois : Il faudrait faire un système de roulement... établir un calendrier...

M. Lavigne : Permettez, permettez... on va commencer par le commencement. Qui va effectuer l'achat ? Maurice, toi qui as eu des contacts avec Caravalo, tu t'en charges ?

M. Lhernaux : Je veux bien, mais j'aimerais que quelqu'un vienne avec moi.

Mme Fournier : Caravalo, c'est vraiment le plus intéressant ?

M. Lhernaux : Oui... de tout ce que j'ai vu, c'est le meilleur rapport qualité/prix. Il y en avait de plus chères et de moins chères, mais ça laissait à désirer. Ou bien la qualité ne justifiait pas le prix élevé, ou bien c'était de la camelote.

M. Lavigne : Bon. Qui va accompagner Maurice ?

M. Nival : Ce serait pour quand ?

M. Lhernaux : Je crois qu'il ne faudrait plus trop tarder maintenant que les pourparlers sont engagés. Je vais leur téléphoner et prendre rendez-vous.

M. Nival : Si ça tombe un samedi, je veux bien venir avec vous.

M. Lhernaux : Ça sera sûrement un samedi parce que je ne suis libre que ce jour-là.

M. Nival : Alors d'accord.

M. Lavigne : Il faut maintenant savoir où nous placerons ces caravanes. Maurice, c'est encore à toi que je renvoie la balle.

M. Lhernaux : Oui... il y a deux campings possibles : celui de Bray-Dunes, à quelques kilomètres de Dunkerque, et celui de Wimereux, près de Boulogne... Des deux côtés, il y a avantages et inconvénients. Avantage pour Bray-Dunes : le terrain est à 100 mètres de la plage... Inconvénient : ce camping est près des dunes... Les jours de vent, il y aura du sable. Autre inconvénient : le littoral, dans cette région, est moins pittoresque qu'à Wimereux... On voit de loin les fumées d'Usinor...

Mme Fournier : Il y a la Belgique à côté.

M. Lhernaux : Oui, mais la côte belge et la côte française, c'est pareil, tandis que le Boulonnais est nettement plus pittoresque.

M. Nival : Exact... il y a de belles excursions. Ça serait... quoi, alors, les avantages et les inconvénients de Wimereux ?

M. Lhernaux : Eh bien, comme je l'ai dit, c'est une belle région avec des promenades à faire (il y a la forêt du Touquet, les falaises du Boulonnais, le cap Gris-Nez... d'autant qu'un service d'autocars dessert bien la région). Il y a aussi, dans le camping, des installations un peu plus importantes qu'à Bray-Dunes : davantage de douches et de toilettes, une rôtisserie, etc. L'inconvénient, c'est que le camping est un peu loin de la plage... 800 mètres environ.

Mme Malandin : Quand on est en vacances, on peut marcher.

M. Bourrel : Ça dépend de l'âge qu'on a.

Mme Castelain : Et si on a ou non des enfants en bas-âge.

M. Dubois : La plage... on n'y va pas tous les jours.

Mme Fournier : Oh si !... ou presque... surtout quand on n'est là que pour un week-end. Quand on va sur la côte... hein, c'est pour voir la mer...

M. Nival : Wimereux, c'est aussi plus loin que Bray-Dunes. De chez nous, il faut bien compter 130 km ; Bray-Dunes en fait à peine 80... il y a là tout de même 50 km de différence ; ça doit entrer en ligne de compte.

M. Lhernaux : Ça doit aussi entrer en ligne de compte dans un autre sens : Bray-Dunes, nous le connaissons tous par cœur (qui n'est pas allé à Bray-Dunes ou à Malo !?) Tandis que Wimereux, justement parce que c'est plus loin, c'est moins connu. Alors, un petit séjour là-bas ferait vraiment du dépaysement... les gens se sentiraient en vacances.

M. Nival : Leur porte-monnaie aussi ! 50 km aller, 50 km retour, qu'on le fasse en train ou en voiture, ça représente tout de même un supplément.

Mme Malandin : Pas énorme, pas énorme !...

M. Nival : C'est vrai... mais je pense aux petits budgets...

M. Lavigne : Si je vous comprends bien, les avis sont partagés. Je propose qu'on vote.

(Ici, intervient le second vote de la séance.)

M. Lavigne : Eh bien, mes amis, c'est une courte victoire, mais une victoire quand même pour les partisans de Wimereux. Ils l'emportent par 8 voix contre 6.

M. Nival : C'est la majorité, il faut l'accepter.

M. Lavigne : Bien sûr... bien sûr... Qui va prendre contact avec le camping de Wimereux ?

M. Gallet : Ça dépend quand seront livrées les caravanes.

M. Lhernaux : En principe, rapidement. Les parcs sont bien garnis et la saison n'est pas encore commencée... Le délai de livraison ne devrait pas être très long... Comptez un bon mois à partir d'aujourd'hui...

M. Gallet : Je veux bien me charger du camping. Qu'est-ce que je réserve comme emplacements : deux places côte à côte ou éloignées ?

Mme Ansart : Ni l'une ni l'autre à mon avis. Les gens d'un même quartier seront heureux de se retrouver (ne serait-ce que pour se rendre service) mais ils n'aimeront quand même pas être voisins. Alors : ni trop près ni trop loin.

M. Gallet : Bon, je vois... Je vais faire de mon mieux.

Mme Castelain : Où est situé exactement le camping ? Il faudrait faire un petit plan pour l'indiquer aux gens...

M. Lhernaux : C'est « le Camping des Tilleuls ». On l'appelle ainsi parce qu'il y a pas mal de tilleuls sur le terrain... (entre parenthèses, ils sont bien utiles pour protéger du vent, ou pour faire de l'ombre l'été : autre avantage !). Ce n'est pas difficile à trouver : quand on vient de Calais, en longeant la côte par la N 40, on prend à droite, dès l'entrée de Wimereux et le camping se trouve dans le premier chemin à gauche... Je vais vous faire un petit plan :

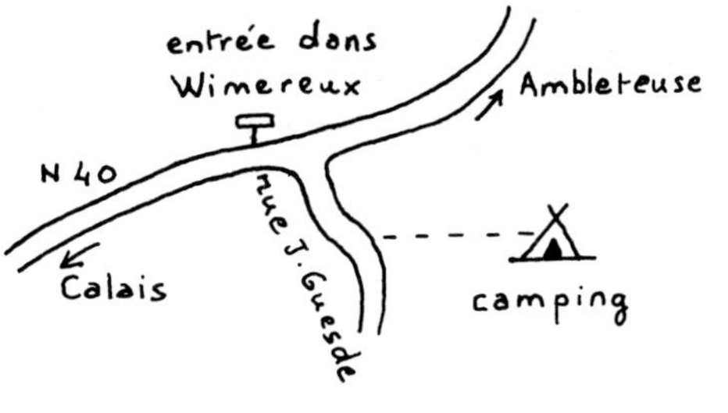

M. Gallet : Ça va... c'est clair... j'irai là-bas dimanche prochain.

Mme Boussemard : Reste à fixer le prix.

M. Bourrel : Et le système d'attribution des caravanes.

M. Dubois : Vous croyez vraiment qu'il faut faire payer les gens ? Ils versent déjà leur cotisation. Il vont se demander à quoi ça sert de faire partie de l'Association...

Mme Fournier : Ça sert à avoir beaucoup d'avantages. Entre autres, celui de pouvoir disposer d'une caravane pour presque rien.

M. Dubois : Qu'est-ce que vous entendez par « presque rien »?

Mme Fournier : Une somme modique, presque symbolique, mais qui permettrait d'assurer l'entretien et peut-être, qui sait, de commencer un pécule pour acheter une troisième caravane.

M. Wisteker : Et puis, comme ça, les gens se sentiraient concernés par cette affaire... ils verraient que ces caravanes sont le bien de tous.

M. Lavigne : J'ai déjà réfléchi au problème, et je suis de votre avis. Que penseriez-vous de 4 F par jour et par personne? On réduirait à 2 F pour les enfants.

Mme Fiévet : C'est la limite, on ne peut pas demander plus... Sinon, ça sera réservé aux plus riches.

M. Lavigne : Ça me semble raisonnable. Que pensent les autres?

Mme Boussemard : Qu'est-ce que vous entendez par « entretien »? Faire nettoyer les caravanes après le départ des gens?

M. Lavigne : Ah! non... cela, chacun va s'en charger. Nous allons faire un règlement, d'ailleurs : chacun devra rendre les lieux impeccables, et signaler le nombre d'heures pendant lesquelles il s'est servi du Butagaz, afin qu'on puisse surveiller le contenu des bouteilles et les changer à temps...

Mme Malandin : Il faudra faire un contrôle alors... Tout le monde n'est pas soigneux... Surtout en vacances, on laisse un peu aller.

M. Lavigne : Ça s'ajoutera à ce que j'appelle « l'entretien ». On paiera quelqu'un pour donner les clefs des caravanes, et vérifier l'état des lieux avant et après le séjour d'une famille. L'entretien consistera à faire les réparations, les graissages... c'est important, si on veut garder le matériel en bon état.

Mme Fiévet : Est-ce qu'on fournira les draps?

M. Lavigne : Non. Seulement les literies et les couvertures... les draps, c'est trop personnel, et ça entraînerait du blanchissage.

Mme Ansart : Et la batterie de cuisine?

M. Lavigne : Elle sera sur place.

M. Nival : Est-ce qu'on fonctionnera toute l'année?

M. Lavigne : Ah! c'est tout le problème... Qu'en pensez-vous?

M. Bourrel : Je ne suis pas d'avis de faire ça en hiver. Qui dit hiver dit chauffage, et qui dit chauffage dit danger.

M. Gallet : Et puis en hiver, les campings sont vides. Les gens qui iront là-bas seront trop isolés.

M. Lavigne : J'avais pensé 1er mai-1er octobre. Qu'en pensez-vous?

Mme Fiévet : On pourrait aller jusqu'au 15 octobre ; il y a parfois de belles arrière-saisons.

M. Lavigne : C'est l'avis de tous?

(Approbation générale.)

M. Lavigne : Bien... nous fonctionnerons donc du 1er mai au 15 octobre. Reste à fixer le système d'attribution des caravanes.

Mme Castelain : Ça va faire des jaloux.

M. Wisteker : Pas forcément... Si nous créons un système équitable, ça se passera bien.

M. Dupire : Que proposez-vous?

M. Wisteker : Je propose d'abord d'établir un système pour les week-ends, et un autre pour les vacances.

M. Fiévet : C'est-à-dire?

M. Wisteker : Eh bien, pour les week-ends, il faudrait retenir un mois à l'avance... les premiers inscrits choisiraient. Et on n'aurait droit qu'à un week-end par an.

M. Dupire : Oui... je viens de consulter mon calendrier... Si l'on compte pour week-ends les samedis et dimanches de vacances, plus les jours de fête, ça fait à peu près vingt-cinq week-ends par caravane... soit, multiplié par deux, un total de cinquante week-ends.

M. Maniez : Tout le monde ne pourra pas en profiter.

Mme Ansart : Tout le monde ne désirera pas y aller.

M. Bourrel : Ce n'est pas élastique.

M. Nival : Il faut bien commencer petit. On agrandira peu à peu.

Mme Malandin : Où va-t-on retenir son tour?

M. Wisteker : Il faudrait un seul siège d'inscription, sinon il y aura des confusions et des histoires.

Mme Fournier : Ça peut se faire chez moi le lundi soir, de 17 h à 19 h. Les enfants sont au basket à cette heure-là, c'est calme...

M. Lavigne : Voulez-vous nous rappeler votre adresse, Madame?

Mme Fournier : 25, rue Pasteur - Breteuil... c'est à côté du passage à niveau.

M. Bourrel : Donc, vous établirez le calendrier des locations en fonction des demandes?

Mme Fournier : C'est ça.

M. Bourrel : Fort bien... Et pour les vacances?

Mme Fiévet : J'avais pensé qu'on pourrait proposer des tranches de quatre jours, du lundi au jeudi soir. Le vendredi, le week-end commencerait.

M. Lhernaux : C'est une bonne idée.

Mme Castelain : Et pour retenir des dates?

Mme Fiévet : Si madame Fournier veut bien s'en charger, ça simplifierait. Les gens n'auraient qu'une seule adresse.

Mme Fournier : Tout à fait d'accord, j'inscrirai les demandes sur deux cahiers différents.

M. Lavigne : Eh bien, nous vous remercions, madame... nous voilà d'accord sur l'essentiel. C'est en fonctionnant que nous verrons comment améliorer tout ça... Quelqu'un veut-il ajouter quelque chose?

(Silence dans le groupe.)

M. Lavigne : L'affaire est donc entendue. Nous pouvons maintenant passer à la seconde partie de l'ordre du jour et écouter le rapport financier de notre ami Lhernaux.

activité

• M. Bourrel est délégué de l'association dans son quartier. Il va réaliser un petit texte (sur tract ou sur affiche) pour mettre les gens au courant de ce qui a été décidé.

Vous êtes invités à réaliser ce document.

je te dis ce que je vois

■ DÉCRIRE UN OBJET, UN ANIMAL

présentation

Quelques textes vont vous être proposés. Ils décrivent des *animaux* ou des *choses*, mais sans jamais les nommer. On les désigne seulement par un *pronom*.
● Essayez de deviner, pour chaque texte, l'animal ou la chose que l'auteur a décrit.

1) Qu'ils sont beaux ! Oh ! mon Dieu, qu'ils sont beaux ! Il y en a dont les ailes sont barrées de rouge ; il y en a d'un bleu vif avec des ronds noirs. D'autres sont d'un jaune de soufre avec des taches orangées ; d'autres sont blancs et frangés de brun.

Ils ont sur la tête deux fines cornes ou antennes, tantôt semblables à un fil, tantôt découpées en panaches.

J.-H. Fabre,
Souvenirs entomologiques.

2) Grognon, mais familier comme si nous t'avions gardé ensemble, tu fourres le nez partout et tu marches autant avec lui qu'avec les pattes.

Tu caches sous des oreilles en feuilles de betterave tes petits yeux cassis.

Tu es ventru comme une groseille à maquereau.

Tu as de longs poils comme elle, comme elle la peau claire et une courte queue bouclée.

J. Renard,
Histoires naturelles.

3) Tu n'as ni goût, ni couleur, ni arôme, on ne peut pas te définir, on te goûte sans te connaître. Tu n'es pas nécessaire à la vie : Tu es la vie [...]. Tu es la plus grande richesse qui soit au monde, et tu es aussi la plus délicate, toi si pure au ventre de ta terre.

A. de Saint-Exupéry,
Terre des hommes.

4) De la grosseur d'un galet moyen, elle est d'une apparence plus rugueuse, d'une couleur moins unie, brillamment blanchâtre. C'est un monde opiniâtrement clos. Pourtant, on peut l'ouvrir : Il faut alors la tenir au creux d'un torchon, se servir d'un couteau ébréché et peu franc, s'y reprendre à plusieurs fois. Les doigts curieux s'y coupent, s'y cassent les ongles : c'est un travail grossier. Les coups qu'on lui porte marquent son enveloppe de ronds blancs, d'une sorte de halos.

A l'intérieur, on trouve tout un monde à boire et à manger [...].

F. Ponge,
Le Parti Pris des choses.

5) Né d'une pierre, il vit sous une pierre et s'y creusera un tombeau. Je le visite fréquemment, et chaque fois que je lève sa pierre, j'ai peur de le retrouver et peur qu'il n'y soit plus. Il y est.

Caché dans ce gîte sec, propre, étroit, bien à lui, il l'occupe pleinement, gonflé comme une bourse d'avare.

Qu'une pluie le fasse sortir, il vient au-devant de moi.

Quelques sauts lourds, et il s'arrête sur ses cuisses et me regarde de ses yeux rougis.

Si le monde injuste le traite en lépreux, je ne crains pas de m'accroupir près de lui et d'approcher du sien mon visage d'homme...

On en avale dans la vie qui font plus mal au cœur.

Pourtant, hier, j'ai manqué de tact. Il fermentait et suintait de toutes ses verrues crevées. « Mon pauvre ami », lui dis-je, « je ne veux pas te faire de peine, mais Dieu ! que tu es laid ! » Il ouvrit sa bouche puérile et sans dents, à l'haleine chaude, et me répondit avec un léger accent anglais : Et toi ? ».

J. Renard,
Histoires naturelles.

6) Que se passe-t-il ? Neuf heures du soir et il y a encore de la lumière chez lui.

Cette goutte de lune dans l'herbe !

J. Renard,
Histoires naturelles.

activité

● A votre tour, essayez de décrire un objet, une substance ou un être vivant, que tout le monde connaît. Vous ne nommerez pas ce que vous décrivez, vous le désignerez seulement par un pronom. A travers votre description, les autres essaieront de deviner *de qui ou de quoi* il s'agit.

■ DÉCRIRE UNE PERSONNE

présentation

Différents *portraits* vont vous être maintenant présentés. Prenez-en connaissance, puis essayez de répondre aux questions qui s'y rapporteront.

1) Une gitane

L'auteur décrit une jeune gitane, nommée Carmen.

En arrivant près de moi, l'inconnue laissa glisser sur ses épaules la mantille qui lui couvrait la tête [...], je vis qu'elle était petite, jeune, bien faite.

Sa peau, parfaitement unie, approchait fort de la teinte du cuivre. Ses yeux étaient obliques, mais admirablement fendus, ses lèvres, un peu fortes, mais bien dessinées et laissant voir des dents plus blanches que des amandes sans leur peau.

Ses cheveux, peut-être un peu gros, étaient noirs à reflets bleus comme l'aile d'un corbeau, longs et luisants. Pour ne pas vous fatiguer d'une description trop prolixe, je vous dirai en somme qu'à chaque défaut elle réunissait une qualité qui ressortait plus fortement par le contraste. C'était une beauté étrange et sauvage, une figure qui étonnait d'abord, mais qu'on ne pouvait oublier.

P. Mérimée,
Carmen.

activité

● **A quoi sert la 1re phrase descriptive du texte : « Elle était petite, jeune, bien faite. »? A présenter la gitane de façon détaillée, ou à en donner une impression d'ensemble? A quoi servent les autres phrases, depuis « Sa peau... » jusqu'à « longs et luisants »? A quoi sert la fin du portrait? Celui-ci vous semble-t-il décousu ou ordonné?**

● **Il y a, dans ce texte, des éléments qui accentuent le sens de certains adjectifs et nous permettent, par conséquent, de mieux nous représenter la jeune femme. On dit que ces éléments sont des « procédés d'animation du texte ». Relevez-les.**

● **En prenant appui sur le texte, essayez de définir l'adjectif « prolixe ». Voyez ensuite, dans le dictionnaire, si votre supposition était juste.**

2) Grégoire et Charlotte

Une mère de famille fait le portrait de ses enfants.

Grégoire, mon fils unique, l'aîné de mes enfants, vient d'avoir dix-huit ans la semaine dernière. Il est cubique. Il n'est pas grand et son torse est large et puissant. Sur la tête lui vient une crinière blonde extrêmement frisée [...]. A force de chercher, j'ai fini par trouver un produit qui démêle les cheveux. Nous les avons coupés en une boule de copeaux dorés. C'est magnifique.

Peut-être que je parle beaucoup des cheveux de Grégoire pour éviter de parler du reste : il a du mal à trouver du travail. [...] Il ne s'en fait pas apparemment mais je sais qu'il se ronge. Heureusement il a la musique, la guitare, le banjo, les tablas (1). Avec des copains, ils ont fait un petit orchestre.

activité

● **Essayez de retrouver le plan de ce portrait et de donner un titre à chaque partie. Par exemple : « Les cheveux de Grégoire » pourrait faire le titre d'une partie.**

● **Voyez-vous, dans le texte, des procédés d'animation? Si oui, relevez-les.**

(1) Instrument de musique indienne consistant en un tambour vertical à son sec et une timbale à son sourd.

Après Grégoire, vient Charlotte qui va bientôt avoir seize ans. Elle est de taille moyenne et je crois qu'elle ne grandira plus. Elle a les plus beaux yeux du monde. Quand j'ai connu Jean-Pierre (1), j'aimais tellement ses yeux que je voulais me perdre dans leur couleur. Je les regardais jusqu'à être fascinée par eux, je m'évanouissais dans du bleu et de l'or [...]. Grégoire a les mêmes yeux que son père. Ceux de Charlotte sont encore plus beaux.

Si Charlotte voulait faire attention à elle, elle serait belle. Mais elle s'en fiche complètement. Certains jours on dirait une clocharde. Plus les vêtements sont fripés, déchirés, avachis, sales, et plus ils lui plaisent. Ses chaussures sont toujours éculées. Elle échange ses vêtements neufs, quand elle en a, contre les vieilles nippes de ses copines.

Elle est la poésie et la fantaisie mêmes. Elle aime la méditation mais elle n'est pas secrète. Elle invente, elle crée.

Marie Cardinal,
La Clé sur la porte.

activité

● **Essayez de retrouver le plan de ce portrait et de donner un titre à chacune de ses parties.**

3) Portrait d'une mère

Le poète Jacques Prévert évoque sa mère.

Comme toutes les plus belles filles du monde, ma mère avait aussi les plus beaux yeux et d'un bleu tellement bleu et tellement souriant. Des fois elle rougissait ou plutôt devenait toute rose, et elle était comme les reines qu'on peint sur les tableaux. Et aujourd'hui, je la vois nettement, comme dans un film, avec un bouquet de violettes au corsage, un oiseau sur son chapeau, une voilette modelant son visage et son sourire toujours nouveau. Mais elle était bien plus vivante qu'une actrice, tout ce qu'elle faisait était vrai et jamais elle ne tint aucun rôle. C'était une étoile de la vie.

J. Prévert,
Enfance, extrait de *Choses et autres*

activité

● **Faites le plan du portrait et relevez ses procédés d'animation.**

exercice 1

● **Ces différents textes vous ont donné une idée de la façon dont on peut réaliser un portrait. Il s'agit d'être *ordonné*, *précis* et *attrayant*. A votre tour, essayez de faire le portrait d'un être que vous connaissez bien : adulte, enfant ou personne âgée, à votre choix.**

exercice 2

● **L'un de vous va recevoir un dessin assez simple. Il sera seul à l'observer; les autres ne le verront pas. Par ses indications, il essaiera de le leur faire reproduire. Si sa description est précise, et si elle tient compte des autres (emploi de mots connus de tous, choix de points de repère que les autres connaissent), il parviendra à leur faire reproduire le dessin.**

exercice 3

● **Vous possédez certainement un objet que vous aimez particulièrement. Prenez la parole pour le décrire aux autres et, si possible, montrez l'objet après l'avoir décrit.**

■ DÉCRIRE UN ÉVÉNEMENT

le samedi d'un jeune travailleur

● **Chacun d'entre vous va décrire une séquence de cette bande dessinée. Elle évoque le samedi d'un jeune travailleur.**

Au moment de la mise en commun, l'ensemble du groupe dira à chacun si sa description est conforme aux dessins.

(1) Le père des enfants.

JANVIER
3
SAMEDI
FOURNIER 75

● **Imaginez maintenant, en quelques lignes, une suite à la bande dessinée.**

une description objective des faits

Les dessins qui suivent présentent un accident survenu sur un chantier.

● **Observez attentivement ces dessins et repérez les éléments qui vous paraissent importants pour expliquer cet accident.**

● **Puis, comme le fait le témoin du dernier dessin, décrivez oralement l'événement.**

● **Enfin, présentez en quelques lignes les circonstances détaillées de l'accident, comme vous y invite le formulaire de déclaration d'accident du travail.**

ACCIDENT

Date (préciser le jour de la semaine) .... Heure (de 0 à 24) ....

Nombres d'heures écoulées depuis la prise ou la reprise du travail par la victime (1) ....

Horaire de travail de la victime le jour de l'accident : de .... à .... et de .... à ....

Lieu de l'accident (1) (LOCALITE) ....

Siège des lésions (en précisant, s'il y a lieu, droite ou gauche (1) ....

Nature des lésions (1) ....

Moyen de locomotion utilisé par la victime ....

Circonstances détaillées de l'accident ....

Lieu où a été transportée la victime ....

Suite immédiate (2) **SANS ARRET DE TRAVAIL** **AVEC ARRET DE TRAVAIL** Arrêt du travail le .... à ...... h ...... **DECES**

Date de délivrance de la feuille de soins : .... Horaire prévu le jour de l'Arrêt, de .... à .... et de .... à ....

Décrire

Décrire, c'est présenter à d'autres un être, une chose ou un fait qu'ils n'ont pas sous les yeux ; c'est évoquer avec des mots ce que les autres percevraient avec la vue, s'ils étaient présents.

Pour décrire, il faut donc :

• Être précis

Ne pas dire, par exemple, qu'une pièce est petite quand elle n'est que de taille moyenne ; qu'une robe est rouge, si elle est rose.

• Être ordonné

Ne pas décrire les cheveux de quelqu'un, puis sa taille, pour reparler ensuite des cheveux, évoquer les yeux, les mains, et revenir à la taille.

• Tenir compte des autres

Choisir des mots qu'ils comprennent ; utiliser leurs points de repère, non les nôtres.

• Être attrayant

La précision n'empêche pas de mettre de l'attrait dans la description, et particulièrement d'utiliser des comparaisons ou des images pour mieux faire comprendre aux autres ce que nous décrivons.

Voici, par exemple, comment un écrivain évoque deux aspects d'un personnage, son côté bavard et sa gourmandise : « Il était bavard comme un hanneton et gourmand comme un escargot au beurre. » (Michel de Saint-Pierre, *Les Nouveaux Aristocrates.*)

Voici encore comment l'écrivain Colette se décrivait elle-même au retour de vacances : « Je me vois dans la glace, brune et longue comme une datte. » (Colette, *L'Étoile Vesper.*)

je te dis ce que je connais

■ ÉLABORATION DE CONSIGNES

présentation

Il est assez fréquent, dans la vie, que nous prenions la parole pour transmettre aux autres ce que nous connaissons. C'est ainsi que nous leur indiquons une recette de cuisine ou de bricolage, que nous leur transmettons des consignes, que nous les renseignons dans la rue s'ils nous demandent leur chemin, ou que nous leur parlons d'une activité que nous connaissons bien. Dans tous les cas, *nous leur disons ce que nous savons* et notre but est de leur transmettre notre savoir.

Comme les autres formes de communication, celle-ci a ses lois qu'il faut observer si l'on veut être efficace.

activité

la recette

● **Deux recettes de cuisine vont vous être présentées, celle de Maria et celle de Julie. Vous êtes invités à les apprécier, c'est-à-dire à porter un jugement sur chacune d'elles : le texte est-il bien construit? Oui? Non? Pourquoi?**

Recette de Maria : la crème renversée

Faites chauffer le litre de lait dans une casserole. Cassez trois œufs dans un bol et battez-les énergiquement. Quand le lait est bouillant, versez-le sur les œufs (auparavant, vous y aurez ajouté un paquet de sucre vanillé et 100 grammes de sucre). Mélangez bien. Prenez garde, quand vous verserez le lait, de procéder progressivement ; faites-le un peu à la fois en remuant bien. Versez le mélange ainsi obtenu dans un moule. Auparavant, vous aurez fait fondre un peu de sucre dans une casserole pour obtenir du caramel (cuisson à feu doux ; le caramel doit être roux et liquide). Coulez le caramel dans le fond du moule. Quand le mélange est prêt, versez-le dans le moule, et ajoutez-y, selon les goûts, un peu de rhum ou de cognac.

Mettez le moule au four (vous aurez fait chauffer celui-ci au préalable). Après la cuisson, laissez refroidir la crème avant de démouler. Une nuit au frigidaire serait même profitable avant de procéder au démoulage (la cuisson au four aura été de 30 mn environ à four moyen).

Recette de Julie : le gâteau aux noix

Ingrédients :

Pour 4 personnes :
— 125 g de farine,
— 125 g de beurre,
— 225 g de sucre,
— 100 g de noix décortiquées,
— 5 g de levure en poudre,
— 2 verres de lait concentré, non sucré,
— 1 gousse de vanille,
— 6 œufs.

Ustensiles :

— un mixer,
— quelques terrines,
— un moule à charlotte,
— un plat creux.

Préparation : 30 mn

Cuisson : 45 mn

Hachez les noix finement au mixer. Faites amollir le beurre ; il doit être mou mais non fondu. Séparez deux jaunes d'œufs de leur blanc et versez-les dans une terrine. Battez-les. Ajoutez ensuite le beurre amolli, 125 g de sucre et la farine. Mélangez bien, puis ajoutez les noix. Remuez ; votre pâte doit être lisse et sans grumeaux.

Battez les deux blancs d'œufs en neige. Incorporez-les à la pâte ainsi que la levure. Mélangez bien le tout.

Beurrez un moule à charlotte et versez-y la pâte. Faites chauffer le four pendant 5 mn, puis placez-y le gâteau. La durée de cuisson sera de 45 mn à four moyen.

Quand le gâteau sera cuit, attendez qu'il soit bien refroidi pour le démouler. Mettez-le alors sur un plat creux.

Battez quatre jaunes d'œufs dans une terrine. Versez dans une casserole deux verres de lait concentré non sucré. Ajoutez au lait une même quantité d'eau, plus une gousse de vanille et 100 g de sucre. Faites bouillir le mélange ; quand il est bouillant, versez-le sur les œufs en remuant sans cesse. Mettez le tout dans une casserole, et placez-la sur le feu en remuant toujours. Faites épaissir le mélange sans bouillir. Laissez refroidir ensuite.

Quand la crème est froide, nappez-en le gâteau.

● **Rédigez une recette de cuisine, de bricolage, de jardinage, ou de toute autre activité que vous connaissez bien, en vous efforçant d'être clair.**

le renseignement

● **Votre formateur va vous faire entendre à présent deux enregistrements. L'un et l'autre présentent la même situation de communication : un homme s'adresse à un passant dans la rue et lui demande son chemin. Faites la critique de chacune de ces situations ; essayez ensuite d'en dégager quelques principes qui vous permettront de maîtriser cette forme de communication.**

● **Votre formateur va demander à l'un de vous de lui indiquer un itinéraire possible pour se rendre du lieu où vous vous trouvez à un autre point de la ville. Écoutez attentivement la situation de communication qui va se dérouler ainsi de façon à en faire ensuite la critique.**

● **L'exercice sera repris plusieurs fois avec d'autres participants et d'autres itinéraires.**

Transmettre des connaissances

Pour transmettre des connaissances, il faut :

● **Être ordonné**

S'il s'agit de consignes, il est meilleur de les présenter dans l'ordre où elles vont être utilisées, c'est-à-dire de façon chronologique.

● **Être précis**

Éviter les approximations et les détails trop nombreux qui risqueraient de masquer l'essentiel.

● **Tenir compte de ceux auxquels nous nous adressons**

— Leur donner confiance afin qu'ils sentent que notre savoir est à leur portée.

— Nous faire comprendre d'eux en utilisant des mots et des points de repère qu'ils connaissent.

— Être attentif à la façon dont ils suivent ce que nous leur disons : repérer, par exemple, les moments où ils semblent ne pas comprendre ; être alors patient, inviter nos auditeurs à poser des questions, ne pas hésiter à répéter, à reprendre une explication si cela est nécessaire.

le mode d'emploi

● Le formateur va confier à l'un de vous divers matériaux : ce seront des cubes, des bâtonnets, des piles, des rondelles, etc., de différentes dimensions. La personne qui recevra ces matériaux va s'isoler avec eux et réaliser une construction. Ensuite, elle rédigera une série de consignes qui permettront à quelqu'un d'autre de refaire la même construction en utilisant les mêmes matériaux.

● Si les consignes données sont claires et bien ordonnées, la seconde personne parviendra aisément à reconstituer la réalisation de la première. Dans le cas contraire, la reconstitution sera mal aisée ou impossible. Vous essaierez alors de découvrir à quel endroit le mode d'emploi est défectueux, et comment il convient de le corriger.

■ L'EXPOSÉ

présentation

Appréciation première

Votre formateur va vous faire entendre un exposé. Écoutez ce message, et donnez ensuite votre première impression : l'exposé vous semble-t-il bien fait ou mal fait? Pourquoi?

Appréciation seconde

Vous allez à présent vérifier votre impression première en lisant le texte de l'exposé. Voyez si vos premières remarques se confirment ou non et si vous pouvez en faire d'autres.

Qui d'entre nous n'a pas regardé le ciel, contemplé les étoiles lointaines et rêvé de voler? Ce vieux rêve d'Icare est devenu, vous le savez, une réalité puisque nous volons à bord d'avions de plus en plus perfectionnés. Nous construisons même des fusées qui nous emportent sur la Lune, et nous envoyons des sondes sur Mars en rêvant de nous y transporter bientôt. Et vous trouvez ça malin?!! Nous nous prenons pour des seigneurs capables de conquérir de nouveaux mondes alors que nous ne connaissons même pas notre planète. La preuve : nous l'appelons « la planète verte », quand il faudrait l'appeler « la planète bleue »! Car les trois quarts, oui, les trois quarts de la planète sont constitués par les océans, et ce sont eux que nous connaissons mal. Je désire vous parler d'eux aujourd'hui en essayant de vous montrer comment la mer peut nous nourrir. Ceci me mènera à évoquer trois points : l'eau, la pêche, et l'aquaculture, c'est-à-dire l'élevage marin.

Parlons d'abord de l'eau. Il faut tout de suite que je vous dise quelle place elle occupe dans notre planète. Si l'on se place sur le plan de la superficie, on voit, je vous l'ai dit, que l'eau couvre les trois quarts de la Terre. Cela est déjà considérable! Mais une quantité d'eau se définit surtout par son volume. Alors là, intervient la profondeur. Savez-vous que les fonds marins ont une profondeur comprise entre 3 000 et 6 000 mètres? Les terres émergées, elles, n'ont qu'une altitude moyenne de 900 mètres. Cela veut dire que si nous rabotions les montagnes, et répartissions les matériaux ainsi obtenus sur la surface des terres, nous parviendrions à une altitude générale de 900 mètres. Les fonds marins, eux, ont une profondeur moyenne de 3 600 mètres! Cette profondeur, multipliée par leur surface, donne un volume considérable. Je vais vous montrer, par un petit graphique, l'importance de l'eau par rapport aux terres émergées : voilà, les terres peuvent être représentées par un rectangle de 1 centimètre sur 3, et les

eaux par un rectangle de 6 centimètres sur 3. Le volume de l'eau est donc six fois plus important que celui des terres. « Que d'eau, que d'eau !, me direz-vous ; nous n'avons pas à nous tracasser, nous n'en manquerons jamais. » Eh bien si, justement, nous risquons d'en manquer, nous en manquons déjà. La sécheresse progresse à la surface de notre globe et avec elle les déserts. Il y a des pays où l'eau devient une denrée très rare ; ce sont les pays de la soif. Le Sahel, l'Éthiopie, vous en avez entendu parler ? L'absence d'eau est dramatique car l'eau est indispensable à la vie des êtres vivants : les hommes, les animaux, les plantes. D'ailleurs, je vais vous montrer ce qui se passe aux pays de la soif...

(Ici, projection de quelques diapos.)

L'eau, c'est la vie ; l'absence d'eau, c'est la mort. Or l'eau, sous forme de pluie ou de cours d'eau, se raréfie en de nombreux points du globe. C'est pourquoi, le jour n'est pas loin où nous allons nous tourner vers la mer. Déjà, quelques pays, tels que l'Arabie saoudite et Israël, construisent des usines qui dessalent l'eau de mer et la rendent utilisable pour l'agriculture. Pour le moment, le procédé est encore coûteux, mais on travaille à le perfectionner car on sait bien qu'il est une solution de l'avenir. D'autres États, pionniers de la recherche, vont chercher dans les mers polaires d'immenses blocs de glace, et les ramènent sous bâches isothermiques, pour les faire fondre chez eux. Cela aussi n'est qu'au stade expérimental mais annonce l'avenir ! Aujourd'hui, la valeur suprême, c'est l'or noir, le pétrole. Demain ce sera l'or clair, l'eau des mers. Cette eau, qui ne convient pas à l'homme pour l'instant car elle est trop salée, sera traitée et apaisera notre soif. Voyez alors comme il est important de la protéger aujourd'hui et d'empêcher qu'elle soit irréparablement polluée et dévastée.

C'est d'autant plus important que l'océan va nous nourrir également. Il le fait déjà, mais il le fera plus encore demain, et c'est de cela que je veux vous parler à présent. Évoquons d'abord la pêche. Toute vérité est-elle bonne à dire ? On se le demande en évoquant celle-ci : la pêche industrielle est beaucoup plus primitive et maladroite que la pêche artisanale pratiquée le long des côtes. « Quoi ! me direz-vous, ces beaux chalutiers équipés de radars et d'un matériel perfectionné sont plus maladroits que les petits bateaux locaux ? » Certainement, et je m'en explique : les marins de la pêche artisanale, les petits patrons-pêcheurs et leurs matelots, pêchent près de chez eux, le long des côtes. Ils se sentent responsables des fonds marins car ceux-ci font partie de leur environnement ; ils savent aussi qu'ils les font vivre. Alors, ils les connaissent bien et prennent garde de ne pas les abîmer. Ces gens-là aiment vraiment la mer et savent tout ce qu'elle représente. Avec la pêche industrielle c'est différent. La pêche industrielle se moque éperdument des fonds marins ; elle racle ceux-ci d'une façon si intensive qu'ils deviennent stériles. Pour comprendre ce qui se passe, il suffit de faire la comparaison suivante : imaginez que des extraterrestres qui découvrent la Terre ne trouvent rien de mieux que de vouloir capturer tous les oiseaux d'une forêt. Alors, ils jettent sur la forêt un filet gigantesque et solide, puis le ramènent à eux brutalement. Que croyez-vous qu'il se passe ? Les oiseaux viennent, les oiseaux sont dans le filet, mais aussi les autres espèces et les feuillages. Cette manœuvre, répétée plusieurs fois, vient à bout de la forêt : peu à peu, celle-ci meurt. C'est exactement ce qui se passe en mer. La pêche industrielle se vante d'utiliser des techniques très modernes, mais ce sont en fait des techniques destructrices. Voici l'une d'elles, je vais l'illustrer par un petit dessin.

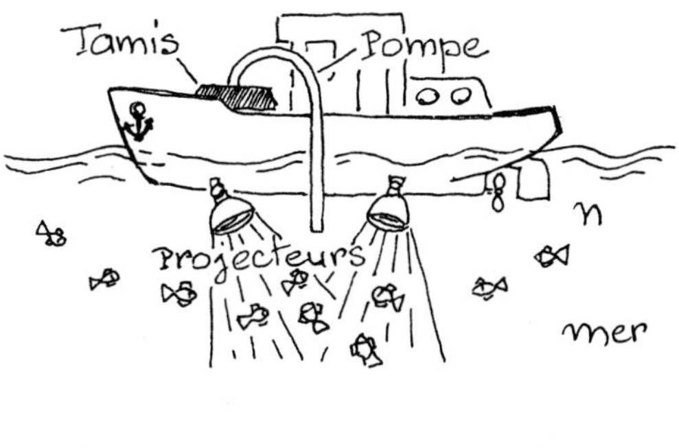

On attire le poisson par de grands projecteurs placés sous le bateau, puis on pompe... tout ce qui se présente : c'est-à-dire le poisson recherché, mais aussi les autres espèces, les coquillages, le plancton... tout !

Ou bien on jette à la mer d'immenses filets... et on ramène, sans discernement, tout ce qu'on prend. Les résultats ne se font pas attendre ! La production stagne ; après une augmentation du tonnage de la pêche vers les années 1960, certaines espèces, telles le thon et la baleine, sont en voie de disparition. Des mers très poissonneuses comme la mer du Nord, se dépeuplent lentement. Nous sommes en train, voyez-vous, de dévaster la mer, la mer qui peut nous nourrir par son eau, par sa faune, par ses plantes, la mer, qui devrait nous nourrir, à l'avenir, plus sûrement que la Terre.

« Alors, me direz-vous, où sont les solutions ? » Eh bien, elles sont d'abord, elles sont avant tout, dans la protection de la mer, dans l'arrêt de cette dévastation sauvage et aveugle. Mais elles sont aussi dans l'aquaculture. « Aqua » signifie « eau », vous comprenez donc qu'il s'agit de faire de la « culture » dans l'eau, c'est-à-dire de créer des fermes marines et de faire de l'élevage d'animaux. Certes, il ne s'agit pas de l'élevage de moutons et de vaches ; il s'agit d'élever des poissons et des coquillages, mais le principe est simple : on crée dans la mer, tout près des côtes, de vastes bassins. On veille à ce que les fonds marins soient sains, c'est-à-dire à ce qu'ils soient ensemencés de plancton, d'algues, de tout ce dont les animaux ont besoin pour vivre. On amène dans ces zones des spécimens de l'espèce que l'on veut élever, et on attend qu'ils se reproduisent. Cela vient très vite car, placés en milieu naturel, les poissons se reproduisent aisément et leurs œufs ne meurent pas. Il existe déjà un grand nombre de ces fermes marines au Japon, et l'on vient d'en créer une en Bretagne. Je vais, du reste, vous montrer deux photographies de ces fermes pour que vous puissiez mieux comprendre en quoi elles consistent.

(Ici, projection de deux diapositives.)

Les résultats obtenus jusqu'ici sont encourageants, et les avantages des fermes marines commencent à apparaître : d'abord, elles ont un rendement tout à fait appréciable. On le comprend aisément quand on sait qu'avec seulement deux ou trois femelles, on peut obtenir une quantité d'œufs astronomique. Ensuite, ainsi que je l'ai dit tout à l'heure, les œufs se développent bien quand ils sont placés en milieu naturel et protégés des prédateurs. Le rendement est donc élevé. Cela diminue l'activité de la pêche et limite, par conséquent, la dévastation de la mer que j'ai précédemment évoquée. C'est le second avantage des fermes marines. Il en existe un troisième, et des plus appréciables : c'est que les produits sont de qualité. La reproduction se faisant normalement, sans être touchée par la pollution, donne naissance, en effet, à des produits tout à fait sains. En mangeant le poisson des fermes marines, vous n'avez pas à craindre ainsi d'avaler sans le savoir du mercure ou du mazout ; vous mangez du poisson aussi frais, aussi bon, qu'en mangeaient nos ancêtres quand ils partaient à la pêche sur leurs barques ou sur leurs voiliers. Qui dit non aux fermes marines avec de pareils résultats ? Leurs inconvénients sont minimes : elles demandent simplement, au départ, des investissements un peu plus coûteux que les fermes terriennes. Mais avec de bons résultats, on les amortit rapidement. Pour le moment, ces fermes sont encore expérimentales, surtout en Occident. Mais elles représentent certainement, elles aussi, une des solutions de demain.

Voyez donc toute la richesse de la mer, tout ce qu'elle nous donne et peut nous donner. J'espère être parvenu à vous montrer le réservoir vital qu'elle constitue pour nous, et combien nous en aurons besoin dans l'avenir ! Cette perspective ne peut qu'inspirer un vœu ardent : qu'on arrête la dévastation de la mer et sa pollution. Croyez-moi, cela est notre affaire, l'affaire de tous. Il en va de la mer comme de la terre : si les associations écologistes et les consommateurs se mettent à réclamer la dépollution de la mer, les responsables devront bien l'entreprendre ; elle est déjà en cours pour la Méditerranée. Il faut obtenir la protection de la mer, il en est plus que temps. Il le faut, pour nous nourrir. Il le faut, pour notre avenir. Il le faut aussi pour notre plaisir, afin que soit de nouveau vrai ce que chantait le poète : « La mer qu'on voit danser le long des golfes clairs a des reflets d'argent. »

activité

1) A quoi sert le 1er paragraphe du texte? Il a trois parties ; essayez de les repérer et de distinguer le rôle de chacune d'elles.

2) Vous serait-il possible de dire de mémoire, à quelqu'un qui n'aurait pas entendu l'exposé, les trois grands points dont l'auteur a parlé? Oui? Non? Pourquoi?

3) Relevez dans les trois grandes parties du texte les procédés qu'utilise l'auteur pour aider son auditoire à bien comprendre ce qu'il dit.

4) A quoi sert le dernier paragraphe du texte? Il a deux parties ; essayez de les repérer et de découvrir le rôle de chacune d'elles.

5) Dans l'ensemble, les phrases du texte vous semblent-elles : très longues? moyennes? courtes? Y a-t-il dans le texte des mots que vous ne connaissez pas? Sont-ils nombreux?

6) Voici maintenant une planche de dessins qui évoquent les attitudes d'une personne faisant un exposé. Appréciez ces attitudes : voyez celles qui vous semblent bonnes, et celles qui vous paraissent, au contraire, critiquables. Dans tous les cas, indiquez les raisons de votre jugement.

— Observez les mains de celui qui parle : que remarquez-vous?

— Observez, à présent, son regard : vous semble-t-il fixer toujours la même personne ou le même point?

— L'observation de ces dessins, et de ceux de la page suivante, vous permet-elle de répondre à la question suivante : comment utiliser nos mains, notre regard, notre corps quand nous parlons?

L'exposé

Prendre la parole pour entretenir les autres de quelque chose que nous connaissons bien, c'est faire un exposé. Celui-ci peut être plus ou moins long, mais dans tous les cas, il est constitué de deux éléments : le message, son support.

● Le message

Le message doit nous permettre d'être compris et d'intéresser.

Pour être compris, il faut :

— Un plan clair :
 * annoncé dans l'introduction ;
 * rappelé en cours d'exposé ;
 * résumé dans la conclusion.

— Des phrases courtes ou moyennes.

— Un vocabulaire compris de tous.

Pour intéresser, il faut :

— Une introduction accrochante.

— Des idées bien illustrées :
 * comparaisons ;
 * dessins ;
 * photos ;
 * enregistrement, etc.

— Une conclusion convaincante.

● Le support

Le support doit également nous aider à être compris et à intéresser.

Nous serons compris grâce à :

— Une voix nette, parlant suffisamment haut et articulant bien.

Nous serons intéressants grâce à :

— L'intonation de notre voix qui animera notre texte.

— Notre regard qui sera donné à tous.

— Nos gestes qui accompagneront, à bon escient, notre discours.

1
2
3
4
5
Terres
mers
les terres peuvent être représentées par un rectangle de 1 cm sur 3...
6

Et vous trouvez ça malin ?!!
La preuve : on l'appelle "La planète verte" quand il faudrait l'appeler "La planète bleue" !
L'eau, est la vie... l'absence d'eau est la mort.
C'est d'autant plus important que l'océan va nous nourrir...
J'espère être parvenu à vous montrer ...
Il faut obtenir la protection de la mer !..

je te dis ce que j'ai lu, je te dis ce que j'en pense

■ NOTRE CIVILISATION

présentation

L'écrivain André Maurois était déjà âgé lorsqu'il écrivit le texte qui suit.

Voyez ce qu'il dit du passé, puis du présent, c'est-à-dire de notre époque.

Beaucoup d'hommes de mon âge sont portés à louer le temps de leur jeunesse et à blâmer le temps de la vôtre. « Essayez d'imaginer, disent-ils, la sécurité des Français avant 1914. Ils n'avaient pas vu de guerre depuis celle de 1870 qui, comparée à nos tueries, fut un jeu d'enfants. [...] Les monnaies étaient stables; un dollar valait cinq francs, une livre sterling vingt-cinq francs. [...] Nos pères faisaient des projets minutieux pour l'avenir de leur famille. Leurs impôts, leurs loyers demeuraient à des niveaux raisonnables. L'atome se tenait tranquille.

Certes, j'ai aimé, moi aussi, le début de ce siècle; j'étais alors jeune et confiant. Mais je vois bien que ce tableau idyllique n'est pas vrai. Une minorité se croyait sûre de son avenir; les masses n'avaient nulle garantie en cas de maladie ou de vieillesse. La majorité des Français vivait mal, sans confort, sans loisirs; les heures de travail dévoraient les jours et les mois, sans congés payés. L'illusion de la sécurité militaire ne supprimait pas la menace de guerre, comme l'événement l'a montré. Les impôts directs étaient légers, c'est vrai, mais l'État n'assumait pas les charges qui auraient dû être les siennes; les malheureux, les malades, les vieillards souffraient plus qu'aujourd'hui. Non, je ne vois pas l'âge d'or dans notre passé. Au vrai je ne crois guère à un âge d'or; les hommes resteront des hommes, c'est-à-dire un mélange de héros et de féroces animaux.

Les peuples, quand ils vieillissent, croient regretter le passé. « Au bon vieux temps », disent-ils. « Au bon vieux temps on savait aimer; au bon vieux temps les adolescents, respectueux, ne portaient pas de blousons noirs ni dorés. » Ce n'est pas vrai.

Tout compte fait, je suis heureux d'avoir vécu durant notre étonnante époque.

A. Maurois,
Lettre ouverte à un jeune homme.

activité

Comprendre

1) « Je vois bien que ce tableau *idyllique* n'est pas vrai. » Connaissez-vous le sens de l'adjectif « idyllique »? Sinon, essayez de lui donner un sens, en vous appuyant sur le texte, puis consultez le dictionnaire pour voir si votre supposition était juste.

2) Quel est le nom qui correspond à l'adjectif « idyllique »? Indiquez son sens.

3) « L'État n'*assumait* pas les charges qui auraient dû être les siennes... » En adoptant la même démarche qu'en 1 recherchez le sens du verbe « assumer ».

4) « Je ne crois guère à *l'âge d'or* », dit l'auteur. Que faut-il entendre par cette expression?

5) « L'illusion de la sécurité militaire ne supprimait pas la menace de guerre, *comme l'événement l'a montré.* » Comment comprenez-vous cette dernière phrase?

S'exprimer

« Je suis heureux d'avoir vécu notre étonnante époque », dit André Maurois en évoquant le présent. Partagez-vous son opinion? Que votre réponse soit oui ou non, écrivez un argument qui justifie votre point de vue.

Résumer

Résumez le texte en quelques lignes, de façon à en faire connaître *l'essentiel* à quelqu'un qui ne l'aurait pas lu.

Résumé possible du texte d'André Maurois

L'auteur pense qu'on a tendance à embellir le passé, à ne s'en rappeler que les bons souvenirs ; c'est pourquoi on l'appelle le « bon temps ». A. Maurois montre que cette expression est fausse en évoquant un passé récent, le début de ce siècle. L'injustice y régnait ; le confort était inexistant, les loisirs réduits ; les avantages sociaux en cours à notre époque n'existaient pas ; la sécurité militaire n'était qu'une illusion.

A. Maurois pense, en fait, que « l'âge d'or » n'existe pas et qu'aucune époque n'est vraiment parfaite. Mais il s'estime tout de même heureux de vivre actuellement.

Résumer

Résumer un texte, c'est en saisir l'essentiel et l'exprimer en quelques phrases.

C'est donc :

— Éliminer le détail (exemples, anecdotes, etc.).
— S'interdire les commentaires personnels.

C'est aussi :

— éviter de recopier des phrases du texte.

Si nous avons bien compris ses idées essentielles, nous saurons les exprimer simplement avec nos propres phrases.

présentation

André Maurois s'estime heureux de vivre à notre époque ; Gilbert Cesbron, lui, semble d'un autre avis. Prenez connaissance de son texte.

On s'est assuré sa possession, on l'a parée de toutes les manières et promenée avec fierté [...] ; et puis on s'en débarrasse parce qu'on en a rencontré une autre plus belle. Est-ce d'une fille que je parle, ou bien d'une voiture? De nos jours, on les traite de la même façon [...]. On les casse. C'est devenu un métier, « casseur ».

L'Occident devient une décharge, un cimetière à ferraille. Le débarrasser de ses déchets est un véritable problème [...]. Jusqu'à présent, notre ingéniosité nous a mis à l'abri des « retombées » de notre génie. Mais les moins clairvoyants sentent bien que nous approchons du point de rupture : que nos cerveaux vont se dérégler à force d'informations et de bruits, nos nerfs à force de calmants, nos viscères à force d'artifices, nos poumons à force de fumée et de gaz. Tout, à terme, devient cancérigène. Les moins clairvoyants sentent bien que la nature [...] est en train de se détraquer : qu'on ne pouvait pas jouer impunément avec les insectes, les oiseaux, les arbres, les fleuves [...].

On peut, à peu près impunément, continuer d'exploiter l'homme, mais pas la nature. Il approche, le temps où ce sera l'eau, l'air, le sol qui nous manqueront [...]. Savants et technocrates continuent de somnambuler ; mais nous autres, les terre à terre, nous commençons à prendre peur.

G. Cesbron,
Lettre ouverte à une jeune fille morte.

activité

Comprendre

1) « Jusqu'à présent, notre *ingéniosité* nous a mis à l'abri des « retombées » de notre génie. » Savez-vous ce que c'est que « l'ingéniosité »? Sinon, essayez de donner un sens à ce mot en vous appuyant sur le texte, puis consultez le dictionnaire pour voir si votre supposition était juste. Trouvez un nom, puis un adjectif de la famille de « ingéniosité ».

2) Quelles sont, à votre avis, les « retombées » de notre génie dont parle l'auteur?

3) « Mais les moins *clairvoyants* sentent bien que nous approchons du point de rupture... » Qu'est-ce qu'être « clairvoyant »? Pourriez-vous trouver un synonyme à ce mot?

4) L'auteur répète deux fois le mot *impunément*. En vous appuyant sur le texte, essayez de définir le sens de ce mot. Connaissez-vous le nom qui y correspond?

5) « Nos *viscères* vont se dérégler à force d'*artifices*... » Qu'est-ce qu'un « viscère »? Pouvez-vous citer deux viscères du corps humain? Quels sont à votre avis ces « artifices » qui dérèglent nos viscères? Connaissez-vous des synonymes que nous pourrions substituer à ce mot?

6) « Savants et *technocrates* continuent de somnambuler... » Savez-vous ce que c'est qu'un « technocrate »? Qu'est-ce qu'être « somnambule »? A votre avis, les savants et les technocrates sont-ils des somnambules au sens réel du mot? Si non, comment faut-il comprendre la phrase de l'auteur?

S'exprimer

Selon votre réaction au texte, exprimez-vous par écrit à partir de l'une ou l'autre des suggestions suivantes :

1) « On traite les filles comme les voitures », dit l'auteur. Partagez-vous cet avis?

2) « Tout, à terme, devient cancérigène... La nature est en train de se détraquer... » Pensez-vous que cette phrase définisse bien notre civilisation? Donnez un argument qui justifie votre réponse, que celle-ci soit positive ou négative.

3) « On peut, à peu près impunément, continuer d'exploiter l'homme... » Pensez-vous que l'homme soit exploité? Que votre réponse à cette question soit oui ou non, donnez un argument qui la justifie.

Résumer

En *quelques lignes*, énoncez les idées essentielles du texte.

Dans son livre *Les Petits enfants du siècle*, Christiane Rochefort évoque une famille nombreuse logée dans une H.L.M. de la région parisienne. Le père est ouvrier dans une fabrique de moutarde. Un jour, on vient leur reprendre le téléviseur parce qu'ils n'en ont pas payé les traites. Une dispute s'ensuit entre les parents.

Je sais pas comment tu t'arranges disait le père, je sais vraiment pas comment tu t'arranges, et la mère disait que s'il n'y avait pas le PMU elle s'arrangerait sûrement mieux. Le père disait que le PMU ne coûtait rien l'un dans l'autre avec les gains et les pertes qui s'équilibraient et d'ailleurs il jouait seulement de temps en temps et s'il n'avait pas ce petit plaisir alors qu'est-ce qu'il aurait, la vie n'est pas déjà si drôle. Et moi qu'est-ce que j'ai disait la mère, moi j'ai rien du tout, pas la plus petite distraction dans cette vacherie d'existence toujours à travailler du matin au soir pour que Monsieur trouve tout prêt en rentrant se mettre les pieds sous la table. Merde disait Monsieur c'est bien le moins après avoir fait le con toute la journée à remplir des tubes d'une cochonnerie de moutarde et arriver crevé après une heure et demie de transport. Si encore il avait une bagnole ça le détendrait un peu, Ah! c'est bien le moment de penser à une bagnole, partait la mère, ah! c'est bien le moment oui! quand on n'arrive même pas à ravoir la télé et Patrick qui n'a plus de chaussures avec ses pieds qui n'arrêtent pas de grandir, C'est pas de ma faute dit Patrick, Toi tais-toi dit le père ça ne te regarde pas, Mais j'ai mal aux pieds dit Patrick, Tu vas te taire, oui? Le soir on ne savait pas quoi foutre sans télé, toutes les occasions étaient bonnes pour des prises de bec. Le père prolongeait l'apéro, la mère l'engueulait, il répondait que pour ce que c'était marrant de rentrer pour entendre que des récriminations il n'était pas pressé et ça recommençait. Les petits braillaient, on attrapait des baffes perdues.

C. Rochefort,
Les petits enfants du siècle.

activité

Comprendre

1) « Pour ce que c'était marrant de rentrer pour entendre que des *récriminations...* » Pouvez-vous expliquer ce qu'est une « récrimination »? Si non, essayez de donner un sens à ce mot en vous appuyant sur le texte, puis consultez le dictionnaire pour voir si votre supposition était juste.

2) Comme vous le voyez, le texte est écrit en langage « familier », c'est-à-dire dans la langue que parlaient couramment les personnages. Essayez de traduire les expressions suivantes en français plus choisi : « C'est bien le moins après avoir fait *le con* toute la journée à remplir des tubes [...] et arriver *crevé* après une heure et demie de transport. » « Le soir, on ne savait pas quoi *foutre* sans télé, toutes les occasions étaient bonnes pour des *prises de bec*. Le père prolongeait l'*apéro*, la mère *l'engueulait* [...]. On attrapait des *baffes* perdues. »

3) « Je sais pas comment tu t'arranges disait le père, je sais vraiment pas... » L'auteur rapporte là du *langage oral*; essayez de transcrire cette phrase en *langage écrit* : que faut-il lui ajouter? Cherchez dans le texte trois phrases auxquelles il conviendrait d'ajouter le même élément.

4) La phrase suivante appartient également au langage oral, elle est un peu lourde : « Il répondait que pour ce que c'était marrant de rentrer pour entendre que des récriminations, il n'était pas pressé... » Essayez de remanier cette phrase de façon à ce qu'elle soit plus légère et convienne au langage écrit.

S'exprimer

« Le soir, dit l'auteur, on ne savait pas quoi foutre sans télé... » Pensez-vous que la télévision mérite d'être le loisir principal des Français parce qu'elle a beaucoup de qualités? Ou êtes-vous d'un avis contraire?

Quelle que soit votre réponse, justifiez-la par écrit avec quelques arguments.

Résumer

Résumez le texte en quelques lignes.

présentation

Les grands magasins et les « grandes surfaces » se sont multipliés dans nos villes depuis quinze ans. Anne Guérin les appelle les « temples du libre-service » et nous parle d'eux.

Dans les temples du libre-service, la liberté est singulièrement réduite malgré les apparences.

Dès l'entrée, le client tourne obligatoirement à droite et s'empare d'un caddie profond (contenance : jusqu'à 170 litres), non moins obligatoire. Péremptoire, une pancarte affirme : « Plein caddie aux meilleurs prix. »

Supposons qu'une cliente vienne acheter un simple pot-au-feu et un paquet de riz. Ces articles, dits de première nécessité, se trouvent souvent au fond du magasin, voire au sous-sol. Dans certaines grandes surfaces, on en trouve facilement le chemin en consultant des pancartes lisibles, en parcourant des allées spacieuses. Mais ailleurs, aux pancartes fonctionnelles se mêlent quantité d'autres, qui vantent telle marque, telle bonne affaire. Et comment parcourir ces allées hérissées de présentoirs, de tourniquets qui, aux heures de pointe, bloquent comme à dessein la circulation? Souvent, dit-on, le fabricant paie au distributeur l'emplacement de son produit et sa mise en valeur. Pour cela, il y a tout un art, la PLV (publicité sur le lieu de vente) qui consiste à exposer, en haut, en avant, ou en travers, l'article qui doit « partir ».

L'emballage doit, le premier, accrocher

le regard, si possible, avec une photo en couleurs qui représente, non pas le riz que cherche notre ménagère, mais une somptueuse paella ornée de crevettes géantes (qui ne sont pas dans le paquet).

L'emballage préfigure ainsi magiquement le plat tout préparé. A défaut de vendeur, c'est l'emballage qui engage avec le client un dialogue immédiat et saisissant.

Le suremballage aussi est à la mode. Le client le prend, paraît-il, pour un hommage qu'on lui rend, qui lui est dû. C'est emballé donc inviolé. Mais les penseurs de la PLV savent que la sensation tactile est décisive et que toucher, c'est posséder d'avance, en raccourci. [...]

On sait aussi que chaque couleur représente différentes choses selon les sexes, les classes sociales et les produits. De nombreuses marques adoptent la combinaison rouge et jaune. Des ménagères appelées à « tester » trois lessives identiques ont jugé « plus efficace » celle qui se trouvait dans un paquet jaune et bleu. Les teintes neutres, froides, métalliques séduisent davantage les classes aisées : on les trouve donc sur les étiquettes du whisky.

Mais l'argument-massue de la grande surface, c'est l'abondance. Quand la « gondole » regorge d'un produit, on en achète 22 % de plus que lorsqu'il y a des « trous » sur le rayon. Le gigantisme même de la grande surface (jusqu'à 20 000 m²) témoigne aussi de l'abondance... « Les produits endoctrinent » s'exclamait... un rescapé des grandes surfaces.

A. Guérin,
Le Monde, octobre 1975.
Texte donné au B.E.P. Automobile,
Académie de Limoges, 1976.

activité

Comprendre

1) Qu'est-ce qu'une affirmation *péremptoire*? En vous appuyant sur le texte, essayez de découvrir le sens de ce mot ; puis consultez le dictionnaire pour voir si votre supposition est juste.

2) Utilisez la même démarche pour découvrir le sens des mots suivants : « L'emballage *préfigure* ainsi magnifiquement le plat tout préparé. » « Les penseurs de la PLV savent que la sensation *tactile* est décisive... » « Les produits *endoctrinent*... »

3) Dans les grands magasins, « la liberté est *singulièrement* réduite malgré les apparences ». Par quel mot pourrait-on remplacer cet adverbe? « Singulièrement » peut avoir un autre sens ; essayez de le trouver à travers la phrase suivante : « Cette femme s'habille *singulièrement* : elle met des chapeaux de paille en hiver. » Connaissez-vous l'adjectif et le verbe qui correspondent alors à l'adverbe?

4) Qu'est-ce qu'une allée *spacieuse*? Trouvez le verbe, puis des noms et un adjectif de la famille de ce mot.

5) « Aux pancartes *fonctionnelles* se mêlent quantité d'autres... » A quel nom correspond cet adjectif? Qu'est-ce alors qu'une « pancarte fonctionnelle »? Donnez, pour un supermarché, un exemple de pancarte non fonctionnelle.

6) « De tourniquets, qui, aux heures de pointe, bloquent comme *à dessein* la circulation? » Que signifie l'expression « à dessein »?

S'exprimer

Selon votre réaction au texte, exprimez-vous par écrit à partir de l'une ou l'autre des suggestions suivantes :

1) Voyez-vous aux grands magasins un inconvénient que l'auteur n'aurait pas évoqué?

2) Les grandes surfaces offrent-elles des avantages? Si oui, lesquels?

3) Quels sont, à votre avis, les avantages et les inconvénients que présente le petit commerce?

Résumer

Présentez de façon très claire, à quelqu'un qui n'aurait pas lu le texte, les procédés qu'utilisent les grandes surfaces pour inciter le client à acheter.

NOS LOISIRS

présentation

Les soirées devant la télévision ne constituent pas notre unique loisir. Il y a aussi ces longs moments de détente que sont les vacances et les week-ends. Pierre Daninos nous parle des vacances ; sur une plage ensoleillée, il retrouve un Français, nommé Pochet, qui prend ses vacances annuelles.

« La plage est tellement noire de monde qu'elle en est brune ou blanchâtre : c'est à peine si, çà et là, parmi les peaux plus ou moins bronzées, on aperçoit du sable. [...]

A mille kilomètres de l'impossible parking parisien, voilà Pochet parqué au sablomètre. Lui qui croyait échapper au bruit et aux embouteillages, le voici pris dans un inextricable encombrement de chairs et soumis au supplice des transistors forcés. Lui qui voulait oublier la cohue du métro, il la retrouve ici. [...] Lui qui désirait vivre sans heure, sans rendez-vous, sans agenda, il est obligé de prendre date pour disposer, dans huit jours, d'un court de tennis pendant une demi-heure, de faire la queue pour un timbre, une glace, une douche. [...]

Lui qui, chef de service dans une importante société, a sous ses ordres vingt-cinq employés qui ne se permettraient pas la moindre familiarité, le voici morigéné comme un gosse par un professeur de culture physique qui lui tapote la brioche devant deux cents personnes en lui disant : « Faudra me faire disparaître ça ! » [...]

Ainsi passent les vacances de M. Pochet qui verra arriver fin août comme une délivrance, au point qu'il se surprend à penser comme à Lunéville (1) : « C'est du cinq au jus ! » Heureux encore s'il regagne entier ses pénates, rescapé du reflux qui emportera vers Paris les soldats recrus de soleil. »

P. Daninos,
Le Major tricolore.
Texte donné au C.A.P. du Bâtiment,
Académie de Lyon, 1976.

(1) *Lunéville :* caserne où M. Pochet a effectué son service militaire national.

activité

Comprendre

1) « Voilà Pochet *parqué* au *sablomètre.* » Quand on dit de personnes qu'elles sont « parquées » quelque part, qu'entend-on par là? Les « sablomètres » n'existent pas... heureusement! Si l'on en construisait, quelle serait leur fonction? L'auteur a fabriqué le mot « sablomètre » en pensant à un autre mot, relativement récent, qui désigne, lui, une chose bien réelle. A votre avis, quel est ce mot?

2) « Le voici pris dans un *inextricable* encombrement de chairs... » Qu'est-ce qu'un embouteillage ou un encombrement « inextricable »?

3) « Il est obligé de *prendre date* pour disposer, dans huit jours, d'un court de tennis... » Substituez à l'expression « prendre date » une autre plus usuelle. Ne peut-on employer le verbe « disposer » avec d'autres sens?

4) « Le voici *morigéné* comme un gosse par un professeur de culture physique... » En prenant appui sur le texte, essayez de trouver le sens du verbe « morigéner », puis consultez le dictionnaire.

5) « Heureux encore s'il regagne entier ses *pénates*, rescapé du reflux qui emportera vers Paris les *soldats recrus de soleil.* » Qu'est-ce que « regagner ses pénates »? Qui sont les « soldats recrus de soleil » dont parle l'auteur? Et qu'est-ce qu'être « recru » de quelque chose (exemple : être recru de fatigue)?

6) Il y a dans le texte quelques expressions qui appartiennent au langage familier.

Relevez-les et remplacez-les par des mots ou expressions appartenant au langage usuel.

S'exprimer

Écrivez quelques lignes à partir de l'une ou l'autre des suggestions suivantes :

1) Aimez-vous ou non prendre vos vacances dans un lieu très fréquenté? Pourquoi?

2) Évoquez des vacances dont vous avez été très satisfait : essayez d'en préciser le paysage et de dire comment se déroulait votre vie là-bas.

présentation

Les vacances ne sont pas les seuls moments de loisirs dont nous disposons, il y a aussi les week-ends. Certaines personnes les meublent par la promenade, d'autres par la pratique d'une activité qu'elles aiment, tel le sport. L'article qui suit proteste contre le mauvais usage qu'on fait parfois du sport.

38 morts, 1 500 blessés. Ce n'est pas le décompte morbide des accidents de la route d'un week-end prolongé ni le bilan d'un cyclone mais le résultat d'un match de football qui a opposé l'Argentine au Pérou.

Une centaine d'arrestations, des dizaines de blessés dont 40 gardiens de la paix. Ce n'est pas une manif de Mai 68, mais le résultat de la finale de la coupe d'Europe de football ayant opposé le Bayern de Munich et Leeds au Parc des Princes en 1975.

La violence monte. Elle se répand autour des terrains et des stades chez les supporters. Pour les pratiquants eux-mêmes, les accidents, aux conséquences parfois dramatiques, font désormais partie des risques du métier.

Daniel Jeandupeux, international suisse de football, a probablement mis un point final à sa carrière sur le terrain de Bordeaux dans un choc avec Marc Berdoll. Plus grave encore, le boxeur allemand Hans Eippel a perdu non seulement un titre européen des poids welter face au français Marion, mais il est toujours entre la vie et la mort.

Les joueurs sont-ils seuls coupables : l'enjeu de certains matchs est tel que parfois les dirigeants encouragent les joueurs au-delà de ce qui est nécessaire. Quand il faut gagner à tout prix, tous les moyens sont bons, surtout quand l'argent s'en mêle. Quand les sommes en jeu, avouées ou occultes, sont trop importantes, il n'est guère étonnant de découvrir que « tous ne sont pas des anges ».

On est loin dans ces cas du sport éducatif. Comment recommander la pratique sportive comme moyen de contrôle de soi, de formation de la personnalité, quand l'adversaire devient un ennemi à abattre, quand tous les coups sont permis parce que la victoire est un but en soi, qu'il n'y a plus jeu mais combat?

Bien sûr, les excès sont limités. Mais parce qu'ils sont spectaculaires, ils risquent d'écarter des chemins des stades toute une génération. Il faut donc éliminer sans faiblesse les excès actuels et mettre sur pied une politique d'information et d'éducation capable d'empêcher qu'ils ne se renouvellent.

J.-P. Gamelin,
Information-Jeunesse,
janvier 1978.

activité

Comprendre

1) « 38 morts, 1 500 blessés. Ce n'est pas le décompte *morbide* des accidents de la route [...] mais le résultat d'un match de football... » Savez-vous ce que c'est qu'une pensée, une conversation « morbide »? Sinon, consultez le dictionnaire.

2) « L'*enjeu* de certains matchs est tel que parfois les dirigeants encouragent les joueurs au-delà de ce qui est nécessaire. » Qu'est-ce que « l'enjeu » d'une partie?

Cherchez quelques mots de la famille de « jeu ».

3) « Quand les sommes en jeu, avouées ou *occultes*, sont trop importantes, il n'est guère étonnant de découvrir que « tous ne sont pas des anges ». Le verbe qui correspond à l'adjectif « occulte » est « occulter ». Savez-vous ce que signifie « occulter » une fenêtre? Qu'entend alors l'auteur, quand il parle de « sommes occultes »? Connaissez-vous l'expression « sciences occultes »? Savez-vous ce qu'on désigne par ces mots?

4) Quand les accidents « sont *spectaculaires*, ils risquent d'écarter des chemins des stades toute une génération ». Qu'est-ce qu'un accident « spectaculaire »?

S'exprimer

Selon votre réaction au texte, exprimez-vous par écrit à partir de l'une ou l'autre des suggestions suivantes :

1) Pratiquez-vous un sport? Si oui, dites ce qu'il vous apporte. Si non, dites si vous aimeriez en pratiquer un et ce qui vous empêche de le faire.

2) « Il faut donc *éliminer* sans faiblesse *les excès*, dit l'auteur, et mettre sur pied une politique d'information et d'éducation... » Si vous approuvez ce point de vue, dites comment on pourrait « éliminer les excès », et en quoi devrait consister cette « politique d'éducation » dont parle l'auteur.

3) Si vous n'êtes pas un sportif, si le sport ne vous intéresse pas, exprimez les raisons de votre indifférence, ou de votre répugnance, à l'égard de cette activité.

Résumer

Indiquez, à quelqu'un qui n'aurait pas lu le texte, ce que l'auteur reproche essentiellement à un certain aspect du sport actuel.

présentation

De tous les sports, le football est sans doute le plus répandu en France. Cet article de Louis Durand dans le journal *La Vie* le montre bien :

Football : la passion retrouvée

Le 24 août dernier. Cinquante mille spectateurs sont entassés au Parc des Princes. Au coup de sifflet final, ils se lèvent d'un même élan et font une fête à l'équipe de France qui vient d'assommer Hambourg, tenant de la Coupe des Coupes. Le score est net : 4 à 2. [...]

Les fidèles du dimanche

Dans la rue, dans les villages, les gosses jouent « au Platini » comme hier encore ils « étaient » Rocheteau. Phénomène d'identification propre à toutes les générations. Michel n'est pas dupe : « On risque de brûler demain ce que l'on adore aujourd'hui. Plus que le culte de la vedette, c'est l'actuel engouement pour le ballon rond qui m'intéresse. Je m'en réjouis. »

C'est vrai : le football fait un retour en force. « C'est le résultat d'un travail de dix ans, estime Daniel Hechter, président de Paris-Saint-Germain. Georges Boulogne, ancien patron de l'équipe de France, en a jeté les bases. [...] Il est allé chercher les gosses là où ils se trouvaient. Les performances de Saint-Étienne et du Club France ont fait le reste. »

On peut aussi parler, pour expliquer le phénomène, d'une volonté écologique qui pousse de plus en plus les jeunes vers les stades. « C'est une nouvelle messe qui, chaque dimanche, fait son plein de fidèles. Sur la pelouse et dans les tribunes. »

Le nombre des licenciés? Il n'a cessé d'augmenter depuis sept ans. Ils n'étaient que 698 020 en 1970, ils sont aujourd'hui 1 203 142 ! [...] Quant aux clubs, leur progression est également spectaculaire. De 15 355 en 1973, ils sont passés à 18 285 cette année. « Et ce n'est pas fini, précise P. Lagoutte, responsable de la Fédération. Depuis juillet, nous avons enregistré la naissance de quinze mille nouveaux clubs. C'est impressionnant. » Étonnant?

[...] Même poussée optimiste du côté des tribunes de 1re division : Au 4 octobre dernier, on enregistrait déjà 1 500 000 supporters se bousculant aux guichets des stades. [...] Les recettes suivent logiquement cette progression continue : 50 millions de francs en 1973-74, 83 millions la saison dernière. Un pactole pour les clubs? Une misère, se lamentent certains dirigeants en proie à de sérieuses difficultés financières.

Les supporters font pourtant tout ce qu'ils peuvent. Ils courent les stades, assistent à grands frais aux matches internationaux. Pour l'amour du football. [...]

Heureusement, certaines initiatives, comme à Paris-Saint-Germain, permettent aux jeunes de participer à la fête à moindres frais. « Nous avons créé un club de trois mille cinq cents jeunes supporters, indique D. Hechter. Nous ne leur demandons que dix francs par an pour leur permettre d'assister à dix matches de leur choix. Et, en plus, nous leur offrons des gadgets. »

Ah! les gadgets... Le petit doigt mis dans l'engrenage de la commercialisation du sport. Une politique délibérément acceptée, il est vrai, en 1967, par la Fédération pour renflouer les caisses de certains clubs. On commence par distribuer des porte-clefs, on finit par vendre des blazers, des peignoirs de bain (300 F), toute une gamme de vêtements et d'objets hétéroclites aux couleurs du club. Et ça marche. « A tous les coups », me dit un commerçant avisé. [...]

Tous ces événements, cet engouement devraient satisfaire les responsables de notre football! Or il s'en faut. Seuls cinq clubs sur trente-cinq présentent un budget en équilibre. Les autres? Ils sont en déficit de un à dix millions de francs. Pourquoi? Parce que le football professionnel vit au-dessus de ses moyens. Certains joueurs perçoivent un salaire de trois à quatre fois supérieur à celui par exemple de l'entraîneur de l'équipe de France, Michel Hidalgo (8 000 F). Les transferts spectaculaires se font à coups de dizaines de millions. Certaines nouvelles municipalités refusent d'éponger le déficit. Certaines banques font la sourde oreille aux demandes d'emprunts.

L. Durand,
La Vie, n° 1681, 15-21 novembre 1977.

activité

Comprendre

1) « Les gosses jouent au « Platini » comme hier encore ils « étaient » Rocheteau. Phénomène d'*identification* propre à toutes les générations. » Qu'est-ce que « s'identifier » à quelqu'un? L'auteur dit que ce phénomène est « propre à toutes les générations ». Comment comprenez-vous cette phrase? Essayez de trouver un synonyme à l'adjectif « propre à ».

2) « Michel n'est pas *dupe*... » Qu'est-ce qu'être « dupe de quelque chose »? Cherchez le verbe et le nom de la famille de ce mot.

3) « C'est l'actuel *engouement* pour le ballon rond qui m'intéresse, dit Platini. Je m'en réjouis. » Savez-vous ce que signifie le mot « engouement »? Si non, essayez de lui donner un sens en prenant appui sur le texte, puis consultez le dictionnaire. Cherchez le verbe qui correspond à ce mot.

4) « Une volonté *écologique* qui pousse de plus en plus les jeunes vers les stades. » Comment comprenez-vous cette phrase?

5) « C'est une nouvelle *messe* qui, chaque dimanche, fait son plein de *fidèles*. » Les mots « messe » et « fidèles » appartiennent au vocabulaire religieux. Relisez la 1re partie du texte, et relevez-y deux mots, un verbe puis un nom, qui appartiennent également à ce vocabulaire.

6) « Les recettes suivent logiquement cette progression continue [...] Un *pactole* pour les clubs? » Suivez, pour le mot « pactole », la consigne qui a été donnée en 3 pour le nom « engouement ».

7) « Et en plus, nous leur offrons des *gadgets*. » Qu'est-ce qu'un « gadget »?

8) « On finit par vendre [...] toute une gamme d'objets *hétéroclites* aux couleurs du club. » Qu'est-ce que des objets « hétéroclites »? Cherchez un synonyme à cet adjectif.

9) Et ça marche. « A tous les coups », me dit un commerçant *avisé*. Qu'est-ce qu'un commerçant « avisé »?

S'exprimer

Selon votre réaction au texte, exprimez-vous par écrit à partir de l'une ou l'autre des suggestions suivantes :

1) « Le football professionnel vit au-dessus de ses moyens, dit l'auteur. Certains joueurs perçoivent des salaires de trois à quatre fois supérieurs à celui de l'entraîneur de l'équipe de France... » Approuvez-vous cela ? Si oui, donnez des arguments qui justifient votre point de vue. Si non, donnez les raisons de votre désapprobation.

2) « Je me réjouis, dit Michel Platini, de l'actuel engouement pour le ballon rond. » Vous réjouissez-vous également de l'essor que prend le football en France ? Pourquoi ?

3) Comment expliquez-vous que le football suscite une telle passion ?

4) « Les gosses jouent « au Platini » comme hier encore ils « étaient » Rocheteau. Phénomène d'identification propre à toutes les générations. » Pensez-vous ou non qu'à tout âge on éprouve le besoin de s'identifier à quelqu'un ? Vous est-il déjà arrivé de le faire ?

Résumer

Dans cet article, l'auteur ne prend pas position pour ou contre le développement actuel du football en France. Il se borne à constater des faits. Essayez d'évoquer ces derniers, en consacrant seulement une ou deux phrase (s) à chacun d'eux.

présentation

Pour certains d'entre nous, le sport est associé à la vitesse. Plus encore que l'automobile, c'est la moto qui est alors au centre de nos loisirs. En 1974, un journaliste du *Point* réalisait un reportage sur le « Bol d'or », grande compétition française de courses à moto.

Bol d'or - La Mecque des mecs

Rarement Bol d'or motocycliste aura été aussi brillant que celui qui s'est couru au Mans l'autre week-end. Aux yeux des « purs », il annonçait pourtant la fin d'un monde.

Jimmy et P'tit Louis, portant chacun un grand drapeau corse à tête de maure, remontent les gradins. Jimmy est typographe et son « pote », tourneur. Ils sont venus spécialement de Bastia en Yamaha 750 et en Honda 450, emmenant deux autres copains sur le tan-sad. Pour le retour, ils passeront par les Charentes et la Bretagne : « On aime bien la moto ; c'est pour ça qu'on est au Bol, mais faut pas oublier qu'on est venu aussi pour se promener. »

Une vapeur jaune et bleue sort des pots d'échappement. Calés sur leur selle biplace, abrités derrière leur carénage, couverts de ces casques intégraux qui les font ressembler à des chevaliers descendus d'une soucoupe volante, Tchernine, Duhamel, Rigal, Choukroun, les champions, passent en trombe. « Ils font leur trace, balancent leur bécane. » Les autres motards, ceux qui sont venus les voir, hurlent : « Kawa, Honda, BMW, Yamaha, même combat. » Ils sont venus, tous vêtus de leurs combinaisons bariolées, même ceux qui ont préféré laisser leur moto chez eux et prendre le train spécial au départ de Paris. Bardés de cuir, colorés d'étiquettes, ils admirent leurs idoles — « de sacrés mecs ». Assourdis par les rafales de décibels, les mécaniciens des stands, mains pleines de cambouis, démontent, étrillent, huilent, et remontent encore. « De sacrés mecs aussi les mécanos », constate Patrick, 22 ans, commissionnaire dans un grand magasin parisien.

Le Bol d'or, c'est La Mecque des mecs, c'est aussi Woodstock, le monde d'« Easy Rider », la grande fête où 100 000 jeunes se donnent « rendez-fous ». L'autre samedi, au soir, alors que les phares à iode faisaient valser leurs pinceaux et que les pots d'échappement arrachaient des étincelles à la piste, Bob et Jacky, 19 et 22 ans, mécanicien et débardeur au Havre, gueulaient d'enthousiasme. Pour venir là, ils avaient fait des économies. Comme pour payer leurs deux-roues achetés à crédit il y a six et huit mois. Qu'importe ! « Voir les mecs taquiner le 240 à l'heure sous la pluie et rétrograder jusqu'à 80 en quelques mètres, ça vaut son pesant de cacahuètes. » Mais quand les demi-dieux tombaient, ils crachaient des insultes, avant d'aller dormir avec leur casque en guise d'oreiller, à même le sol, enroulés dans de drôles de feuilles d'aluminium. Et de rêver à la moto. Encore la moto. Les chromes étincelants, les guidons scintillants, les pots luisants, leur Eldorado. L'Ouest.

Un Ouest dans lequel les Indiens seraient les automobilistes. « On ne les aime pas. Et puis l'auto, c'est pas beau. A moto, on s'exprime. La bagnole c'est le cercueil. » Les 24 heures de la moto, c'est une grand-messe avec ses fidèles, un culte où l'on vient retrouver ensemble « la joie du guidon que le volant a volée ». Un culte chaleureux et fraternel sans trop de cérémonial.

Seulement, voilà ! C'est toujours la même chose ; la grand-messe peu à peu dégénère en kermesse. Ils étaient un peu malheureux dimanche, les motards, parce que leurs 24 heures à eux commençaient à ressembler à celles des autres, les automobilistes. Ce qui les décevait, ce n'était pas tellement l'ambiance ou le spectacle : « C'était bien », disaient-ils dimanche soir, même s'ils étaient obligés de constater que les coureurs étaient de plus en plus des professionnels. Ce qui les inquiétait surtout, c'était la transformation du Bol en Foire du Trône, en souk. « Notre confrérie fout le camp », soupirait Jean-Marc, 23 ans, aide-prothésiste à Versailles. Les purs, les vrais se sont sentis débordés.

En entendant le flot d'invectives publicitaires qui coulait sur eux, ils ont senti qu'ils perdaient du terrain. En regardant les machines de plus en plus élaborées que construisent les grandes marques et en admirant leurs mécaniques, ils ont compris que s'ouvrait pour la moto une époque nouvelle. Peut-être plus brillante, mais moins chaleureuse. Et quand un ministre, André Jarrot, a fait un tour de piste, ils l'ont tout simplement sifflé. Bien sûr, c'est un motard lui aussi. Mais si un ministre vient parmi eux, c'est la fin de leur monde en marge.

La moto, leur déesse, se désacralise. Elle passe dans les mœurs. Elle devient un gadget pour jeune PDG. « Un moyen de frimer. » Ils commencent à craindre, comme Jimmy le jeune Corse, qu'on ne les assimile aux jeunes cadres dynamiques. Et voici qu'on taxe leur machine comme signe extérieur de richesse. Ils ne le digèrent pas. Ils rêvent avec nostalgie au temps où ils n'étaient que quelques-uns. Leur bon temps déjà. Et ils se sentent vaguement piégés.

R. Mihail,
Le Point, 30 septembre 1974.

activité

Comprendre

1) L'article s'intitule « La Mecque des mecs ». *La Mecque* est une ville. Savez-vous où elle est située et ce qu'elle représente pour certains hommes? Qui sont *les mecs* dont parle le titre? Pourquoi l'auteur les désigne-t-il ainsi?

2) Pourquoi le nom de « La Mecque » convient-il pour désigner « Le Bol d'or »?

3) « La Mecque » est une ville sainte. N'y a-t-il pas dans le texte des mots qui appartiennent au vocabulaire religieux? A votre avis, pourquoi l'auteur a-t-il employé ces mots-là?

4) « *Bardés* de cuir [...], ils admirent leurs idoles... » Qu'est-ce qu'être « bardé » de quelque chose?

5) « Assourdis par les rafales de *décibels*, les mécaniciens des stands [...] démontent, *étrillent*, huilent... » Le mètre est l'unité principale de longueur ; le gramme, l'unité principale de poids ; et le décibel? A qui s'applique, généralement, le verbe « étriller »? L'auteur a appliqué ce verbe aux motos : approuvez-vous son choix?

6) « Et de rêver à la moto. Encore la moto [...] leur *Eldorado*. L'*Ouest*. » « L'Eldorado » existe-t-il? De quoi est-il le symbole? Quand on dit « L'Ouest », en donnant à ce nom une majuscule, à quelle région du monde pense-t-on? A quels personnages les motards sont-ils donc comparés à travers ce nom?

7) « La grand-messe peu à peu *dégénère* en kermesse. » Quand on dit d'une situation qu'elle « dégénère », qu'entend-on par là? Connaissez-vous le nom qui correspond au verbe « dégénérer »? En quoi le Bol d'or de la moto « dégénère-t-il »?

8) « En entendant le flot d'*invectives* publicitaires qui coulait sur eux, ils ont senti qu'ils perdaient du terrain. » Qu'est-ce qu' « invectiver » quelqu'un? En parlant des « invectives publicitaires », quelles formes de publicité l'auteur désigne-t-il alors : les affiches ou autre chose? Le mot « invective » vous semble-t-il bien choisi pour désigner cette forme de publicité? Pourquoi?

9) « En regardant les machines de plus en plus *élaborées*... » Comment comprenez-vous ce mot?

10) « La moto, leur déesse, se *désacralise*. » Le verbe « sacraliser » appartient à la famille de « sacré ». Que veut dire alors l'auteur quand il écrit que la moto se « désacralise »?

11) « Ils commencent à craindre [...] qu'on ne les *assimile* aux jeunes cadres dynamiques. » Comment comprenez-vous le verbe « assimiler » dans cette phrase? Que signifie-t-il? Ne peut-il avoir un autre sens?

Annexe : **Le texte comporte quelques mots du langage familier. L'auteur les a utilisés car les jeunes motards les emploient couramment entre eux. Essayez de les remplacer par des mots du langage usuel.**

S'exprimer

Selon votre réaction au texte, exprimez-vous par écrit à partir de l'une ou l'autre des suggestions suivantes :

1) Avez-vous une moto? Si oui, dites ce qu'elle vous apporte.

2) Aimeriez-vous avoir une moto? Pourquoi? Exposez nettement vos raisons.

3) « A moto, on s'exprime. La bagnole, c'est le cercueil. » Partagez-vous cet avis? Si oui, justifiez votre point de vue.

4) « Voir les mecs taquiner le 240 à l'heure sous la pluie [...], ça vaut son pesant de cacahuètes. » Les jeunes motards sont épris de vitesse, et pourtant un slogan de la Sécurité routière ne cesse d'affirmer : « La vitesse, c'est dépassé. » Aimez-vous ou non aller vite? Pourquoi?

5) « C'est la fin de leur monde en marge. » Pensez-vous avec l'auteur que les jeunes motards constituent un monde qui vit en marge du nôtre?

Résumer

En quelques lignes, dites à quelqu'un qui n'aurait pas lu le texte, pourquoi un jeune motard vient au Bol d'or ; puis évoquez les raisons pour lesquelles les jeunes craignent que le Bol d'or ne dégénère.

présentation

Certains d'entre nous ne meublent pas leurs loisirs par le sport mais par la pratique d'une autre activité qu'ils aiment : bricolage ou jardinage. Le texte qui suit nous montre ce qu'un jardin peut représenter pour ceux qui le soignent.

Quand nous pénétrâmes dans l'enclos, la femme et les enfants de Bernardi nous suivirent. L'homme avait marqué l'emplacement de piquets reliés par un fil de fer. Il parlait :

« De ce côté, je sèmerai des carottes : à la suite, les haricots, des laitues, plus loin des petits pois...

— N'oublie pas le carré de tomates, disait la femme.

— On aura juste le temps de semer les pommes de terre et des oignons. »

Bernardi m'expliquait qu'il substituerait à une culture épuisante une autre reposant la terre ; à des légumineuses succéderaient les plantes crucifères à petit développement, à leur tour remplacées par des valérianacées, pois à rames, navets, mâches. J'approuvais les assolements qui permettent au sol de reprendre force et éliminent les insectes qui ne peuvent s'accoutumer à des cultures différentes. Les bestioles sont casanières.

Il était émouvant d'entendre Bernardi.

Il réalisait, dans son âge mûr, une aspiration née d'une vie de labeur pour les autres. Il possédait maintenant la certitude de ramasser sa famille autour de joies simples et l'assurance d'un endroit ensoleillé où, vieillard, il sentirait s'en aller moins vite vers la mort...

Le jardin est, enfin, le reflet de la maison rurale. Il suffit de le regarder pour juger la prospérité ou la déchéance de ceux qui le cultivent. Le paysan le grave de sa signature imprimée dans le sol. Quand l'herbe y croît, que les légumes sont rares, souffreteux, surtout si les fleurs manquent, vous devinerez la paresse et la misère. Au contraire, un jardin bêché, hersé « plombé » comme on dit en termes de métier, avec des plantes vigoureuses, fournies, le tas de fumier bien carré sur un bord de l'enclos, des fleurs nombreuses et variées, annonce l'ordre, le travail attentif, l'aisance, par conséquent le bonheur.

Quand un homme, une femme quittent un tel jardin, ils gardent dans le cœur et l'esprit le souvenir de cette terre familiale qu'ils tâchent de retrouver, chaque année, au temps des vacances. Alors ils aiment revenir le soir, après une visite aux voisins, rejoindre la maison natale. Le ciel s'empourpre. Les bruits agrestes s'éteignent : abois brefs d'un chien, sonnailles d'un troupeau rentrant du pacage, halètements saccadés des tracteurs. Tout se tait. Bêtes, hommes et plantes sont à l'attente du sommeil. La nuit qui tombe estompe les couleurs, les confond dans une molle grisaille et la chaleur du jour fraîchit d'instant en instant...

G. Franco,
Le Jardin de Juan.

activité

Comprendre

1) « Bernardi m'expliquait qu'il *substituerait* à une culture épuisante une autre reposant la terre ; à des légumineuses *succéderaient* les plantes crucifères... » Cherchez les noms qui correspondent aux verbes en italique; employez-les dans des phrases.

2) « A des légumineuses succéderaient les plantes *crucifères...* » Pouvez-vous citer une espèce de plante crucifère? Cherchez un nom de la famille de *crucifère* ; vous comprendrez alors quel genre de plante on désigne par ce mot.

3) « J'approuvais les *assolements* qui permettent au sol de reprendre force... » En prenant appui sur le texte, essayez de définir le sens du mot « assolement », puis consultez le dictionnaire pour voir si votre supposition était juste.

4) « Les bestioles sont *casanières.* » Cet adjectif s'applique aussi à la personne humaine ; on dit ainsi de certains hommes ou de certaines femmes qu'ils sont « casaniers (ières) ». Connaissez-vous le sens de ce mot?

5) « Il réalisait, dans son *âge mûr*, une *aspiration* née d'une vie de *labeur* pour les autres. » Qu'entend-on par « l'âge mûr »? A quel nombre d'années correspond-il selon vous? Quand on parle d'une « aspiration » qu'on réalise, ou qu'on voudrait réaliser, qu'entend-on par là? Qu'est-ce que le « labeur »? Cherchez l'adjectif et l'adverbe qui correspondent à ce nom.

6) « Le jardin est, enfin, le reflet de la maison *rurale.* » Quel est le sens de cet adjectif? Employez-le avec un nom au masculin pluriel.

7) « Il suffit de le regarder pour juger la *prospérité* ou la *déchéance* de ceux qui le cultivent. » Qu'est-ce que connaître « la prospérité »? Et « la déchéance »?

8) « Quand l'herbe y *croît*, que les légumes sont rares, *souffreteux* [...] vous devinerez la paresse et la misère. » Cherchez l'infinitif du verbe en italique. L'adjectif « souffreteux » s'applique également à la personne humaine : qu'est-ce qu'un enfant, ou un arbre « souffreteux »?

9) « Un jardin bêché, *hersé* [...] annonce

l'ordre, le travail attentif... » Savez-vous ce que c'est qu'une « herse »?

10) « Les bruits *agrestes* s'éteignent... » Qu'est-ce qu'un bruit, une odeur, une fleur, « agrestes »?

11) « *Abois* brefs d'un chien... » N'y a-t-il pas un autre nom qui corresponde au verbe « aboyer »?
Écrivez-le.

S'exprimer

En quelques lignes, exprimez-vous à partir de l'une ou l'autre des suggestions suivantes :

1) Avez-vous un jardin? Si oui, dites ce qu'il vous apporte.

2) Aimez-vous jardiner? Si oui, dites ce que cette activité vous apporte.

3) Si le jardinage n'est pas l'activité préférée de vos loisirs, évoquez l'activité que vous aimez pratiquer pour vous détendre : bricolage, cuisine, photo, randonnée pédestre, etc., et dites ce qu'elle vous apporte.

Résumer

Dites en quelques lignes ce que représente un jardin pour des hommes comme « Bernardi ».

Résumez en deux ou trois phrases l'idée développée par le paragraphe qui va de « Le jardin est, enfin, le reflet... » jusqu'à « ... par conséquent le bonheur. »

présentation

De plus en plus, nous éprouvons le besoin d'avoir chez nous un animal de compagnie. Un journaliste du *Point* enquête sur ce sujet.

Les animaux malades de la mode

Un ménage français sur deux possède un ou plusieurs animaux familiers. Quel marché !

Depuis dix ans, l'animal de compagnie figure dans la panoplie des « objets » de grande consommation. La France se place au premier rang des pays européens avec 7,7 millions de chiens (plus que l'Allemagne et la Grande-Bretagne réunies). Sans parler d'environ 5,7 millions de chats, 7 millions d'oiseaux, 5 millions de poissons et 2 millions de tortues, hamsters, lapins, serpents, etc. Un foyer sur deux possède son animal familier. Grands favoris, les chiens, dont les ventes ont augmenté de 40 % depuis 1966, mais aussi les poissons exotiques, au moins deux fois plus demandés qu'en 1975. Rien d'étonnant à cela. « L'animal représente notre dernier lien avec la nature », estime Jean-Pierre Guirardoni, producteur de l'émission télévisée « Trente millions d'amis ». Il est aussi un moyen d'évasion. « De plus en plus de gens aiment à s'asseoir devant un aquarium pour s'abandonner à un ailleurs onirique (1) », explique Michel Pucheta, importateur de poissons exotiques. « Surtout, l'animal est un refuge contre l'insécurité et la solitude, les deux fléaux contemporains », estime le Dr Michel Klein, qui anime une émission hebdomadaire à Europe 1.

Mais tandis que les propriétaires d'animaux investissent en affectivité, les marchands, eux, raisonnent en termes de profit [...] c'est surtout le chiot pataud exposé dans une vitrine qui fait l'objet d'un marketing à la fois sauvage et sophistiqué. Les éleveurs traditionnels n'y suffisent plus et l'on a recours à la production à la chaîne, ce qui inquiète la Direction des services vétérinaires de la Ville de Paris. [...]

Les chiennes deviennent des machines à procréer. Les chiots leur sont arrachés au bout de trente jours, alors qu'on devrait attendre trois mois. [...]

Le profit reste substantiel, même si, en quatre semaines, 30 % des petits animaux meurent. Pourquoi une telle hécatombe? « Le carnet de vaccination, obligatoire depuis un an, est souvent faux », assure un membre de l'association Assistance aux

(1) A un rêve.

animaux. Même son de cloche du côté de l'Inspection vétérinaire à Paris. « La Douane est beaucoup trop complaisante à l'égard des carnets de vaccination globaux. » [...]

Avec les pedigrees, c'est la même incertitude. Théoriquement, les chiens de race sont enregistrés au LOF, livre des origines françaises de la Société centrale canine. « Mais il suffit d'écrire en donnant la référence des deux géniteurs, la date de naissance et le nombre de chiots nouveau-nés pour recevoir un certificat garantissant leur origine. C'est complètement bidon », soutient Gustave Ardillier. [...]

Non contents de trafiquer les pedigrees, certains éleveurs, comme les grands carrossiers de voitures, créent des « modèles » nouveaux. Pour des raisons esthétiques contestables, non seulement ils coupent la queue et les oreilles (pratique interdite en Grande-Bretagne), mais encore ils cultivent l'anomalie, la monstruosité. [...]

Aujourd'hui, la mode est aux « toys », chiens-jouets minuscules. La dernière trouvaille dans le domaine : un yorkshire nain pesant une livre. Une lamentable petite chose qui souffre de spasmes de la glotte et de défauts de vision.

A tout cela il faut ajouter quelques pratiques spéciales pour calmer les compagnons jugés trop remuants ou trop bruyants. On coupe les nerfs qui actionnent les cordes vocales des chiens ou l'on fait patte de velours aux chats en leur enlevant les griffes...

Point noir encore : les abandons. Tous les ans, en France, 250 000 chiens sont jetés à la rue. La SPA en pique de 50 à 80 chaque jour. D'où l'indignation des défenseurs des animaux. « Ce que nous faisons subir au chien est proprement scandaleux, écrit Konrad Lorenz, prix Nobel pour ses travaux sur le comportement animal. Le chien ne vit qu'à travers son maître, contrairement au chat qui, lui, mène sa propre vie. »

La loi française n'accorde aux animaux de compagnie qu'une protection très relative. Et la cruauté n'est le plus souvent punie que par de bien faibles amendes, rarement par quelques jours de prison. Il a fallu qu'un homme, à Paris, jette son chien par la fenêtre du 7e étage pour que lui soit infligée, en janvier, une peine réelle : six mois de prison dont trois avec sursis. Et les décrets d'application concernant les animaux de compagnie dans la loi sur la protection de la nature de juillet 1976 ne sont toujours pas promulgués.

Ce retard n'est pas la moindre contradiction d'un pays où [...] le « gâteau » de l'industrie pour animaux fait vivre 30 000 personnes (produits alimentaires, boutiques diverses). Car depuis quelques années les animaux ont tendance à devenir des consommateurs à part entière. En 1978, chiens, chats et oiseaux mangeront pour un milliard de conserves spéciales. Et 600 millions ont été consacrés, en 1976, à rémunérer les soins des vétérinaires.

Il ne manquait plus que la Sécurité sociale. C'est presque fait, puisque deux compagnies d'assurances (Mutuelle du Mans et UAP) — moyennant une prime — remboursent les frais de vétérinaire en cas d'accident ou de maladie.

C. Pierre,
U. Zentsch,
Le Point, nº 285, 6 mars 1978.

activité

Comprendre

1) « Depuis dix ans, l'animal de compagnie figure dans la *panoplie* des « objets » de grande consommation. » Qu'est-ce qu'une « panoplie » ? A votre avis, de quoi est faite notre « panoplie d'objets de consommation » ? Pouvez-vous citer quelques-uns de ses éléments ?

L'auteur dit que l'animal figure parmi les *objets* de consommation, pourtant un animal n'est pas un objet. Que nous laisse à penser alors l'emploi de ce mot ?

2) Qu'est-ce qu'un « poisson *exotique* » ? Quel est le nom qui correspond à « exotique » ?

3) « Tandis que les propriétaires d'animaux *investissent en affectivité*, les marchands, eux, *raisonnent en termes de profit*. » Quand on dit d'une personne qui a de l'argent qu'elle l'« investit » dans quelque chose, qu'est-ce que cela signifie ? Vous avez déjà eu l'occasion de rencontrer le mot « affectivité » ; vous savez qu'il désigne le besoin que nous avons d'aimer et d'être aimé. Quand l'auteur dit qu'en

achetant un animal nous « investissons en affectivité », qu'est-ce que cela signifie donc? « Les marchands, eux, raisonnent en termes de profit. » Comment comprenez-vous cette phrase?

4) « C'est surtout le chiot *pataud* [...] qui fait l'objet d'un *marketing* à la fois sauvage et *sophistiqué.* » Qu'est-ce qu'être « pataud »? Cherchez un synonyme à cet adjectif. Le mot « marketing » appartient au vocabulaire commercial ; en vous appuyant sur le texte, essayez de trouver le sens de ce mot, puis consultez le dictionnaire pour voir si votre supposition était juste. Quand on dit d'une personne, d'un objet qu'ils sont « sophistiqués », qu'est-ce que cela signifie?

5) « Le profit reste *substantiel*... » Comment comprenez-vous cet adjectif? Que signifie-t-il?

6) « Pourquoi une telle *hécatombe*? » dit l'auteur. Qu'est-ce qu'une « hécatombe »?

7) « Avec les *pedigrees*, c'est la même incertitude. » Savez-vous ce qu'est le « pedigree » d'un chien de race?

8) « Pour des raisons *esthétiques* [...] ils coupent la queue et les oreilles [...] ils cultivent *l'anomalie*. la monstruosité. » Quand on dit d'une affiche, d'une parure, d'un vêtement, qu'ils sont « esthétiques », qu'entend-on par là?

Comment faut-il comprendre alors la phrase de l'auteur? Qu'est-ce qu'une « anomalie »?

9) « Une lamentable petite chose qui souffre de spasmes de la *glotte*... » Savez-vous où est située la « glotte » dans le corps humain?

10) « Les décrets [...] ne sont toujours pas *promulgués*. Qu'est-ce que « promulguer un décret »?

Annexe : Le *chiot* est le petit du chien. Comment s'appelle le jeune du cheval? de la biche? du sanglier?

S'exprimer

Selon votre réaction au texte, exprimez-vous par écrit à partir de l'une ou l'autre des suggestions suivantes :

1) Pensez-vous, avec l'auteur, que ce sont l'insécurité, la solitude et le besoin d'évasion qui poussent nos contemporains à avoir un animal domestique? Dans l'affirmative, justifiez votre point de vue.

2) « Tous les ans, en France, 250 000 chiens sont jetés à la rue. » Souhaitez-vous que la loi française punisse réellement les gens qui martyrisent ou abandonnent leurs animaux domestiques? Comment? Pourquoi? N'y a-t-il pas d'autres êtres qu'on « abandonne » aussi au moment des vacances?

3) Lettre d'un chien à son maître : « Ce qu'il me faut pour être heureux... » En une douzaine de lignes, imaginez cette lettre.

4) Si vous avez un animal à la maison, évoquez ce qu'il vous apporte.

5) Si vous n'avez pas d'animal à la maison, dites si vous désirez ou non en avoir un, et pourquoi.

6) On dit des animaux qu'ils sont « des êtres inférieurs ». Partagez-vous ou non cet avis?

Résumer

Essayez de résumer le texte en répondant aux questions suivantes :

1) Pourquoi les gens éprouvent-ils de plus en plus le besoin d'avoir un animal de compagnie?

2) Comment, et par qui, ce besoin est-il exploité?

3) La loi française protège-t-elle efficacement les animaux de compagnie?

■ NOTRE HABITAT

présentation

Depuis la seconde moitié de notre siècle, un nouveau mode de logement s'est développé en France : les grands ensembles. Ils sont nombreux dans les agglomérations et les « cités-dortoirs ». Parallèlement, les petites villes et les villages se dépeuplent. L'écrivain P. Germain nous dit ce qu'il en pense :

Une ville, un village traditionnels sont des êtres vivants ayant une histoire, une mémoire, un folklore. Or, le grand ensemble n'a ni passé, ni témoins du passé. Aucune place n'est faite aux grands-parents que l'on ne sait où loger... La famille est réduite à sa plus simple expression. C'est un squelette de famille qui n'est rassemblé que le soir. Encore faut-il ajouter qu'une fois réunie la famille, personne n'est disposé à animer la conversation : surtout pas le père, fatigué par le travail, par le trajet, par les attentes, ni la mère qui, sortie du centre commercial, n'a vu personne et n'a rien à raconter. On regardera donc la télévision et on s'en remettra pour la formation morale des enfants aux éducateurs professionnels...

La ville ou le village étaient de petites patries, ceux qui en étaient issus s'y sentaient liés à jamais. On disait je suis de Nîmes, je suis d'Aurillac. On ne dira jamais je suis de Sarcelles, je suis des Mureaux. D'ailleurs, le « grand-ensemblien » n'est de nulle part. Plus tard, ses enfants n'éprouveront aucune attache particulière, ni aucun sentiment attendri pour l'appartement qu'ils habitaient au bloc 4, bâtiment 15, douzième étage, porte 126 comme nous pouvions en éprouver pour la maison de notre enfance.

N'ayant ni racines, ni traditions, ils seront lancés dans la vie comme des bouteilles à la mer, promis à toutes les dérives.

P. Germain,
La Ville métropole ou berceau.
Texte donné au C.A.P. Métiers de la Catégorie A, Académie de Toulouse, 1975.

activité

Comprendre

1) Pourquoi peut-on dire qu'un village a *de la mémoire*? Connaissez-vous l'adjectif qui correspond au nom « mémoire »?

2) L'auteur dit que les grands ensembles n'abritent que des « squelettes de famille », il affirme que chaque famille y « est réduite à sa plus simple expression ». Il y a, au préalable, dans le texte une phrase qui justifie cette affirmation. Relevez-la.

3) « Personne n'est *disposé* à animer la conversation... » Qu'est-ce qu'être « disposé à faire quelque chose »? Employez le verbe « disposer » dans deux phrases avec des sens différents.

4) « On *s'en remettra* pour la formation morale des enfants aux éducateurs professionnels... » Qu'est-ce que « s'en remettre à quelqu'un pour faire quelque chose »? Employez le verbe « remettre » dans deux phrases avec des sens différents. Qui sont « les éducateurs professionnels » dont parle l'auteur?

5) Des quatre noms suivants : « voiture, bateau, avion, moto », lequel fonctionne parfois avec le verbe *dériver*? Qu'est-ce donc que « dériver »? A votre avis, quelles sont ces « dérives » auxquelles seront promis les jeunes qui auront vécu dans des grands ensembles?

S'exprimer

Selon votre réaction au texte, exprimez-vous par écrit à partir de l'une ou l'autre des suggestions suivantes :

1) Si vous en aviez le choix, iriez-vous vivre dans une grande ville ou dans un village? Donnez deux ou trois raisons qui justifient votre choix.

2) « La mère qui, sortie du centre commercial, n'a vu personne et n'a rien à raconter. » Pensez-vous que cette phrase exprime bien la réalité?

3) Si vous aimez vivre dans un « grand ensemble », indiquez deux ou trois avantages que vous y trouvez.

Résumer

L'auteur n'est absolument pas favorable aux grands ensembles. Il leur voit beaucoup d'inconvénients. Essayez de résumer chacun d'eux en une phrase.

présentation

Une journaliste du journal *Le Monde* va à son tour évoquer les grands ensembles, et le problème de l'habitat. Prenez connaissance de son texte.

La machine à habiter...

En construisant cette grande machine à habiter tout près du cœur de Paris, la société promotrice a évidemment pensé à tout. A tout, c'est-à-dire aux « bagnoles ». Alignées gaiement devant les immeubles, dans des petites cases qui remplacent avantageusement les espaces verts, elles rivalisent plaisamment dans leurs coloris et l'éclat de leurs chromes. Un vrai bouquet. Un beau jour, en rentrant de vacances, les habitants de la résidence ont eu la bonne surprise de trouver un des rares terrains de jeux pour enfants de l'arrondissement complètement défoncé. Le dieu Parking avait continué à réclamer son dû. On lui avait offert un nouveau sacrifice. Dans le quartier, peu de commentaires... Quelques graffiti vengeurs, exigeant plus de verdure et moins de béton. Le silence les a vite étouffés. Car, c'est vrai, malgré les claquements des vide-ordures, le ronflement des moteurs qui démarrent, les galopades des enfants, un certain silence règne ici. Celui qui consiste en l'absence de paroles. Pas de lieu communautaire où l'on pourrait se réunir et parfois demander un service. Les affiches aussi sont interdites. Alors il ne reste que les brèves rencontres dans les ascenseurs — quand ils marchent. Les quelques secondes que nécessite l'élévation dans les étages supérieurs favorisent d'inoubliables tête-à-tête. Il s'agit de regagner au plus vite son étage, et de ne pas retarder les impatients qui attendent au rez-de-chaussée. Il ne reste qu'à se résigner et à se forger une saine philosophie : chacun chez soi, chacun pour soi... et la télévision pour tous.

E. Laurent,
Le Monde, 6-7 octobre 1974.
Texte donné au C.A.P. Assurances,
Académie de Paris, 1975.

activité

Comprendre

1) « La société *promotrice* a évidemment pensé à tout. » Qu'est-ce qu'un « promoteur »? Quel est le verbe qui correspond à ce nom? Essayez de l'employer dans une phrase.

2) Qu'est-ce que quelque chose d'*avantageux*? (exemples : un prix avantageux, une occasion avantageuse.) Pensez-vous alors que l'auteur croie sérieusement que les voitures « remplacent avantageusement les espaces verts »? Qui a cette opinion en réalité?

3) « Quelques *graffiti* vengeurs, exigeant plus de verdure et moins de béton. » Qu'est-ce que des « graffiti »? Savez-vous pourquoi ce nom ne prend pas de « s » au pluriel?

4) « Pas de lieu *communautaire* où l'on pourrait se réunir... » Quels sont les « lieux communautaires » où les habitants d'un quartier pourraient se réunir?

S'exprimer

1) « Chacun chez soi, chacun pour soi... et la télévision pour tous. » Cette devise vous semble-t-elle une bonne formule pour bien vivre? Que votre réponse à cette question soit oui ou non, justifiez-la par un ou deux arguments.

2) Pensez-vous que les grands ensembles incitent effectivement les gens à vivre de cette façon?

Résumer

L'auteur reproche essentiellement deux choses aux grands ensembles. Essayez de formuler clairement ces reproches en ne consacrant qu'une phrase à chacun d'eux.

■ NOTRE TRAVAIL

présentation

Dans son livre *Travaux*, Georges Navel nous conte la vie d'un jeune ouvrier. Celui-ci travaille durement dans l'industrie métallurgique et appartient souvent à une équipe de nuit. De retour dans la petite chambre où il habite, il retrouve sa compagne Anna.

Si la vie de l'homme enchevêtrée à celle de la femme peut être parfois pénible, la vie sans amour, sans femme, donne le sentiment que l'existence est absurde. Il faut que la douleur d'usine profite à quelqu'un qu'on aime, la mère, les enfants ou la femme. [...] Le travail en usine ne justifie rien. Le travail justifie le charron dans un village. Incontestablement, il voit les services qu'il rend. Il justifie l'artisan, le menuisier, le plombier, l'ébéniste qui voient la tête de leur client. Il ne justifie pas le travailleur de la grande industrie [...]. On peut supporter sa vie sans la justifier, mais pas seul. Il faut une mère, une femme, des enfants, être dans des liens [...]. La solitude sentimentale ne convient guère qu'à l'homme usé.

En poussant la porte de ma chambre, l'amour, la vraie vie commençait, celle où je trouvais des raisons de supporter l'usine. [...] Anna dormait encore. En l'embrassant, je dormais debout, la tête lourde, la nuque douloureuse [...]. J'ouvrais les yeux comme si j'avais poussé deux volets d'une chambre pour y faire pénétrer la lumière matinale, et je voyais le tendre et beau visage d'Anna me sourire, tandis que je respirais son odeur aussi profondément que si je m'étais promené à la belle saison pour la première fois dans des prairies de montagne. [...] Je m'endormais près d'elle dans un bonheur de feuilles, de lianes, de mer, de pays au soleil. [...] Le monde vrai, c'était l'amour, que rendait encore plus nécessaire le monde du fer.

Quand on me demandait si j'étais marié, je n'avais pas de mots vrais pour répondre. Rien que des mots faux. On trouvait pour moi : « Tu vis à la colle ».

G. Navel,
Travaux.

activité

Comprendre

1) « La vie sans amour, sans femme, donne le sentiment que l'existence est *absurde*. » Qu'est-ce qu'une existence « absurde »? Quel est le nom qui correspond à cet adjectif?

2) « Le travail *justifie* le *charron* dans un village. » Savez-vous ce qu'est un « charron »? Comment comprenez-vous le verbe « justifier » dans cette phrase?

3) Le travail « justifie le menuisier, l'ébéniste... » Quelle différence faites-vous entre un menuisier et un ébéniste?

4) « Tu vis à la colle. » Dans un langage plus choisi, quelle est l'expression qui correspond à cette formule?

S'exprimer

Selon votre réaction au texte, exprimez-vous par écrit à partir de l'une ou l'autre des suggestions suivantes :

1) « Le monde vrai, c'était l'amour... » Partagez-vous ou non cette opinion? Pourquoi?

2) « Le travail en usine ne justifie rien. » Êtes-vous de cet avis?

3) On me disait : « Tu vis à la colle. » De nos jours, les jeunes vivent de plus en plus de cette façon. Qu'en pensez-vous?

Résumer

Résumez en trois phrases maximum la pensée de l'auteur dans le premier paragraphe.

présentation

Le travail des hommes peut prendre divers aspects. Georges Navel, qui fut ouvrier, nous parle du travail en usine. Jeune apprenti, il arrive chez Citroën.

Citroën

C'est avec effroi que j'entrai pour la première fois dans le hall de l'usine Citroën, de Saint-Ouen. En pénétrant dans le boucan formidable, je me disais : « Mon vieux, tu vas souffrir. Est-ce que tu pourras tenir dans ce vacarme? »

Je voyais les autres, d'abord les traceurs dont le travail exige calme, concentration. Debout devant de vastes marbres, ils poussaient le trusquin (1), un trait, s'arrêtaient pour lire, sur de grandes feuilles bleues, les dessins, une nouvelle cote (2) à reporter. Je voyais ça dans le bruit comme un tour de force, en m'étonnant aussi qu'un hall si bruyant, si agité, puisse être un atelier d'outillage. Comment faisaient-ils les fraiseurs, les tourneurs, les rectifieurs, pour ne pas perdre le nord?

Les autres devaient être bâtis d'une matière spéciale, nécessaire à l'industrie. J'essaierais d'être fait comme eux.

Tout l'espace, du sol à la toiture du hall, était haché, occupé, sillonné par le mouvement des machines. Des ponts roulants couraient au-dessus des établis. Au sol, dans d'étroites travées, des chariots électriques se gênaient pour circuler. Il n'y avait plus de place pour la fumée. Des presses colossales, dans le fond du hall, découpaient des longerons (3), des capots, des ailes, avec un bruit pareil à des explosions. Entre-temps, la mitraillade des marteaux-revolvers de la chaudronnerie reprenait le dessus sur le vacarme des machines.

Je me répétais : « Mon pauvre vieux, est-ce que tu pourras vivre là, est-ce que tu seras aussi fort que les autres? » serrant sous mon bras mon paquet d'outils personnels, joint à un casse-croûte dans un journal. Ce pain qui sentirait le fer me semblait bien dur à gagner.

Dans le travail les équipes devenaient rivales [...]

(1) *Trusquin* : appareil d'ajustage en métal, servant à tracer des lignes parallèles.
(2) *Cote* : chiffre indiquant une dimension, un niveau.
(3) *Longerons* : pièces du châssis d'un véhicule.

On parvenait à une vitesse de gestes étonnante. Ouvrir un tiroir, l'explorer, en retirer un outil, repousser un tiroir, ne prenait qu'un instant. On était déjà occupé à une perceuse. On agissait comme dans les films fous où les images se suivent à une vitesse choquante. On gagnait du temps. [...] L'énorme tam-tam des machines accélérait nos gestes, tendait notre volonté d'être rapides. Le cœur essayait de s'accorder à la vitesse des claquements de courroies. Dehors, l'usine me suivait. Elle m'était entrée dedans. Dans mes rêves j'étais machine. Toute la terre n'était qu'une immense usine. Je tournais avec un engrenage.

G. Navel,
Travaux.

activité

Comprendre

1) « C'est avec *effroi* que j'entrai pour la première fois dans le hall de l'usine Citroën, de Saint-Ouen. » Quelle différence faites-vous entre la crainte et l'effroi?

2) « Je voyais [...] les traceurs dont le travail exige calme, *concentration.* » Qu'est-ce que « se concentrer » sur quelque chose?

3) Le traceur manie le « trusquin » et reporte les « cotes ». Expliquez oralement comment vous vous figurez le métier de traceur.

4) Quels sont, à votre avis, les trois aspects de l'atelier qui impressionnent le plus le nouveau venu? Relevez pour chaque aspect les mots du texte qui l'évoquent. De la façon suivante :

Aspect 1 : ....
Mots : ....
Aspect 2 : ....
Mots : ....
Aspect 3 : ....
Mots : ....

S'exprimer

Selon votre réaction au texte, exprimez-vous par écrit à partir de l'une ou l'autre des suggestions :

1) Le travail à l'usine : de quoi est-il fait pour vous? Si vous ne le connaissez pas encore mais vous y destinez, comment vous le figurez-vous?

2) « Dehors, l'usine me suivait. Elle m'était entrée dedans. Dans mes rêves, j'étais machine. » Avez-vous déjà, comme l'auteur, ressenti cette impression? Si oui, comment l'expliquez-vous?

3) Que faudrait-il, à votre avis, pour rendre plus humaine la vie en usine?

présentation

« L'horaire à la carte, la journée aménagée, l'horaire libre... », autant de formules qui recouvrent la même réalité : les travailleurs ont plus de liberté pour décider de leur horaire de travail. En avril 1975, le journal *La Croix-Dimanche du Nord* publiait une enquête sur ce sujet.

Choisir son heure

Choisir son heure d'arrivée au travail, cela semble encore un rêve pour la plupart des salariés. Et pourtant... on en parle de plus en plus ces temps-ci.

C'est en Suisse et en Allemagne de l'Ouest qu'ont été tentées, vers la fin des années 1960, les premières expériences d'horaires libres. Le succès a été tel que près de 50 % des salariés suisses et allemands en bénéficient aujourd'hui.

Avec le Marché commun, il n'a pas fallu longtemps pour que cette expérience fasse tache d'huile : dès 1971, en effet, une quinzaine d'entreprises françaises, implantées dans la région parisienne, adoptaient le procédé. Un an plus tard, il y en avait soixante. En septembre 1974, près de huit cents. Et aujourd'hui, en avril 1975, on compte environ 1 200 sociétés, employant 350 000 personnes, qui pratiquent les horaires libres à travers toute la France.

Parmi elles, de grandes entreprises de la région comme les Trois-Suisses, La Redoute, Phildar, etc., mais aussi un certain nombre de petites et moyennes entreprises, réparties à travers les deux départements, et dont le nombre est difficile à chiffrer en raison de l'absence de statistiques sur ce sujet.

La vitesse de propagation de cette nouveauté semble donc assez extraordinaire. Et l'on peut déjà prévoir qu'avec la publicité que l'on fait ces temps-ci aux horaires libres, cette propagation sera plus rapide encore dans les années à venir.

Mais, si tant d'entreprises, aussi différentes les unes des autres, adoptent aussi facilement de telles modifications dans leurs habitudes, c'est sans doute parce que les nombreuses variantes du système permettent à chacun d'y trouver ce qu'il veut.

Une entreprise moyenne : Arbrisseau-Sader

A l'Arbrisseau-Sader, une entreprise spécialisée dans la fabrication de la colle et qui emploie 180 personnes, tout est parti d'une proposition d'un fabricant de matériel de contrôle horaire.

Avant l'introduction des horaires variables, chaque membre du personnel était tenu de signer quotidiennement une feuille de présence. En cas de retard, il fallait passer par le secrétariat administratif pour s'en expliquer.

« Ce n'était vraiment pas drôle, reconnaît la personne qui avait la charge de ce « contrôle ». Tous les jours, ou presque, j'avais le droit aux jérémiades et aux explications plus ou moins oiseuses des spécialistes du retard et je ressentais aussi ce que cette démarche pouvait avoir d'humiliant pour ceux dont le retard était tout à fait exceptionnel... Rien que la suppression de ce rôle de gendarme qui m'était dévolu me paraît être une raison suffisante pour l'introduction des horaires libres. »

En accord avec le personnel, la direction a donc tenté un essai d'un mois dans un service d'une vingtaine de personnes. A la fin de la période d'essai, elle a organisé une consultation qui a démontré l'accord quasi unanime des employés de ce service.

Les horaires dynamiques ont donc été étendus à l'ensemble du personnel de bureaux, soit une bonne cinquantaine de personnes. Les services de production ont été exclus du système en raison des contraintes qu'impose la fabrication de la colle.

L'horaire traditionnel était le suivant : 8 h à 12 h 30 et 13 h 30 à 17 h 30... pour une moyenne hebdomadaire de 42 heures.

Le système adopté a été celui de l'horodateur individuel. Tous les compteurs sont situés à l'entrée des bureaux et chaque salarié introduit son badge dans son compteur personnel lors de son arrivée. Le nombre d'heures totalisées par les compteurs individuels est relevé vers le quinze du mois afin que la comptabilité puisse établir les fiches de paie.

Les salariés peuvent faire varier leur horaire de la façon suivante : l'entreprise est ouverte de 7 h à 19 h. Au sein de chaque service, les salariés fixent, en accord avec leur chef de service, une grille d'horaire pour la semaine suivante. Ils sont alors tenus de suivre approximativement l'horaire fixé.

« Nous avons été obligés de fixer cette limite à cause de la taille de notre entreprise, explique le représentant de la direction. Nos services ne sont pas suffisamment étoffés, en effet, pour que nous puissions permettre une liberté totale dans les horaires. Car il faut quand même que le service puisse fonctionner normalement et, pour cela, il est indispensable de maintenir une certaine unité du service. Je crois que nous faisons preuve du maximum de souplesse à l'intérieur des contraintes qu'impose la vie économique de notre entreprise... »

Les salariés ont toutefois la possibilité de dégager, en accord avec leur chef de service, une demi-journée d'absence par mois.

Après deux ans de fonctionnement, le bilan semble positif.

Certes, comme dans beaucoup d'entreprises qui ont tenté l'expérience des horaires libres, une constatation s'impose assez curieusement : dans leur grande majorité, les salariés n'ont pratiquement pas changé leurs horaires. Mais c'est surtout sur l'amélioration du climat social que l'introduction libre a eu d'heureuses conséquences :

Les salariés, qui ne sentent plus planer sur leur tête le couperet du gendarme en cas de retard, ont en effet le sentiment d'une plus grande équité : « Le système est plus juste, dit l'un d'eux. Avant, il y en avait toujours qui réussissaient à tricher un peu à droite et à gauche sur les horaires. Maintenant, tout le monde est sur le même plan et le climat de travail est nettement plus serein... »

J. David,
La Croix-Dimanche du Nord,
5-6 avril 1975.

activité

Comprendre

1) « Il n'a pas fallu longtemps pour que cette expérience fasse *tache d'huile...* » Que faut-il entendre par cette expression?

2) « La vitesse de *propagation* de cette nouveauté semble donc assez extraordinaire. » Qu'est-ce que « propager » quelque chose : une idée, une mode, une maladie, etc.?

3) Qu'est-ce qu'un *matériel de contrôle horaire*? Pouvez-vous en donner un exemple?

4) « Chaque membre du personnel *était tenu de* signer quotidiennement une feuille de présence. » Remplacez l'expression « être tenu de » par un verbe.

5) « J'avais le droit aux *jérémiades* et aux explications plus ou moins *oiseuses* des spécialistes du retard... » Qu'est-ce qu'une « jérémiade »? Connaissez-vous le sens de l'adjectif « oiseuses »? Sinon, essayez de le découvrir en vous appuyant sur le texte, puis consultez le dictionnaire pour voir si votre supposition était juste.

6) « Ce rôle de gendarme qui m'était *dévolu...* » Comment comprenez-vous le mot « dévolu » dans cette phrase?

7) « Le système adopté a été celui de « l'*horo-dateur individuel.* » A quelle famille de mots appartient l'élément « horo »? Quel est le radical du mot « dateur »? Qu'est-ce alors qu'un « horodateur »?

8) « Nos services ne sont pas suffisamment *étoffés*, en effet, pour que nous puissions permettre une liberté totale dans les horaires. » Comment comprenez-vous le mot « étoffés » dans cette phrase?

9) « Les salariés [...] ont le sentiment d'une plus grande *équité.* » Qu'est-ce que « l'équité »? Quel est l'adjectif qui correspond à ce nom?

S'exprimer

Répondez par écrit à la question suivante : êtes-vous favorable à « l'horaire à la carte »? Si oui, dites les avantages que vous lui voyez. Si non, évoquez les inconvénients que vous lui trouvez.

présentation

Nous sommes tous des hommes, petits dans l'univers et cependant capables de le comprendre... Nous naissons, nous vivons, et un jour nous mourons... Nous connaissons tous cette condition. Pourtant, il nous arrive d'établir des différences entre les hommes ; de croire que certains sont supérieurs et d'autres inférieurs... En témoigne le texte suivant : dans le métro parisien, un jour, un travailleur étranger exprime ce qu'il ressent.

Il a la peau brune, des cheveux crépus, de grandes mains calleuses noircies par le travail. Son visage sourit et son front dessine des rides serrées. Il a quarante ans, peut-être moins.

Cet homme, habillé de gris, a pris le métro à la station Denfert-Rochereau, direction Porte-de-la-Chapelle.

D'où vient-il? Peu importe! Son visage, ses gestes, son sourire disent assez qu'il n'est pas d'ici. Ce n'est pas un touriste non plus. Il est venu d'ailleurs, de l'autre côté des montagnes, de l'autre côté des mers. [...] Il habite dans une petite chambre, dans le dix-huitième (1). Il n'est pas triste. Il sourit et cherche parmi les voyageurs un regard, un signe.

Je suis petit dans ma solitude. Mais je ris. Tiens, je ne me suis pas rasé ce matin. Ce n'est pas grave. Personne ne me regarde. Ils lisent. Dans les couloirs, ils courent. Dans le métro, ils lisent. Ils ne perdent pas de temps. Moi, je m'arrête dans les couloirs. J'écoute les jeunes qui chantent. Je ris. Je plaisante. Je vais parler à quelqu'un, n'importe qui. Non. Il va me prendre pour un mendiant. [...] Des gens descendent, se bousculent. D'autres montent. J'ai l'impression qu'ils se ressemblent. Je vais parler à ce couple. Je vais m'asseoir en face de lui, puisque la place est libre, et je vais lui dire quelque chose de gentil : Aaaaa... Maaaaa... Ooooo...

Ils ont peur. Je ne voulais pas les effrayer. La femme serre le bras de son homme. Elle compte les stations sur le tableau. Je leur fais un grand sourire et reprends : Aaaaa... Maaaaa... Ooooo... Ils se lèvent et vont s'installer à l'autre bout du wagon. Je ne voulais pas les embêter. Les autres voyageurs commencent à me regarder. Ils se disent : quel homme étrange! D'où vient-il? Je me tourne vers un groupe de voyageurs. Rien sur le visage. La fatigue. Je gesticule. Je souris et leur dis : Aaaaa... Maaaaa... Ooooo... Il est fou. Il est saoul. Il est bizarre. Il peut être dangereux. Inquiétant. Quelle langue est-ce? Il n'est pas rasé. J'ai peur. Il n'est pas de chez nous, il a les cheveux crépus. Il faut l'enfermer.

Qu'est-ce qu'il veut dire? Il ne se sent pas bien. Qu'est-ce qu'il veut?

Rien. Je ne voulais rien dire. Je voulais parler. Parler avec quelqu'un. Parler du temps qu'il fait. Parler de mon pays; c'est le printemps chez moi; le parfum des fleurs; la couleur de l'herbe; les yeux des enfants; le soleil; la violence du besoin; le chômage; la misère que j'ai fuie. On irait prendre un café, échanger nos adresses...

Tiens, c'est le contrôleur. Je sors mon ticket, ma carte de séjour, ma carte de travail, mon passeport. C'est machinal. Je sors aussi la photo de mes enfants. Ils sont trois, beaux comme des soleils. Ma fille est une petite gazelle; elle a des diamants dans les yeux. Mon aîné va à l'école et joue avec les nuages. L'autre s'occupe des brebis.

Je montre tout. Il fait un trou dans le ticket et ne me regarde même pas. Je vais lui parler. Il faut qu'il me regarde. Je mets ma main sur son épaule. Je lui souris et lui dis : Aaaaa... Maaaaa... Ooooo... Il met son doigt sur la tempe et le tourne. Je relève le col de mon pardessus et me regarde dans la vitre :

Tu es fou. Bizarre. Dangereux? Non. Tu es seul. Invisible. Transparent. C'est pour cela qu'on te marche dessus.

Je n'ai plus d'imagination. L'usine ne s'arrêtera pas. Il y aura toujours des nuages sur la ville. Dans le métro, ce sera l'indifférence du métal. C'est triste. Le rêve, ce sera pour une autre fois.

T. Ben Jelloun,
Les Amandiers sont morts de leurs blessures.

activité

Comprendre

1) Qu'est-ce que « des mains *calleuses* »? Ce détail nous donne une idée du travail que doit faire l'étranger : dans quel métier le situez-vous?

2) « Je me tourne vers un groupe de voyageurs [...]. Je gesticule. Je souris et leur dis : Aaaaa... Maaaaa... Ooooo... Il est fou. Il est saoul. Il est bizarre. Il peut être dangereux. » Observez les deux parties de ce passage : la première a pour sujet « je », la seconde a pour sujet « il ». Qui parle dans la seconde? Qu'est-ce que « gesticuler »?

3) « Je sors ma *carte de séjour*, ma *carte de travail*, mon *passeport*. » Savez-vous ce que sont ces différents documents?

4) « C'est *machinal*. » Quel est le radical de cet adjectif? Qu'est-ce alors que faire les choses « machinalement »? A votre avis, pourquoi l'étranger en vient-il « machinalement » à montrer ses papiers?

5) Comptez le nombre de fois où l'étranger prononce le verbe « parler ». Qu'est-ce que cela révèle?

(1) Dix-huitième arrondissement de Paris.

6) Comptez le nombre de fois où les mots « rire », « sourire », « sourit », etc., apparaissent dans le texte. A qui se rapportent-ils? Qu'est-ce que cela révèle?

S'exprimer

Selon votre réaction au texte, exprimez-vous par écrit à partir de l'une ou l'autre des suggestions suivantes :

1) Un étranger, semblable à celui du texte, vous adresse la parole dans l'autobus ou dans le métro. Il souhaite parler un peu avec vous, « échanger des adresses ». Acceptez-vous ou non? Pourquoi?

2) « Tu es seul [...]. C'est pour cela qu'on te marche dessus. » Estimez-vous que les travailleurs étrangers sont dans notre pays des gens à qui « on marche dessus »?

3) En quelques phrases, simples mais belles, l'étranger évoque son pays et ses enfants. Vous lui répondez en évoquant à votre tour, votre pays, votre ou vos enfant(s), ou vos parents.

4) Vous composez, pour l'étranger du texte, un message fraternel.

présentation

Dans *Le Cheval d'orgueil*, Pierre-Jackez Hélias évoque la vie des paysans.

Je connais des gens irrités par la lenteur des paysans qui circulent dans leur ville. Peut-être feraient-ils mieux de s'irriter de leur propre hâte. Nous arriverons à Noël ensemble.

En ville, le paysan marche à son pas, c'est-à-dire au rythme de sa vie quotidienne, la vie des champs. Les chemins creux, les terres labourées, les prés même ne s'arpentent pas comme un trottoir de rue. Et il faut d'autres chaussures que des escarpins vernis, d'autres talons que des aiguilles.

[...] Le paysan en ville est un flâneur, une espèce de touriste. Il marche, il s'arrête, il observe comme un touriste sérieux. Le spectacle de la ville est son délassement et son étude à la fois. [...] Cette lenteur paysanne, cette admirable économie du corps qui n'est ni lourdeur ni gaucherie, est imposée par le rythme des travaux. Et ce rythme est celui du temps lui-même. L'unité de mesure est le jour, non pas l'heure. On voit rarement un paysan tirer sa montre. Il se lève avec le soleil, il finit son travail avec lui. Quand il se presse, c'est qu'il y a nécessité, urgence grave, un orage qui se prépare ou quelque chose qui brûle quelque part.

L'essentiel est que la terre ne se presse pas. Il lui faut son temps. On lui confie des semences et on attend qu'elles lèvent, fassent des tiges, donnent des fruits. On attend l'août pour moissonner. Peut-être un jour les hommes de science trouveront-ils le moyen de faire produire dix récoltes par an. Alors les femmes feront des enfants en six semaines. En attendant, attendons.

Attendre : le maître mot!

P.-J. Héliaz,
Le Cheval d'orgueil.

activité

Comprendre

1) « Je connais des gens *irrités* par la lenteur des paysans... » Qu'est-ce qu'être « irrité » par quelque chose? Cherchez les deux adjectifs qui correspondent à ce verbe et donnez le sens de chacun.

2) Qu'entend l'auteur par la phrase suivante : « Nous arriverons à Noël ensemble »?

3) « Les prés même ne s'*arpentent* pas comme un trottoir de rue. » Qu'est-ce qu' « arpenter » un lieu? Essayez d'employer ce verbe dans une phrase.

4) « La ville est son *délassement*... » Quel est le radical du mot « délassement »?

Quel est le nom qui correspond à ce radical? Qu'est-ce alors que « se délasser »? Pourquoi la ville est-elle un délassement pour le paysan?

5) « Cette admirable économie du corps qui n'est ni lourdeur ni *gaucherie*... » Quand on dit de quelqu'un qu'il est « gauche », qu'entend-on par là?

6) « Attendre : le maître mot ! » Qu'est-ce qu'un « maître mot »?

S'exprimer

Selon votre réaction au texte, exprimez-vous par écrit à partir de l'une ou l'autre des suggestions suivantes :

1) Aimeriez-vous ou non vivre à la campagne? Pourquoi?

2) Parlant des citadins, l'auteur dit : « Peut-être feraient-ils mieux de s'irriter de leur propre hâte. » Qu'est-ce donc, à votre avis, qui oblige le citadin à vivre bien souvent dans la hâte?

3) Pour l'auteur, le maître-mot de la vie est « attendre » ; vivre, selon lui, c'est savoir attendre et respecter le cours naturel des choses. Quel est pour vous le maître mot de la vie? Nommez-le et expliquez-le.

Résumer

Il est net que l'auteur apprécie la façon de vivre du paysan. Dites en quelques lignes, à quelqu'un qui n'aurait pas lu le texte, les raisons pour lesquelles Pierre-Jakez Hélias a cette attitude.

■ LA VIOLENCE

présentation

A Paris, de nombreux jeunes vivent dans la rue, fuyant souvent un foyer intenable. Ils se groupent en bandes et, parfois, commettent des méfaits. Guy Gilbert s'efforce de les comprendre et de les aider à sortir de leur misère.

Ceux qui connaissent bien ce monde de marginaux savent. Ils savent que cette violence cache des enfances manquées, parfois terrifiantes, où les coups et les cris ont été le pain quotidien.

La violence de Tonio ne peut s'expliquer que lorsqu'on sait qu'arrivé cinq minutes en retard de l'école, l'attendait, pendant des années, une brosse métallique préalablement chauffée sur la cuisinière et sur laquelle il devait s'agenouiller pour expier son retard... Il faut ajouter qu'il habitait loin de l'école et qu'il ne pouvait arriver à l'heure qu'en courant durant tout le parcours.

Majid, lui, ne peut s'endormir avant quatre heures du matin. Son père ne rentre pas avant une heure, il est toujours saoul. Alors la famille se tient aux aguets, dans une attente insupportable : s'armera-t-il d'un couteau, menaçant tout ce qui bouge, ou bien se mettra-t-il à tout casser dans la cuisine? Les réactions imprévisibles de Majid sont la conséquence directe de ces heures interminables de peur, d'angoisse.

Il n'y a pas que les enfants martyrisés qui sont violents. Il y a aussi les gosses qui vivent entassés dans les cités inconfortables et sont perpétuellement rejetés à la rue. Dans mon quartier, je voyais, l'autre jour, des gosses de dix, douze ans armés de barres de fer qu'ils avaient détachées d'un échafaudage ; ils se battaient sur le trottoir, violemment, au milieu de l'indifférence générale : les passants se contentaient de faire un détour pour éviter les coups... J'ai enterré, au mois de mai, un de ces gosses-là. Il était monté sur le toit d'une usine désaffectée (c'était leur terrain de jeu préféré, parce qu'ils n'en avaient pas d'autre, et puis il y avait l'irrésistible attrait du danger) ; il est passé au travers de la verrière, quinze mètres en chute libre, en bas la mort... Quatre de ses camarades étaient déjà tombés au même endroit, trois s'en étaient sortis indemnes, le quatrième avec neuf fractures. Et puis Christophe, le cinquième, vertèbres cervicales brisées...

Qui dira assez la violence de ces quartiers misérables, où les gens sont parqués dans des conditions d'insalubrité incroyables ! Et cependant le XIXe arrondissement est hérissé de chantiers... Mais les requins de l'immobilier spéculent. Lorsque j'ai vu détruire les taudis, je me suis réjoui : le bruit d'enfer de la grosse pelleteuse mécanique était doux à mes oreilles, parce que je croyais qu'elle annonçait aussi la fin de la délinquance... Naïveté ! A la place des taudis, voilà que s'élèvent d'énormes buildings, qui vont isoler, piéger les gens. Et puis c'est trop cher. Alors les pauvres devront quitter Paris, partir en banlieue, toujours plus loin du lieu de travail. Il faut voir la rapacité des promoteurs ! Ici, il devait y avoir un espace vert d'un hectare : eh bien, ils ont falsifié les plans pour mettre une tour à la place... Dans cette cité de cinq mille personnes, dont trois mille jeunes, il est prévu un petit club de jeunes, c'est tout. Pour trois mille jeunes ! Aucun endroit pour eux, ils se font chasser de partout par les gardiens ; tout est interdit : marcher sur le gazon, aller dans le coin des petits, etc.

G. Gilbert,
Un Prêtre chez les loubards.

activité

Comprendre

1) « Il devait s'agenouiller pour *expier* son retard. » Qu'est-ce qu'« expier » une faute? Quel est le nom qui correspond à ce verbe?

2) « Il y a aussi les gosses qui [...] sont *perpétuellement* rejetés à la rue. » Qu'est-ce qu'un fait, une situation « perpétuel (le) » ? Quel est le nom qui correspond à cet adjectif? Dans quelles expressions l'emploie-t-on surtout? Quel synonyme pourrait-on trouver à l'adverbe « perpétuellement » dans la phrase tirée du texte?

3) « Il était monté sur le toit d'une usine *désaffectée...* » Quand on parle d'un bâtiment « désaffecté », qu'entend-on par là? Qu'est-ce qu' « affecter » des crédits à quelque chose? (exemple : 30 000 francs ont été affectés à la construction d'une bibliothèque). Le mot « affecté(e) » ne peut-il encore avoir un autre sens?

4) « Et puis Christophe, le cinquième, vertèbres *cervicales* brisées. » Où se situent les « vertèbres cervicales » ?

5) « Les gens sont *parqués* dans des conditions d'*insalubrité* incroyables! » Quand on dit de personnes qu'elles sont « parquées » quelque part, qu'entend-on par là? Qu'est-ce qu'un logement « insalubre » ?

6) « Les *requins* de l'immobilier *spéculent.* » Le requin est-il un poisson de petite taille ou une bête puissante? Passe-t-il, comme le dauphin, pour un animal pacifique, voire amical, ou a-t-il au contraire la réputation d'être une bête vorace et agressive? Comment faut-il alors comprendre la formule de l'auteur : « les requins de l'immobilier » ? Quels personnages désigne-t-il par là, et quelle est sa pensée sur eux? Qu'est-ce que « spéculer » sur l'achat de terrains, de bâtiments, etc. ? Quels sont les deux noms qui correspondent à ce verbe?

7) « Il faut voir la *rapacité* des promoteurs ! » Qu'est-ce qu'un rapace? Donnez-en un exemple.

8) « Ils ont *falsifié* les plans pour mettre une tour à la place. » Qu'est-ce que « falsifier » un document : plan, facture, etc. ? Quel est le nom qui correspond à ce verbe?

S'exprimer

Selon votre réaction au texte, exprimez-vous par écrit à partir de l'une ou l'autre des suggestions suivantes :

1) « Des gosses, armés de barres de fer, se battaient sur le trottoir, violemment, au milieu de l'indifférence générale. » Approuvez-vous ou non cette indifférence? Si vous aviez été un passant, seriez-vous ou non intervenu?

2) « Aucun endroit pour eux, ils se font chasser de partout par les gardiens ;

tout est interdit... » Partagez-vous l'opinion de l'auteur? Si oui, dites ce que vous voudriez voir exister dans les villes pour les jeunes.

3) Partagez-vous l'opinion de Guy Gilbert sur les causes de la violence?

Résumer

L'auteur explique essentiellement la délinquance des jeunes par deux faits. Évoquez chacun d'eux en une ou deux phrases.

présentation

L'évocation de la violence conduit à parler de ceux qui la pratiquent et du châtiment que la société inflige : emprisonnement et parfois mise à mort.
La peine de mort est un sujet dont on parle beaucoup actuellement. Les Français sont divisés à son sujet. Bernard Clavel, écrivain contemporain, nous livre sa pensée. Il explique pourquoi il est contre la peine de mort.

Pour que tout soit clair, commençons par cette fameuse exemplarité qui est encore l'argument principal de ceux qui défendent la guillotine. Il semble bien que nous soyons ici en pleine absurdité. Comment peut-on encore parler avec sérieux d'exemplarité pour une peine que l'on cache et dont on dit qu'elle est une mort sans douleur, un châtiment moins cruel que la réclusion perpétuelle? Nous verrons qu'il y a là un abominable mensonge, mais constatons d'abord l'hypocrisie de ceux qui, parlant d'exemplarité, se cachent pour procéder aux exécutions et interdisent à la presse d'en rendre compte autrement qu'en publiant un communiqué de quelques lignes [...].

Plutôt qu'à l'exemplarité, je croirais plus volontiers à la fascination [...] que cette mort violente exerce sur certains individus. Ceux-là ne sont point fascinés par la prison, par la détention longue au cours de laquelle leur sera imposé un travail d'homme. Ce qui les attire, c'est le sang [...] Ce n'est donc pas à ceux-là que la guillotine risque d'inspirer la peur qui les inciterait à se mieux conduire.

Quant aux autres, nous savons que la plupart d'entre eux n'ont jamais réfléchi aux conséquences de leur délit; [...] ceux-là n'ont jamais entrevu l'ombre de la guillotine se profiler au bout de leur route.

Pour qu'il ne soit plus question d'exemplarité, il suffirait d'ailleurs d'examiner l'enquête conduite en 1962 par les Nations-Unies et dont Robert Boyer nous rappelle qu'elle touchait soixante pays et montrait clairement que la peine de mort n'exerce aucune influence sur la criminalité [...].

Parlons à présent du mensonge. Et, pour commencer, de cette mort sans douleur que l'on promet aux condamnés. Les médecins qui ont assisté à des exécutions et examiné les corps des suppliciés sont formels : un homme décapité continue de vivre durant plusieurs minutes [...].

Autre mensonge : celui qui consiste à prétendre que le condamné a « payé sa dette à la société ». Comme si la mort d'un Eichmann (1) vieilli pouvait, de quelque manière que ce soit, « payer » celle des millions d'enfants, de femmes et d'hommes innocents assassinés par les nazis fanatisés [...].

Nul criminel ne saurait de quelque manière que ce soit « payer sa dette » ni à la société ni aux proches de sa victime. Ce n'est ni avec une tête coupée ni avec une somme d'argent que l'on redonne la vie à un mort ou que l'on console ceux qui le pleurent.

B. Clavel,
Écrit sur la neige.

activité

Comprendre

1) « Commençons, dit l'auteur, par cette fameuse *exemplarité* qui est l'argument

(1) L'un des chefs nazis de la dernière guerre mondiale, responsable de la mort de milliers de juifs.

principal de ceux qui défendent la guillotine. » De quel nom vient le mot « exemplarité »? Comment faudrait-il comprendre alors la phrase suivante : « Il faut maintenir la peine de mort à cause de son exemplarité »? Connaissez-vous l'adjectif de la famille du nom « exemple »? Quel est son sens?

2) Qu'est-ce que la *réclusion perpétuelle*? L'adjectif « reclus » est de la même famille que « réclusion ». A travers la phrase suivante, essayez de déterminer son sens : « Depuis sa fracture du col du fémur, elle vit en recluse dans sa chambre. »

3) « Je croirais plus volontiers à la *fascination* que cette mort violente exerce sur certains individus. » Qu'est-ce qu' « être fasciné » par quelque chose?

4) « Les médecins qui ont [...] examiné le corps des suppliciés sont *formels* : un homme décapité continue de vivre durant plusieurs minutes. » Connaissez-vous le sens de l'adjectif « formel »? Sinon, essayez de le définir en vous appuyant sur le texte, puis consultez le dictionnaire pour voir si votre supposition est juste.

S'exprimer

Selon votre réaction au texte, exprimez-vous par écrit à partir de l'une ou l'autre des suggestions suivantes :

1) Si vous êtes partisan du maintien de la peine de mort, expliquez votre position à l'aide d'un ou de deux arguments.

2) Si vous partagez le point de vue de B. Clavel, voyez-vous un argument à ajouter à ceux qu'il fait valoir?

3) « Nul criminel ne saurait, de quelque manière que ce soit « payer sa dette » ni à la société ni aux proches de sa victime. » Partagez-vous cette opinion? Si oui, expliquez pourquoi. Si non, indiquez comment un criminel pourrait « payer sa dette ».

Résumer

Bernard Clavel est contre la peine de mort. Il nous explique sa position au moyen de trois arguments. Résumez chacun d'eux.

présentation

Guy Gilbert connaît bien les prisons, pour y rendre visite aux jeunes délinquants parisiens. Il nous parle de la vie pénitentiaire.

Les prisons

Des lieux de détresse. Voilà ce que sont les prisons. Des jeunes y rentrent, des fauves en sortent!

A cet égard, la France est un des pays les plus réactionnaires que je connaisse. A-t-on assez parlé de ces « hôtels quatre étoiles » (1) où les condamnés seraient des pensionnaires de luxe! Quelle aberration! Et les « prisons modèles » sont plutôt pires que les autres... Fleury-Mérogis, par exemple, on vient la visiter des quatre coins du monde... Eh bien, c'est la prison de France (peut-être d'Europe) où il y a le plus grand nombre de suicides et de tentatives de suicide. Tout y est automatisé, il y a là deux ou trois mille délinquants entièrement isolés, aseptisés. Souvent les jeunes préfèrent la Santé ou Fresnes : c'est dégueulasse, il y a des rats, mais au moins ils peuvent discuter avec d'autres, avoir quelques contacts humains.

Là-dedans, la plupart ne font rien : presque aucun n'a de formation professionnelle, très peu ont déjà travaillé; et le seul genre de boulot qu'on leur donne à faire en prison, c'est, par exemple, d'enfiler des perles huit heures par jour pour 2 à 5 F, et là-dessus on leur retient 1,15 F d'impôt... Il faudrait un gros effort

(1) L'auteur fait ici allusion au point de vue de certaines personnes, pour qui la prison est un endroit confortable.

de reclassement de ce côté-là. En Amérique, il y a des expériences remarquables en ce sens. Ici, les gars passent des mois ou des années sans travail, sans amour; quand ils sortent, comment voulez-vous qu'ils soient mieux qu'en entrant? Les quelques mecs que je connais qui ont réussi à passer un C.A.P. en taule, ça les a énormément aidés à se rééquilibrer.

Le pire, c'est l'isolement, l'absence de relations avec l'extérieur. Or c'est un moment d'épreuve personnelle très dure, où les gars auraient besoin, au contraire, de communiquer, de sentir une présence.

C'est pour ça que nous écrivons beaucoup aux prisonniers.

Pour les visites, tout en admirant le travail des « visiteurs de prison », je dois dire que rien ne remplace les visites des gens qui ont connu le mec dans son entourage, son quartier. A ce moment-là, plutôt que de dire : « On ne fréquente plus cette famille, ils ont un fils en prison », il faudrait demander : « Qu'est-ce qu'on peut faire pour votre fils qui est en prison ? »

Malheureusement, ces mecs ils sont déjà marginalisés avant d'aller en taule; déjà ils ont coupé les ponts, ou on a coupé les ponts avec eux, ils n'ont qu'un cercle très étroit de relations. D'ailleurs, pour nous, le vrai contact avec un gars qu'on a connu dans la rue, c'est en prison que ça commence. Parce que, malheureusement, c'est là que les mecs ont le temps de réfléchir, souvent pour la première fois de leur vie. Mais, si personne n'est là pour entendre leurs confidences, alors c'est le désespoir le plus absolu. Témoin cette lettre, entre cent autres (nous en citons quelques autres en annexe) [nous respectons l'orthographe originale] :

« Bonjour Guy,

« Tu vas resevoir une lettre dun mec il est sinpas. Guy fait quellque chose pour lui. Guy ne fait plus rien pour mois je suis fini. jai bien conpris que je ne servai a rien sur terre. jai vu R... quand je lui est serré la main sa vouler tout dit. alort tu vois je suis perdu. Guy pour moi tu estait comme un père. Maintenant que je sais que je ne suis rien sur tuer *(sic)* pour moi il a plus rien qui conte. Tu cest pour quoi je me suis mi a rire [au tribunal] c'est pas [parce] que je me disai que le juge était gardien de bete et moi jai tait [j'étais] la bête. Sai pour sa que je veu pas resté sur cest tête [cette terre] je veur mouri. mais ja ten que tout mai juge man [tous mes jugements] soi fini. et apré je pense que je pourai voi une autre vive [voir une autre vie] c'est dur à maipliqué [m'expliquer] c'est pas pas [parce] que jai peur mais jai que jai plus rien a me temire [à quoi me tenir?]. enfin si tu vien me voir je tespliquerai et tu dira que jai reson. X... ma ecri. mais B... [son amie] ma pas ecri je croi quelle me laisse tombé. je te quitte a bientôt.

« Yves,
« Ton frère. »

Le jour où on se rendra compte que des gars comme celui-là ont un infini besoin de n'être pas jugés seulement sur les délits qu'ils ont commis, mais sur leurs projets et leurs espoirs, comme chacun de nous, alors beaucoup de choses changeront.

(A propos des prisons, je voudrais encore dire ceci : il y a des portes qui s'entrouvrent, il y a des efforts qui se tentent. Alors, avant que nous ayons transformé de fond en comble tout le système, engouffrons-nous par ces portes-là et ne les laissons pas se refermer.)

G. Gilbert,
Un Prêtre chez les loubards.

activité

Comprendre

1) « Des lieux de *détresse*. Voilà ce que sont les prisons. » Quelle différence faites-vous entre les mots suivants : « tristesse » et « détresse » ?

2) « Des jeunes y rentrent, des *fauves* en sortent. » Qu'est-ce qu'un « fauve » ? A travers ce mot, comment vous représentez-vous l'état d'esprit d'un jeune qui sort de prison ?

3) « A cet égard, la France est un des pays les plus *réactionnaires* que je connaisse. » Quand on dit d'un pays ou de quelqu'un qu'il est « réactionnaire » qu'entend-on par là ?

4) « A-t-on assez parlé de ces *hôtels quatre étoiles*... » Comment vous figurez-vous un « hôtel quatre étoiles » ? A votre avis, la prison peut-elle être comparée à ce genre d'hôtel ?

5) « Quelle *aberration*! » En vous appuyant sur le texte, essayez de définir le sens du mot « aberration », puis consultez le dictionnaire pour voir si votre supposition était juste. Quel est l'adjectif qui correspond à « aberration »?

6) « Il y a là deux ou trois mille délinquants, entièrement isolés, *aseptisés.* » Quand on dit qu'un pansement ou des instruments chirurgicaux sont « aseptisés », qu'entend-on par là? Quel est le nom qui correspond à « aseptiser »? Comment faut-il comprendre alors la phrase de l'auteur?

7) « Malheureusement, ces mecs ils sont déjà *marginalisés* avant d'aller en taule... » Quel est le radical du mot « marginaliser »? Qu'est-ce alors qu'un marginal? Donnez un exemple de personnes qui vivent de façon marginale.

8) Relevez dans le texte des mots appartenant au langage familier ; trouvez leurs correspondants dans la langue usuelle.

S'exprimer

Selon votre réaction au texte, exprimez-vous par écrit à partir de l'une ou l'autre des suggestions suivantes :

1) « Le seul genre de boulot qu'on leur donne à faire en prison, c'est, par exemple, d'enfiler des perles huit heures par jour pour 2 à 5 F... » Que pensez-vous de ce travail qu'on donne aux prisonniers et de la rétribution qui en est faite? L'auteur dit qu' « il faudrait un gros effort de reclassement de ce côté-là ». Qu'en pensez-vous?

2) « Le jour où on se rendra compte, dit l'auteur, que des gars comme celui-là ont un infini besoin de n'être pas jugés seulement sur les délits qu'ils ont commis, mais sur leurs projets et leurs espoirs, alors beaucoup de choses changeront. » Pensez-vous, avec l'auteur, qu'un coupable doit être jugé sur son délit, mais aussi sur ses projets et ses espoirs?

3) On parle beaucoup actuellement d'une réforme de la vie pénitentiaire : souhaitez-vous que la vie dans les prisons reste ce qu'elle est ; si oui, pourquoi? Si non, comment souhaitez-vous que soit organisée la vie pénitentiaire?

Résumer

L'auteur reproche essentiellement deux choses aux prisons. Résumez-les pour quelqu'un qui n'aurait pas lu le texte.

présentation

L'écrivain Bernard Clavel est un partisan convaincu de la non-violence, mais il reconnaît que celle-ci ne s'acquiert pas facilement.

C'est une dure école. La non-violence commence aux gestes quotidiens. Prenons l'exemple le plus courant : le comportement de l'homme dans la rue. Je mesure un mètre quatre-vingts et pèse quatre-vingt-cinq kilos. Rencontrant sur un trottoir un homme moins fort, si je veux passer, je passerai en le bousculant. La non-violence consiste à s'écarter pour le laisser passer.

Quand je suis en voiture, je suis enfermé dans une cuirasse qui me procure une impression d'invulnérabilité. Il suffit que j'appuie sur une pédale pour que ma force devienne celle de dizaines de chevaux. Comme je suis bien assuré, s'il y a un piéton devant moi, je peux me permettre de foncer sur lui. Je sais qu'il se sauvera, car il aura peur. La non-violence consiste à poser le pied sur le frein, au lieu de le poser sur l'accélérateur, et à sourire au lieu d'engueuler le piéton.

C'est seulement à partir du moment où on a compris cela que l'on a une chance de devenir non-violent. C'est très difficile au début, car l'instinct nous pousse à faire le contraire.

Mais si l'on remporte sur soi cette victoire [...] on se donne une grande satisfaction.

N'oublions pas que, dans la vie moderne génératrice de violence, le comportement des individus est souvent égoïste. On lit au moins une dizaine de fois par an, dans les journaux, ces faits divers qu'on appelle les drames de la société, des drames des grands ensembles, nés de l'entassement des individus. Il arrive un moment où quelqu'un, qui n'était pas plus violent qu'un autre, perd le contrôle de ses nerfs parce que les conditions d'existence l'ont poussé à bout. Un paisible citoyen peut soudain se comporter comme un animal féroce. Notez que, souvent, cet homme tue avec une arme. Le meilleur moyen de ne pas utiliser d'arme, c'est de ne pas en avoir chez soi.

La première mesure à prendre pour un gouvernement serait d'être très strict sur la possession des armes. On peut tuer avec un fusil de chasse. Il y a danger à posséder une arme quelle qu'elle soit. [...]

Lorsque j'habitais un grand ensemble à Chelles, logeait au-dessus de moi un garçon pas plus mauvais qu'un autre qui s'exerçait à jouer de la guitare. Le samedi, par exemple, il commençait à huit heures du matin et terminait vers minuit, presque sans interruption. Il choisissait une chanson, l'enregistrait, mettait le magnétophone au maximum de sa puissance, importunant tout l'immeuble, et moi en particulier, qui me trouvais dans mon bureau en train d'essayer de travailler.

Un nuit, vers une ou deux heures du matin, en l'absence de ses parents, ce garçon avait invité des copains avec lesquels il faisait la même chose. Excédé, je suis monté chez lui pour lui demander poliment s'il ne pourrait pas régler plus bas son appareil. Il m'a répondu par des insultes. Si je n'avais pas été maître de mes nerfs, que se serait-il passé? Peut-être l'aurais-je flanqué par la fenêtre? Qui aurait été responsable? Lui ou moi? Ou ses parents qui l'ont mal élevé?

Il se trouve que je n'ai jamais frappé personne, mais je vous assure qu'il y a des moments où, pour être certain de ne pas éclater, je m'enferme chez moi. Je pense que nous sommes nombreux dans le même cas, parce que d'autres sont incapables de se dire que la liberté commence par le respect d'autrui. Comment se fait-il que dans un monde où on prétend avoir atteint un sommet sur le plan de l'éducation, on n'ait encore rien fait pour apprendre aux enfants le respect de l'autre?

B. Clavel,
Écrit sur la neige.

activité

Comprendre

1) « Je suis enfermé dans une cuirasse qui me procure une impression *d'invulnérabilité.* » Savez-vous ce que c'est qu'être « invulnérable »? Si non, essayez de donner un sens à ce mot en vous appuyant sur le texte, puis consultez le dictionnaire pour voir si votre supposition est juste.

2) « La vie moderne est *génératrice* de violence. » Qu'est-ce « générer » quelque chose?

3) « On lit [...] dans les journaux, ces *faits divers* qu'on appelle les drames de la société... » Entre ces trois définitions :

a) information d'ordre politique ;

b) relation d'un événement de portée nationale ou internationale ;

c) relation d'un drame, survenu localement, entre quelques personnes;
Laquelle vous semble la définition du « fait divers »? Donnez un exemple de « fait divers » que vous avez lu dans la presse.

4) « Il mettait le magnétophone au maximum de sa puissance, *importunant* tout l'immeuble... » Qu'est-ce qu' « importuner » quelqu'un? Cherchez le contraire du mot « importun ».

5) « *Excédé, je suis monté chez lui...* » Qu'est-ce qu'être « excédé » par quelque chose? Ce verbe ne peut-il être employé avec un autre sens?

6) Il y a dans le texte des mots qui appartiennent au langage familier, relevez-les et remplacez-les par des mots appartenant à un langage plus choisi.

S'exprimer

Selon votre réaction au texte, exprimez-vous par écrit à partir de l'une ou l'autre des suggestions suivantes :

1) Croyez-vous avec Bernard Clavel que la non-violence sauvera notre société, et qu'un sourire, un geste poli, une explication sont plus efficaces que la force?

2) Croyez-vous avec l'auteur que « la liberté commence par le respect d'autrui »?

Résumer

Essayez de résumer le texte en répondant en quelques phrases à la question suivante : d'après l'auteur, comment acquiert-on la non-violence?

■ L'HOMME ET LA FEMME

présentation

Benoite Groult nous parle à présent de la femme de quarante ans et, plus précisément, de la mère de famille qui atteint cet âge.

Voilà qu'un jour, la quarantaine arrive et puis cette chose impensable, la cinquantaine! La beauté s'en va à pas de loup... et à prix d'or; les enfants sont partis [...], le foyer n'est plus un métier à plein temps ni une raison suffisante de vivre; et le mari, s'il est encore là, se trouve en général au meilleur de sa carrière alors que vous êtes au bout de la vôtre. [...]

Vous vous retrouvez démobilisée par le mariage de votre dernier enfant, sans pécule pour vos années de service, sans métier utilisable puisqu'une mère de famille doit inscrire sur les formulaires « sans profession ». Il ne vous reste plus qu'à poser pour la carte Vermeil à la portière d'un train. L'homme de cinquante ans, lui, s'amuse encore. Il est président du Joyeux Gardon, maire de son village, il marie sa fille peut-être, mais il peut aussi épouser sa secrétaire. Pour vous, tout se dérobe. L'auréole tombe en miettes, tout le monde l'a oubliée. C'est le vide [...]. Comment les femmes ne seraient-elles pas saisies d'angoisse à l'idée qu'elles ont encore la moitié de leur vie à vivre? Qu'on ne leur a appris que l'amour et le dévouement et qu'il est bien tard pour changer leur fusil d'épaule et cultiver ce minimum de sain égoïsme qui permet de survivre à l'ingratitude normale des siens? Puisque nous acceptons si facilement d'être des femmes-objets, ne nous étonnons pas d'être soumises aux lois de la société de consommation : quand nous ne sommes plus consommables, on nous jette. La cuisinière humaine se démode tout comme la cuisinière électrique.

B. Groult,
Ainsi soit-elle.

activité

Comprendre

1) « La quarantaine arrive et puis cette chose *impensable*, la cinquantaine ! » Essayez de trouver un synonyme à l'adjectif « impensable ».

2) « La beauté s'en va *à pas de loup*... et *à prix d'or*... » Qu'est-ce que « s'en aller à pas de loup »? L'auteur a-t-il raison alors d'appliquer cette expression à la beauté des femmes? Pourquoi dit-il que la beauté s'en va également « à prix d'or »?

3) « Vous vous retrouvez *démobilisée* par le mariage de votre dernier enfant... » C'est d'un militaire, généralement, qu'on dit qu'il est « mobilisé » puis « démobilisé ». Comment faut-il comprendre alors le verbe « démobiliser » dans la phrase de l'auteur?

4) « Vous vous retrouvez sans *pécule* pour vos années de service... » Qu'est-ce qu'un pécule?

5) « Il est bien tard [...] pour cultiver ce minimum de *sain égoïsme* qui permet de survivre à l'*ingratitude* normale des siens ? » Qu'est-ce que « quelque chose de *sain* » ? Qu'est-ce que l' « égoïsme » ? Estimez-vous qu'il est sain d'avoir un minimum d'égoïsme ?

6) Qu'est-ce que l' « ingratitude » ?

S'exprimer

Selon votre réaction au texte, exprimez-vous par écrit à partir de l'une ou l'autre des suggestions suivantes :

1) « L'ingratitude des siens est normale », dit l'auteur. Partagez-vous la pensée de Benoite Groult et pensez-vous qu'il est normal que les enfants soient ingrats ?

2) Pensez-vous qu'à l'heure actuelle la cinquantaine soit effectivement « le vide » pour une femme ?

3) Pensez-vous, avec l'auteur, que les hommes sont favorisés et qu'ils ne connaissent pas à cinquante ans « le vide » que rencontrent les femmes ?

4) Que souhaitez-vous pour la femme de quarante ans ?

Résumer

En quelques phrases, dites comment l'auteur voit la situation d'une mère de famille qui atteint cinquante ans.

C'est pour une fille ou pour un garçon ?

Lors d'une interview télévisée, la même question fut posée à une douzaine de marchands de jouets : « Que me conseillez-vous pour un enfant de cinq ans ? » Douze fois de suite, la réponse était une autre question : « C'est pour une fille ou pour un garçon ? » « Normal, disent les traditionnalistes, on donne une poupée à une fille parce que c'est sa vocation. » « C'est ça, dit une minorité scandalisée. Voilà comment on habitue à un horizon borné la moitié féminine de l'humanité. Après quoi, on la dit inapte aux plus hautes destinées. Du chef cuisinier renommé au grand couturier, du peintre talentueux au Chef d'État, c'est toujours d'un homme qu'il s'agit, sauf exceptions qui se comptent comme les doigts de la main [...].

Si nous voulons que nos filles ne soient pas l'ombre ou le jouet de l'homme, mais obtiennent le rôle social et familial qu'elles méritent, si nous voulons que nos garçons assument à part entière leur rôle de père dans la cellule familiale, c'est dès le premier âge qu'il faut y penser [...].

Il reste encore pas mal de préjugés à déraciner pour que les petites filles de chez nous soient élevées comme les garçons en ce qui concerne le courage, l'initiative, les droits et les devoirs quotidiens. Au garçon, en revanche, on ferait bien d'apprendre plus souvent leur part de servitudes de la maison : cuisine, vaisselle, entretien, mise en ordre. Et la poupée est un excellent jouet pour éduquer le futur père à son rôle familial [...].

Rappelez-vous que vous pouponnez aujourd'hui les parents de l'an 2000. Élevez-les en conséquence [...].

Nord-Éclair, novembre 1977.

activité

Comprendre

1) « C'est ça, dit une *minorité* scandalisée. » Qu'est-ce qu'une « minorité » ? Donnez le contraire de ce mot.

2) « Voilà comment on habitue à un *horizon borné* la moitié féminine de l'humanité. » Qu'est-ce, selon vous, qu'une vie dont l'horizon est « borné » ? Essayez de la définir en quelques phrases.

3) « On la dit *inapte* aux plus hautes destinées. » Qu'est-ce qu'être « inapte » à quelque chose ? Cherchez le contraire de cet adjectif et le nom qui y correspond. L'auteur donne plusieurs exemples de « hautes destinées ». Ajoutez à cette liste un exemple de votre choix.

4) « Si nous voulons que nos garçons *assument* à part entière leur rôle de père... » Qu'est-ce qu' « assumer » un rôle, une charge, des responsabilités ?

5) A votre avis, quels sont ces *droits* qu'on reconnaît quotidiennement aux petits garçons et qu'on refuse aux petites filles ?

6) Est-il exact, selon vous, qu'on forme davantage les garçons que les filles au *courage* ? Comment ?

7) Cherchez trois mots de la famille de *servitudes*.

S'exprimer

Selon votre réaction au texte, exprimez-vous par écrit à partir de l'une ou l'autre des suggestions suivantes :

1) Souhaitez-vous que l'éducation des petites filles soit modifiée dans le sens où l'indique l'auteur ? Pourquoi ?

2) Pensez-vous, avec l'auteur, qu'il est bon qu'un petit garçon ait une poupée ?

3) Voyez-vous une autre cause que celle évoquée par l'auteur à l'inégalité entre l'homme et la femme ?

Résumer

Dites, à quelqu'un qui n'aurait pas lu le texte, l'idée essentielle que développe ce dernier.

présentation

Un père de famille, Thierry Masutti, a choisi de « rester au foyer » tandis que sa femme travaille. Sa femme et lui ont fait ce choix pour deux raisons :

— Thierry Masutti était au chômage et manquait de diplômes pour trouver une situation intéressante.

— Les jeunes parents ne pouvaient supporter de confier leur bébé, pendant dix heures par jour, à des mains étrangères, qu'il s'agisse de la crèche ou d'une nourrice.

C'est surtout la seconde raison qui a déterminé leur choix.

Thierry Masutti nous parle de sa vie au foyer.

L'adaptation à mon nouveau rythme de vie a été longue (près de trois mois), et ce n'est qu'à présent que je peux tirer un premier bilan de cette expérience. Sur le plan financier, ça va à peu près, même si la propriétaire doit souvent attendre le loyer quelques jours de plus qu'avant. Les vrais problèmes ne se situent pas au niveau matériel mais affectif. En choisissant notre style de vie actuel, nous avons inversé les rapports classiques entre l'enfant, son père et sa mère. Nous sommes bien conscients d'avoir pris un risque puisqu'il nous est impossible de prévoir l'influence que cela risque d'avoir sur le comportement futur de notre enfant. Pour l'instant, tout a l'air pour le mieux : Florentin est d'un naturel rigolard, il mange bien et grandit normalement. Les difficultés viennent plutôt de nous. Quand elle rentre nerveusement épuisée par une journée de dingue et qu'elle ne pouponne qu'un Florentin ensommeillé, Annie m'en veut un peu d'avoir profité dix heures durant des sourires du gosse. Et quand je n'ai pas eu un moment de liberté pour me consacrer à moi-même, j'envie Annie qui a rencontré des gens sympas avec lesquels elle a discuté et qui lui ont ouvert une fenêtre sur le monde.

Voir grandir Florentin : une nouvelle joie

Car ça aussi c'est un problème auquel je n'étais pas préparé. Il est fréquent que je ne rencontre pas âme qui vive de toute la journée en dehors des commerçants et de quelques passants. Pour moi qui étais habitué à beaucoup discuter, à voir au moins dix nouveaux visages chaque jour, la transition est un peu dure. La conversation de Florentin est encore très limitée et mes deux chattes ne sont pas très bavardes. Il y a bien une ou deux amies qui comme moi gardent leur gosse mais elles habitent à l'autre bout de Paris ou bien sont enseignantes et ne disposent que de leurs mercredis. Pour ce qui est des balades lèche-vitrines en dehors de mon quartier, inutile d'y songer. Il faudrait prendre la voiture, perdre un temps fou dans les embouteillages, etc. Alors je reste le plus souvent dans les environs et mon univers s'est un peu rétréci. Ce sont les mauvais côtés de la vie de mère au foyer qui ont heureusement leurs compensations. D'abord, il y a le changement radical que j'ai observé dans l'attitude des gens à mon égard. C'est fou ce qu'ils sont ouverts (les femmes surtout) lorsque vous trimbalez un enfant dans vos bras ou dans un landau. Les commerçants me font gentiment la conversation ; sur les trottoirs on s'écarte pour me céder le passage, on s'inquiète de la santé du bébé, etc. De bouche à oreille, la moitié du quartier connaît ma situation et je suis le-monsieur-qui-est-au-chômage-et-qui-garde-son-enfant. En deux mots, mes rapports avec mes semblables sont devenus plus humains et ça met du baume au cœur. De plus, il y a ce sentiment de liberté que je ressens par comparaison avec ma vie d'avant, avec ses horaires fixes et son manque d'imprévu. Aujourd'hui pour moi plus de cavalcades du petit matin, de métro bondé et puant.

Vivre à la maison : une nouvelle liberté

Je m'habille comme je veux sans avoir à m'étrangler avec une cravate pour respecter des conventions désuètes. Personne ne me dicte plus mes actes. Mais par-dessus tout, il y a Florentin. Le voir découvrir la vie, le suivre pas à pas dans chacune de ses expériences ; voir son air stupéfait quand pour la première fois il a réussi à se retourner sur lui-même et s'est retrouvé à plat ventre ; voir ses yeux se plisser de rire quand il tire sur sa couche propre que je me tue à essayer de lui mettre et savoir qu'il le fait exprès pour que je fasse semblant de me mettre en colère ; voir de grosses larmes couler sur ses joues et son regard désemparé se fixer sur moi quand il a faim, peur ou sommeil. Entendre son rire quand il tape frénétiquement sur l'eau de son bain pour le plaisir de faire des éclaboussures ; entendre le son régulier de son souffle pendant qu'il dort. Images et sensations quotidiennes, trésors de chaque jour. Quand je pense qu'un tas de types se sentiraient déshonorés d'être à ma place... Je ne l'échangerai pas contre la leur et sourirai encore longtemps devant leurs regards compatissants.

T. Masutti,
La Maison de Marie-Claire, n° 115, septembre 1976.

activité

Comprendre

1) « Nous avons *inversé* les rapports *classiques* entre l'enfant, son père et sa mère. » Qu'est-ce qu' « inverser » deux choses? Qu'est-ce qu'un rapport, ou une situation « classique »? Définissez alors ce qu'est le « rapport classique » entre un enfant et sa mère, entre un enfant et son père?

2) « Pour moi qui étais habitué à beaucoup discuter, [...], la *transition* est un peu dure. » Qu'est-ce qu'une « transition »? Cherchez l'adjectif qui correspond à ce nom.

3) « La conversation de Florentin est encore très *limitée...* » Cherchez un synonyme au mot « limitée ».

4) Qu'est-ce qu'une chose « désuète »? L'auteur dit que porter une cravate pour aller travailler est une *convention désuète.* Voyez-vous d'autres conventions de ce genre dans notre société? Connaissez-vous un synonyme de « désuète ».

5) « Quand il tape *frénétiquement* sur l'eau de son bain... » Essayez d'expliquer le sens de « frénétiquement ». Cherchez le nom qui correspond à cet adverbe.

6) Le texte comporte quelques expressions du langage familier ; relevez-les et essayez de les remplacer par des mots appartenant à un langage plus choisi.

S'exprimer

Selon que vous êtes une femme ou un homme, exprimez-vous par écrit à partir de l'une des questions suivantes : Apprécieriez-vous que votre mari reste au foyer pour élever vos enfants, alors que vous auriez une activité professionnelle? Aimeriez-vous rester au foyer pour élever vos enfants?

Résumer

L'auteur voit plusieurs inconvénients et plusieurs avantages à la situation de « père au foyer ». Évoquez chacun d'eux en lui consacrant une seule phrase.

je te dis ce que j'ai lu, je te dis ce que j'en pense

présentation

Les relations entre homme et femme, entre garçon et fille, ne sont pas toujours, Dieu merci, marquées par l'injustice ou la rivalité. En témoigne ce poème que Claude Roy écrivit pour un prénom de femme.

Belle à couper le souffle

Belle à couper le souffle à prendre par la main
belle à faire mûrir les grappes avant mai
belle à faire à minuit s'éveiller le matin [...]

Claire mon île aux vents cascade aux cheveux noirs
Claire toi qui tutoies la neige et le soleil
Claire ma chaude plage frange du ciel au soir [...]

Claire mon amandier claire mon arbre vert
Claire cigale été mica sable vents flots
bleu du vent bleu du sang bleu du blanc
bleu du ciel des cheveux des chevaux et des eaux
bleu des gouttes de pluie sur l'ardoise glissant
Claire mon cœur battant pigeon noir pigeon bleu
écoute mon souci mon mal mon vain aveu

Tout le jour tout le soir et lorsque l'aube vient
entendre mille pas qui ne sont pas le tien.

C. Roy,
Le poète mineur.

activité

● **Pour un prénom de femme ou pour un prénom masculin, pour le nom d'un enfant ou celui d'une personne âgée, essayez à la manière de Claude Roy d'évoquer un être aimé :**

Beau à . . . .
Beau à . . . .
Beau à . . . .
. . . . toi qui . . . .
. . . . mon . . . .
. . . . mon . . . .

Belle à . . . .
Belle à . . . .
Belle à . . . .
. . . . toi qui . . . .
. . . . ma . . . .
. . . . ma . . . .

présentation

Le 9 janvier 1977, le journal *Le Monde* publiait l'article suivant.

L'amour fou - Marie, aime-le !

L'autre soir, écoutez cette histoire, le rideau allait se lever sur *Le roi se meurt,* au théâtre national de l'Odéon. De l'orchestre au poulailler, la salle était comble, et, dans cette foule de spectateurs, il y avait de tout, des bourgeois, des étudiants, des employés, des snobs et des pauvres, des jeunes et des vieux, et, bien sûr, des Japonais à l'affût de la culture occidentale. Vous connaissez ce bruissement d'une salle de théâtre, qui est le signe d'un succès et, pour l'acteur sur le point d'entrer en scène, la signature de sa propre peur.

Soudain, traversant la salle, enjambant le proscenium (1), monte sur la scène, devant le rideau, un jeune homme blond. Il regarde la salle. Il a le trac, comme on dit. D'un sac bleu, il sort un mégaphone rouge. « Je ne fais pas partie du spectacle, dit-il, au milieu de la stupeur générale et du silence, je voudrais simplement vous dire que j'aime une jeune fille, et

(1) Proscenium : l'avant-scène.

elle ne m'aime plus. Elle est là. Et il désigne une avant-scène où effectivement toutes les têtes qui se tournent dans la direction indiquée aperçoivent une jolie jeune fille, le visage dégagé par toute sa chevelure blonde en queue de cheval. « Alors, comme elle ne veut plus m'aimer, je voudrais que tous ensemble vous lui disiez : Marie, aime-le, Marie, aime-le ! »

A ce moment-là, la jeune fille se lève et s'enfuit dans les couloirs. Des machinistes du plateau apparaissent et entraînent le jeune homme en coulisse.

Que croyez-vous que la salle fît? Elle resta muette. Personne ne cria : Marie, aime-le ! Personne n'applaudit. Vite, les lumières se sont éteintes, le rideau s'est levé et l'on s'est retrouvé entre gens distingués, et non exaltés comme ce gamin de dix-neuf ans qui venait de jouer l'un des plus beaux personnages de la comédie humaine. Au cours de la représentation, plus tard, la jeune fille revint s'asseoir à sa place ; elle avait beaucoup pleuré, mais elle était seule.

Au seuil d'une nouvelle année, avait-elle compris que plus jamais on ne l'aimerait comme ce jeune homme au mégaphone rouge? Devant un roi qui se meurt, ainsi meurt un amour...

Mais comme l'on voudrait remercier le jeune homme d'avoir compris, lui, que le théâtre est encore un lieu où se glorifie l'amour fou.

A. Bourseiller,
Le Monde, 9 janvier 1977.

activité

Comprendre

1) Savez-vous dans quelle ville se trouve le « théâtre de l'Odéon »?

2) Savez-vous ce qu'est le *poulailler* au théâtre?

3) « Vous connaissez ce *bruissement* d'une salle de théâtre... » Qu'est-ce qu'un « bruissement »? Cherchez le verbe qui correspond à ce nom.

4) « Il a le *trac* comme on dit. » Qu'est-ce qu'avoir le « trac »? Cherchez le nom qu'on confond souvent avec « trac » et définissez son sens.

5) En prenant appui sur le texte, essayez de trouver le sens du mot *mégaphone*. Consultez ensuite le dictionnaire pour voir si votre supposition était juste. Connaissez-vous d'autres mots qui utilisent l'élément « phone »?

6) « L'on s'est retrouvé entre gens *distingués*... » Cherchez une expression synonyme de « distingué » ou, à défaut, expliquez ce que signifie cet adjectif. Cherchez le nom qui y correspond. Ne peut-il, comme le verbe « distinguer », avoir deux sens?

7) « Le théâtre est encore un lieu où se *glorifie* l'amour fou. » Quel est le nom qui correspond au verbe « glorifier »? Qu'est-ce alors que « glorifier » quelqu'un ou quelque chose?

S'exprimer

Selon votre réaction au texte, exprimez-vous par écrit à partir de l'une ou l'autre des suggestions suivantes :

1) Que pensez-vous du jeune homme de l'Odéon?

2) A la place du public, auriez-vous crié : « Marie, aime-le ! »?

Résumer

Faites, pour quelqu'un qui n'aurait pas lu l'article, un bref compte rendu de ce qui s'est passé ce soir-là au théâtre de l'Odéon.

présentation

Boris Vian, poète contemporain, semble pessimiste sur la façon dont nous vivons l'amour aujourd'hui.

Complainte du progrès

Autrefois pour faire sa cour
On parlait d'amour
Pour mieux prouver son ardeur
On offrait son cœur
Maintenant c'est plus pareil
Ça change Ça change
Pour séduire le cher ange
On lui glisse à l'oreille
Ah... Gudule !... Viens m'embrasser... Et je te donnerai

Un frigidaire
Un joli scooter
Un atomizer
Et du Dunlopillo
Une cuisinière
Avec un four en verre
Des tas de couverts
Et des pell' à gâteaux
Une tourniquette
Pour fair' la vinaigrette
Un bel aérateur
Pour bouffer les odeurs
Des draps qui chauffent
Un pistolet à gauffres
Un avion pour deux
Et nous serons heureux

Autrefois s'il arrivait
Que l'on se querelle
L'air lugubre on s'en allait
En laissant la vaisselle
Aujourd'hui, que voulez-vous
La vie est si chère
On dit rentre chez ta mère
Et on se garde tout
Ah... Gudule... Excuse-toi... ou je reprends tout ça

Mon frigidaire
Mon armoire à cuillers
Mon évier en fer
Et mon poêl' à mazout [...]
Le ratatine-ordures
Et le coupe-friture.
Et si la belle
Se montre encore rebelle
On la fiche dehors [...]

Mais très très vite
On reçoit la visite
D'une tendre petite
Qui vous offre son cœur
Alors on cède
Car il faut qu'on s'entraide
Et l'on vit comme ça
Jusqu'à la prochaine fois. } ter

B. Vian,
Chansons et poèmes.

activité

Comprendre

1) Relevez dans le texte deux verbes qui appartiennent au langage familier ; remplacez-les par des synonymes empruntés à un langage plus choisi.

2) Dans ce poème, Boris Vian a employé volontairement la langue que nous *parlons familièrement*. Mais, cette langue ne respecte pas toujours les règles grammaticales. C'est ainsi que la première strophe comporte une phrase qui n'est pas tout à fait correcte. Essayez de la repérer et de la corriger.

3) Pour s'amuser, le poète a déformé l'orthographe d'un mot. Il a parlé d'*atomizer*. Comment faut-il écrire et prononcer ce mot en réalité ?

4) Reconnaissez-vous ou non à la poésie le droit de faire des fantaisies de ce genre ? Pourquoi ?

5) Qu'est-ce qu'un air *lugubre* ?

S'exprimer

Choisissez l'une ou l'autre des suggestions suivantes pour vous exprimer par écrit :

1) Croyez-vous que, de nos jours, l'amour soit effectivement très lié aux biens matériels ?

2) Pensez-vous qu'on puisse être amoureux et heureux, sans le confort que l'auteur évoque ?

3) « Mais *très très* vite on reçoit la visite d'une tendre petite qui vous offre son cœur », dit l'auteur. Cela revient à dire qu'on se console rapidement. Pensez-vous que, de nos jours, l'amour est fragile, et que les couples se font et se défont rapidement ? Si oui, comment expliquez-vous cela ?

Résumer

En quelques phrases, dites à quelqu'un qui n'aurait pas lu ce poème, l'idée essentielle qu'il développe.

■ LES AGES DE LA VIE

présentation

A toutes les époques, on a beaucoup parlé de la jeunesse, soit pour la critiquer, soit pour la louer. Un professeur nous parle des jeunes de notre temps.

Les aspirations des jeunes. Il y a d'abord le besoin d'évasion et le goût de l'aventure. Ils se traduisent dans un premier temps, par la lecture des romans, puis, à partir de dix-huit ans surtout, par un saut dans le concret. C'est l'âge des voyages à l'étranger pour lesquels les bourses ne sont jamais assez nombreuses, des écoles de voile, où l'on doit bourlinguer dans la tempête, des écoles d'escalade ou de ski où le risque est souvent très grand.

Il y a ensuite — et c'est peut-être moins noble — le culte de la vedette chez beaucoup. C'est cette adoration fanatique qui explique l'étonnante vogue de la chanson, le succès de la guitare, de l'orchestre de jazz, du rythme endiablé, du déhanchement frénétique. C'est ce même culte de la vedette qui pousse certains aux sports de compétition, soit qu'ils espèrent, par une pratique assidue, égaler un jour Kopa (1), Anquetil (2) ou Villepreux (3), soit qu'ils se bornent, faute de moyens, à admirer sagement leurs vedettes sur un écran de télévision, lors du Tour de France ou du Tournoi des Cinq Nations.

Le besoin de rendre service et de faire œuvre utile est peut-être à première vue, moins sensible chez les jeunes, mais il est en réalité très profond et fort répandu. On pourrait multiplier les exemples, évoquer les chantiers de jeunesse, les bénévoles des maisons de jeunes et des colonies de vacances, rappeler la solidarité des jeunes à l'égard du tiers monde et des déshérités, la solidarité des jeunes entre eux.

« Entre eux » : telle est, dans ce chapitre des loisirs comme dans les autres, la dominante. Voir des amis, sortir avec des camarades, c'est le vœu de presque tous les adolescents interrogés. C'est ce désir d'appartenir à un groupe, à une équipe, à un club qui explique le succès de la danse, de l'éducation physique et du sport, du cinéma, où l'on va voir des films ensemble, qui explique l'essor surprenant, mais parfois discordant, des mouvements de jeunesse en France.

A. Loyen,
Étude sur la jeunesse,
Coll. *L'Humanité en marche,* T. *La jeunesse.*
Texte donné au C.A.P. des métiers de la mécanique,
Académie de Reims, 1976.

(1) *Kopa :* joueur de football.
(2) *Anquetil :* coureur cycliste.
(3) *Villepreux :* joueur de rugby.

activité

Comprendre

1) « Le besoin d'évasion et le goût de l'aventure [...] se traduisent [...] par un saut dans le *concret.* » Classez les activités suivantes en deux séries :

— *série A :* activités concrètes ;
— *série B :* activités abstraites.
penser, faire la vaisselle, bêcher, imaginer quelque chose, rêver, tirer une conclusion, cueillir des fleurs.

Après cet exercice, essayez de définir ce qu'on entend par le mot « concret », puis par le mot « abstrait ».

2) « C'est l'âge [...] des écoles de voile où l'on doit *bourlinguer* dans la tempête... » Le verbe « bourlinguer » appartient au vocabulaire de la marine; qu'est-ce que « bourlinguer » sur les mers ?

3) « C'est cette adoration *fanatique* qui explique l'étonnante vogue de la chanson... » Voici plusieurs attitudes qui correspondent à des façons différentes d'aimer quelqu'un. Prenez-en connaissance et relevez celles qui vous semblent correspondre à un amour « fanatique ».

a) Discerner les qualités mais aussi les défauts de l'être aimé.
b) Ne lui voir que des qualités.
c) L'excuser en tout.
d) Lui montrer parfois qu'il a tort.
e) L'aimer, mais en gardant notre personnalité.
f) Le copier en tout.
g) Croire qu'il a de grandes qualités mais savoir qu'il n'est qu'un homme parmi les hommes.

Quel est le nom qui correspond à « fanatique »? On en a tiré une abréviation : laquelle?

4) « C'est cette adoration fanatique qui explique l'étonnante vogue de la chanson, [...] du rythme endiablé, du *déhanchement frénétique.* » Quel est le radical du mot « déhanchement »? Qu'est-ce alors que « se déhancher »? Quand on dit qu'on danse, qu'on chante, qu'on crie, qu'on applaudit de façon « frénétique », qu'entend-on par là?

5) « Ils espèrent par une pratique *assidue* égaler un jour Kopa, Anquetil... » Qu'est-ce que pratiquer un sport de façon « assidue »? Quel est le nom qui correspond à cet adjectif?

6) « On pourrait [...] évoquer les *bénévoles* des maisons de jeunes... » Qu'est-ce que faire quelque chose « bénévolement »?

7) « On pourrait [...] rappeler la solidarité des jeunes à l'égard du *tiers monde* et des *déshérités...* » Que désigne-t-on par l'expression « tiers monde »? Qui sont les « déshérités » de notre époque? Les jeunes se sentent « solidaires » de ces gens : qu'est-ce qu'être « solidaire » de quelqu'un?

8) « Entre eux »: telle est, dans ce chapitre des loisirs comme dans les autres, la « *dominante.* » L'auteur affirme donc que, parmi toutes les aspirations des jeunes, celle d'être « entre eux » est l'aspiration dominante. Qu'est-ce qu'un élément « dominant » parmi d'autres? Cherchez un autre adjectif de la famille de ce mot?

9) C'est ce « qui explique l'*essor* surprenant, mais parfois *discordant*, des mouvements de jeunesse en France. » Quand on dit d'un mouvement qu'il est en « essor », qu'entend-on par là? Qu'est-ce que des éléments « discordants »?

S'exprimer

Exprimez-vous par écrit à partir de l'une ou l'autre des suggestions suivantes :

1) Parmi ces aspirations, quelle est celle que vous recherchez principalement, ou que vous avez recherchée étant jeune? Dites ce qu'elle vous apporte, ou vous a apporté, en illustrant vos idées par des exemples. (Question posée au C.A.P.)

2) Pensez-vous que le désir d'être « entre eux », de « vivre en bandes » soit effectivement l'aspiration principale des jeunes? Si oui, comment l'expliquez-vous?

3) On dit souvent que la jeunesse est « le plus bel âge de la vie ». Partagez-vous ou non cette opinion à notre époque? Pourquoi?

4) On dit aussi qu'il est difficile aujourd'hui d'être les parents d'un adolescent. Partagez-vous ou non cette opinion?

Résumer

L'auteur pense que les jeunes ont quatre aspirations essentielles. Relisez le texte une fois, puis masquez-le, et présentez à quelqu'un qui n'aurait pas lu le texte ces quatre aspirations de la jeunesse. Vous consacrerez une phrase à chacune d'elles.

présentation

L'écrivain Marie Cardinal est mère de trois enfants : Grégoire 18 ans, Charlotte 16 ans et Dorothée 14 ans.
Elle s'efforce d'être proche d'eux et de les comprendre. Acceptant chez elle tous les amis de ses enfants, elle est au contact des jeunes et les connaît bien. Elle nous parle d'eux.

Le fric pourrit, c'est une vérité première. L'argent inutile fausse tout. La course au pognon rend aveugle. Les enfants deviennent un capital dans lequel on investit des sommes énormes gagnées à la sueur de son front, au prix de bagarres âpres et rudes contre les autres toujours plus nombreux qui briguent les mêmes avantages, le même poste, la même place. On commence par trouver son trou puis à l'installer, à l'agrandir, à l'embellir. On y tient les enfants bien au chaud, on se dispute pour qu'ils bouffent bien, qu'ils soient bien vêtus, bien instruits. Dans l'amour qu'on a pour eux, il y a une bonne part d'attendrissement sur soi-même d'avoir tant lutté pour les voir enfin comme ils sont à douze ans au lycée : délurés, au courant, à la mode, en bonne santé, suivant leurs cours cahin-caha. Ils passeront leur bachot, ils deviendront ingénieur, ou chirurgien, ou instituteur, ou cadre, ou chef de chantier, ou chef de bureau. Ils iront encore plus loin que leurs parents dans le confort, le luxe. On voit se profiler à l'horizon, d'une façon presque tangible, grâce à ces petits capitaux à deux pattes, le paradis américain : la machine à laver la vaisselle, la cireuse électrique, la belle auto, le yacht et l'apothéose des Bahamas. Pourquoi pas? Ah! un jour on sera bien récompensé de nos efforts!

On est devenu si âpre au gain, si rude, qu'on a oublié l'amour désintéressé.

L'année suivante le petit commence à se traîner au lycée ou sinon sur le chemin entre le lycée et la maison. Encore une année et c'est le mutisme ou la fugue, ce qui revient au même. On a perdu le contact. On n'y comprend rien. Alors on achète le Solex, la voiture, on donne de l'argent, on paie n'importe quoi. Rien n'y fait. Les parents auxquels cela n'est pas encore arrivé rentrent la tête dans les épaules, accroissent la surveillance et la discipline. C'est le contrôle constant. C'est la guerre.

Adieu la friteuse électrique et les palmiers qui ombragent la plage de corail!

C'est trop injuste! Mais qu'est-ce qu'ils ont ces jeunes-là? On leur a tout donné, on a tout fait pour eux.

M. Cardinal,
La clef sur la porte.

activité

Comprendre

1) « Les enfants deviennent un capital dans lequel on *investit* des sommes énormes... » Qu'est-ce qu' « investir » de l'argent dans quelque chose? Cherchez le nom qui correspond à ce verbe.

2) « Au prix de bagarres âpres et rudes contre les autres qui *briguent* les mêmes avantages, le même poste, la même place. » En vous appuyant sur le texte, pouvez-vous définir le sens du verbe « briguer »? Voyez ensuite dans le dictionnaire si votre définition est juste.

3) « On voit se profiler à l'horizon, d'une façon presque *tangible* [...] le paradis américain... » En utilisant la même démarche qu'en 2 essayez de définir le sens de l'adjectif « tangible ».

4) « L'année suivante, le petit commence à *se traîner* au lycée ou sinon sur le chemin entre le lycée et la maison. » Comment faut-il comprendre le verbe « se traîner » dans cette phrase?

5) « C'est le *mutisme* ou la fugue... » Qu'est-ce que le « mutisme »? Cherchez l'adjectif qui correspond à ce mot.

6) « La belle auto, le yatch et l'*apothéose* des Bahamas. » Qu'est-ce que l' « apothéose » d'un spectacle ou d'une carrière?

7) Le texte utilise parfois le *langage familier*, voulant évoquer les jeunes dans la langue où ceux-ci s'expriment. Relevez ainsi dans le texte les mots ou expressions familières, puis traduisez-les en langage plus choisi.

S'exprimer

Le texte se termine par une interrogation : « Mais qu'est-ce qu'ils ont ces jeunes-là? » Essayez de répondre par écrit à cette question.

Résumer

Relisez le texte attentivement et résumez-le en quelques lignes.

présentation

Marie Cardinal nous parle à présent de l'attitude des jeunes devant l'armée.

En ce qui concerne la guerre leur attitude est d'une extrême violence. La guerre les dégoûte. Mourir pour enrichir des marchands de canons ou pour assurer sur un trône quelque homme politique douteux c'est insupportable. Je n'en ai encore jamais rencontré un seul qui veuille faire son service militaire. Ils se feront réformer ou ils iront à la coopération.

L'effondrement de l'armée à la fin de la guerre d'Algérie a enlevé le peu de doré qui restait à l'activité militaire du pays. Quand les adultes parlent de la guerre ils parlent de la guerre de 14 ou de la guerre de 39-45. Pour les jeunes la guerre c'est la guérilla, c'est l'affrontement entre une idéologie libératrice et la stupidité d'un boyard (1). La guerre c'est le Viêt-Nam, le Bengla Desh, l'Irlande.

Quelle attitude avoir avec les garçons en ce qui concerne le service militaire? Je suis incapable de prendre une position. Il me semble que, si j'étais à leur place, je penserais comme eux.

M. Cardinal,
La clef sur la porte.

activité

Comprendre

1) « Mourir pour [...] *assurer* sur un trône quelque homme politique douteux... » Comment faut-il comprendre le verbe « assurer » dans cette phrase? Employez ce même verbe dans trois phrases avec des sens différents.

2) « Mourir pour [...] quelque homme politique *douteux*. » Qu'est-ce qu'un homme « douteux »? Essayez d'employer cet adjectif dans une phrase.

3) « Pour les jeunes, la guerre c'est la *guérilla*... » Pouvez-vous définir le sens de ce mot?

4) « C'est l'affrontement entre une *idéologie* libératrice et la stupidité d'un boyard. » Essayez de définir le sens du mot « idéologie ».

5) Pouvez-vous rappeler oralement qui étaient les adversaires qui s'affrontaient au Viêt-Nam? au Bengla Desh? Et quels sont ceux qui s'affrontent en Irlande?

S'exprimer

« Si j'étais à leur place, je penserais comme eux », dit l'auteur, parlant des jeunes face à l'armée. Partagez-vous son opinion? Répondez par écrit à cette question.

présentation

Un père et une mère de famille ont une discussion au sujet de leur fils, Nicolas.

Depuis quelque temps, Juliette « tarabustait » [...] son mari pour qu'il eût avec leur cadet, Nicolas, qui avait quatorze ans, une conversation sérieuse. Elle entendait par là un entretien au cours duquel le père révélerait à son fils les réalités de la vie, les dangers qui guettent un jeune homme ignorant ou imprudent — bref, qu'il lui donnât quelques notions saines de la sexualité. Elle avait lu dans un magazine un long article très documenté, rédigé tout exprès à l'usage des parents; cet article, dont l'auteur était un psychiatre spécialiste de l'éducation, l'avait impressionnée.

— Ne m'embête pas! interrompait Bruno. Qu'est-ce que tu chantes, l'éducation sexuelle? Ce sont des conneries d'aujourd'hui, tu as piqué ça dans un de tes magazines et tu crois que c'est parole

(1) *Boyard :* homme très riche.

d'évangile. Est-ce que tu as eu besoin d'une éducation sexuelle, toi? Et moi, est-ce que j'en ai reçu une?
— Eh, justement, à quinze ans, j'étais ignorante comme une carpe. J'aurais très bien pu commettre des bêtises. Si ma mère m'avait avertie...
— Quoi, quoi, avertie? Tu ne les as pas commises, ces bêtises? Alors, de quoi te plains-tu? Tu as eu l'instinct de ne pas les commettre. Ça suffit. Quand on a de bons sentiments, on n'a pas besoin que les parents vous fassent un cours d'hygiène ou de je ne sais pas quoi. Fiche-moi la paix. Tu me vois en train de parler de ces choses au petit? Qu'est-ce que je lui dirais, malheureuse? Je ne saurais même pas quoi lui dire. Je serais gêné comme tout. J'ai de la pudeur moi. [...]
— Oui, en somme, sous prétexte de pudeur, tu ne veux pas prendre tes responsabilités de père de famille.
— Comment, mes responsabilités? Est-ce que je ne nourris pas, est-ce que je n'élève pas les miens? Mes enfants vont à l'école, ils ne manquent de rien. Que veux-tu que je fasse de plus?
— De notre temps, on laissait les enfants découvrir les réalités de la vie tout seuls, à tort et à travers, au risque de... de... Enfin, c'était très moche. Aujourd'hui, on est plus éclairé, on a le devoir de leur...
— Ne me fais pas suer avec l'éclairage d'aujourd'hui! Si quelqu'un doit se charger de leur faire des discours sur cette question, ils ont un aumônier au collège? Hé bé, tu n'as qu'à aller demander à l'aumônier de leur parler.
— Un curé! Comme si un curé était qualifié pour leur parler de ces choses!
— Et pourquoi pas? Ils sont foutre assez éclairés, comme tu dis, les curés de maintenant. Ils n'ont foutre pas froid aux yeux.
— Ne dis pas foutre tout le temps! Et ne crie pas, je te prie!
— Mais c'est vrai, tu me ferais mettre en colère, à la fin! Je ne veux absolument pas avoir cette conversation avec Nicolas. Tu m'entends? Je ne veux pas, là! Si tu te fais du mauvais sang pour lui, tu n'as qu'à aller trouver le médecin. Mes responsabilités! Toi, alors, tu en as de bonnes!... Bon, allez, je vais au bureau. A ce soir. Et ne me tarabuste plus avec ces conneries, eh? Allez, adieu, Toutoune. Fais-moi la bise quand même.

J.-L. Curtis,
La Quarantaine.

activité

Comprendre

1) « Cet article, dont l'auteur était un *psychiatre*... » Qu'est-ce qu'un « psychiatre »?

2) « J'ai de la *pudeur*, moi. » Essayez de définir le sens de ce mot ; cherchez l'adjectif qui appartient à la même famille.

3) « Aujourd'hui, on est plus *éclairé*... » Comment faut-il comprendre ce verbe dans cette phrase?

4) « Comme si un curé était *qualifié* pour leur parler de ces choses ! » Qu'est-ce qu'être « qualifié » pour faire quelque chose? Quel est le nom qui correspond à cet adjectif?

5) Le texte comporte de nombreuses expressions du langage usuel ; relevez-les et essayez de les traduire en langage plus choisi.

S'exprimer

Selon votre réaction au texte, exprimez-vous par écrit à partir de l'une ou l'autre des suggestions suivantes :

1) Le père est opposé à l'éducation sexuelle des jeunes. Partagez-vous ce point de vue?

2) Le père pense que l'éducation sexuelle, si elle doit avoir lieu, n'est pas l'affaire des parents. Elle regarde le prêtre ou le médecin. Partagez-vous cette opinion? Que votre réponse à ces questions soit oui ou non, justifiez-la par un argument.

3) « Est-ce que je ne nourris pas mes enfants, dit le père, [...] ils vont à l'école, ils ne manquent de rien. Que veux-tu que je fasse de plus? » Estimez-vous que ce père de famille accomplit effectivement tout son devoir? Ou pensez-vous qu'il a quelque chose à faire « en plus »?

Résumer

Le père utilise plusieurs arguments pour refuser cette conversation avec son fils. Essayez de résumer chacun d'eux en une phrase.

présentation

Un enfant et un adolescent passent la plus grande partie de leur journée à l'école. Fernand Dupuy évoque une école d'autrefois, à la campagne. L'école n'a qu'une classe ; son instituteur s'appelle « le père Bataille ».

Nous le craignions et nous l'admirions tout à la fois. Nous le craignions pour sa sévérité; nous l'admirions parce qu'il savait tout et aussi parce qu'il était juste. Il ne favorisait jamais aucun d'entre nous et s'il avait ses préférences, il ne les laissait jamais deviner.

Il avait une classe unique qui réunissait tous les élèves de l'école, du cours préparatoire jusqu'au certificat d'études. La classe tournait rond, comme une mécanique parfaitement mise au point baignant dans l'huile [...].

Tandis que les grands faisaient leurs problèmes et les moyens les opérations, le père Bataille donnait la leçon de lecture aux petits. Pendant la dictée, pour les grands et pour les moyens — plus courte pour ceux-ci — les petits « repassaient » leur lecture [...]. Il n'y avait jamais de temps mort. Si l'intérêt faiblissait chez les uns ou chez les autres, une question, un mot suffisaient à ramener l'attention [...].

La tâche était rude pour le père Bataille mais il faut dire que sa compagne Mme Bataille le secondait admirablement. Elle aurait pu faire l'école elle aussi — dotée qu'elle était du brevet supérieur. Elle y avait renoncé pour la simple raison qu'une seule classe existait dans le village où ils souhaitaient tous les deux rester. Alors, elle s'occupait, beaucoup et bien; pour le travail manuel des filles, pour le dessin, pour le chant. Le père Bataille était absolument réfractaire à la musique, alors que Mme Bataille était une musicienne fort douée : elle chantait admirablement. Si bien que la classe possédait en fait deux maîtres. Ce n'était sans doute pas très orthodoxe, ni du point de vue officiel ni du point de vue syndical, mais c'était bigrement efficace.

Le père Bataille et Mme Bataille mettaient leur point d'honneur à ce que tous les petits — sans aucune exception — apprennent à lire couramment dès la première année et aussi à ce que tous les candidats soient reçus au certificat d'études. Entreprise considérable et toujours couronnée de succès; mais à quel prix!

Pour les petits, il n'était pas rare d'en retrouver un à l'école après quatre heures. Je me souviens du « Grand Rouquin » : le visage couvert de taches de rousseur et le poil rouge flamboyant. Il avait huit ans quand il arriva dans notre école; il ne savait pas lire. Aux dires de ses parents, c'était un cas « désespéré ». Eh bien, en une année, il rattrapa tout son retard, à coups de leçons particulières le soir après quatre heures, le jeudi, le dimanche matin. Le père Bataille le gardait un peu après l'école, voilà tout.

Quant à la préparation au certificat, les heures de classe évidemment n'y suffisaient pas et c'est pourquoi le soir, le jeudi, le dimanche matin, les « candidats » se retrouvaient à l'école.

Comme il y avait toujours quelques anciens élèves qui préparaient un concours : des Postes ou du Trésor, l'école était quasiment permanente — y compris pendant les vacances.

Toutes ces leçons particulières, est-il besoin de le préciser? étaient gratuites [...].

Tous les cahiers ramassés à quatre heures étaient rendus le lendemain matin, soigneusement corrigés, à l'encre rouge : aucune faute, aucune erreur, aucune tache n'échappaient à l'attention du père Bataille. Ses « Très Bien » qu'il attribuait parcimonieusement, nous emplissaient de fierté — un grand coup de soleil pour toute la journée. Ses « Très Mal », très rares, nous faisaient mal, très mal [...].

Comme il faisait bon dans notre école! L'hiver, le poêle ronflait quand nous entrions; l'été, de grands rideaux noirs aux fenêtres nous préservaient du soleil.

Mais l'hiver, quelle rude période pour les élèves qui venaient des différents hameaux : deux, trois et jusqu'à cinq kilomètres qu'il fallait faire à pied : dans le gel et dans le vent; dans la pluie ou dans la neige. Ils arrivaient transis, trempés dans leurs pauvres petits manteaux de pluie. Alors, le père Bataille conduisait les plus petits et les plus mouillés dans sa cuisine et, là, Mme Bataille réchauffait ses poussins : les pieds dans le four de la cuisinière, une tasse de tilleul. Aucun élève n'a oublié ! Par contre, l'été, quand il faisait vraiment très chaud, nous descendions quelquefois jusqu'à la rivière : c'était la grande récompense !

Dans ces conditions, il ne nous venait guère à l'esprit de faire l'école buissonnière.

F. Dupuy,
L'Albine (Scènes de la vie en Limousin et en Périgord Vert).

activité

Comprendre

1) « Il ne *favorisait* jamais aucun d'entre nous... » Cherchez un synonyme au verbe « favoriser » dans cette phrase, puis employez ce verbe avec un autre sens.

2) « Sa compagne Mme Bataille le *secondait* admirablement. » Qu'est-ce que « seconder » quelqu'un ?

3) « Le père Bataille était absolument *réfractaire* à la musique... » Qu'est-ce qu'être « réfractaire » à une activité ?

4) « La classe possédait en fait deux maîtres. Ce n'était sans doute pas très *orthodoxe*, ni du point de vue officiel ni du point de vue syndical, mais c'était bigrement efficace. » En prenant appui sur le texte, essayez de définir le sens du mot « orthodoxe », puis consultez le dictionnaire pour voir si votre supposition était juste. La phrase où paraît le mot « orthodoxe » comporte un terme qui appartient au langage familier ; relevez ce terme et remplacez-le par son synonyme en langage usuel.

5) Qu'est-ce que *lire couramment* ?

6) « L'école était *quasiment* permanente... » Que signifient les mots « quasi », « quasiment » ?

7) « Toutes ces leçons particulières [...] étaient *gratuites*. » Cherchez le nom qui correspond à l'adjectif « gratuit », et employez-le dans une phrase.

8) « Ses « Très Bien », qu'il attribuait *parcimonieusement*, nous emplissaient de fierté... » Qu'est-ce que donner des choses : compliments, objets, critiques, etc., « parcimonieusement » ? Si vous ne connaissez pas le sens de ce mot, essayez de le deviner en vous fiant au texte ; puis consultez le dictionnaire.

9) « Ils venaient de différents *hameaux* [...]. Ils arrivaient *transis*... » Qu'est-ce qu'un « hameau » ? Et qu'est-ce qu'être « transi » ?

S'exprimer

Selon votre réaction au texte, exprimez-vous par écrit à partir de l'une ou l'autre des suggestions suivantes :

1) Quelles sont les deux qualités essentielles que vous appréciez chez un enseignant ? Pourquoi ?

2) A votre avis, l'école a-t-elle changé depuis le temps du « père Bataille » ? Si oui, appréciez-vous cette évolution ?

3) Quels souvenirs avez-vous, ou allez-vous garder de votre scolarité ?

Résumer

Relisez le texte une fois très attentivement, puis, sans le consulter, évoquez en *quelques lignes* les qualités de l'instituteur.

présentation

La vieillesse... Certains la redoutent, d'autres parlent de « la douceur de vieillir ». En évoquant la vieillesse de sa grand-mère, un écrivain nous parle du grand âge de la vie.

Je souffre en me rappelant la dernière partie de sa vie. Un foyer de vieillards. Meublé avec goût. Toutes les couleurs en harmonie. Personnel en tablier blanc et sourires patients. Mais, dès que sonnait la cloche — pour le petit déjeuner, le déjeuner et le dîner — les cinquante vieilles dames devaient immédiatement quitter leur chambre et s'attrouper dans la salle à manger, s'asseoir à table avec des convives dont elles n'avaient pas souhaité la compagnie, parler d'événements sans intérêt pour elles. [...]

Panique quand elle devait passer une journée au lit. Si la malade ne se levait pas au bout de trois jours, elle était automatiquement transférée dans le service hospitalier de l'établissement. Les listes d'attente pour les chambres de résidents étaient longues et il était rare que l'on revienne de la section hospitalière pour reprendre la vie normale de résident. Le jour arriva où Grandma fut elle aussi transférée à la section hospitalière.

« C'est beaucoup mieux pour les vieilles personnes de se trouver sous une surveillance constante, de vivre avec les personnes qui se trouvent dans la même situation. » Proches parents qui ne souhaitent que le bien de ceux qui leur sont chers et les envoient dans une institution où l'on ne dit plus « je », mais « nous ». [...] Il arrive que les préparatifs pour la nuit aient lieu à quatre heures de l'après-midi. Un peu tôt, sans doute, mais on est tellement à court de personnel. [...]

Frapper à la porte n'est plus nécessaire. Quel secret une vieille personne peut-elle avoir? Une personne dont le lit est à peine à trois mètres de celui de sa voisine. Un endroit où il n'y a plus ni livres, ni meubles, ni images. C'est le règlement. Mais si l'infirmière est gentille, « nous » pouvons accrocher une photographie au mur (il vaut mieux ne pas utiliser de clous, ils laissent de vilaines marques). Comme cela, « nous » pouvons rester allongées et contempler les photos de la famille et des amis. Qui ont tellement à faire de leur côté que la visite au vieillard est remise de semaine en semaine. Après tout, « nous » sommes si bien ici. [...]

Je revois Grandma me faisant visiter les lieux. Elle ouvrit la porte du placard dans lequel se trouvait la télévision et se demanda ce qui était arrivé à la jeune fille sympathique qui se trouvait dedans habituellement. Je refusais de croire que la sénilité lui faisait perdre la raison. Je voulais la rappeler en arrière. Lui dire qu'elle ne devait pas s'enfermer dans un état de stupeur. Lui rappeler que je l'aimais, que j'avais toujours besoin de partager avec elle les expériences de la vie, comme nous avions coutume de le faire. Elle ne devait pas s'imaginer qu'elle n'appartenait plus à la vie, cette vie dont elle avait été une fraction si riche.

Je m'assis à son chevet et je surpris un regard effrayé à sa voisine. Dans le lit voisin était couché quelqu'un qui depuis longtemps était entré dans un monde où l'on peut rêver et se souvenir en paix.

Je tenais la main de Grandma, mais je ne savais plus comment lui parler. Je savais seulement qu'elle suivrait sa voisine dans ce pays des rêves. Et cela, parce qu'elle ne pouvait pas supporter la situation dans laquelle elle se trouvait.

Elle avait atteint ce moment de la vie où l'on est enfin autorisé à jeter un coup d'œil dans le livre des réponses. Et il n'y avait pas de réponse. [...]

Lors de mes dernières visites, elle me demandait qui j'étais. Comme si je ne m'étais jamais trouvée dans ses bras étant enfant. Elle ne savait plus qu'il avait été un temps où nous avions partagé les plus merveilleux secrets.

De ce fait, je cessai presque de venir.

Grandma mourut. Plus rien, après, ne fut pareil à ce qui avait été.

Peut-être est-il stupide de s'attacher à quelqu'un qui doit s'en aller tellement plus tôt que vous.

L. Ullmann,
Devenir.

activité

Comprendre

1) L'auteur aurait pu dire : « Dès que sonnait la cloche, les cinquante vieilles dames devaient immédiatement *se rendre* dans la salle à manger... » ; elle a préféré employer le verbe « s'attrouper » ; pour quelle raison, à votre avis?

2) « Elles devaient [...] s'asseoir à table

avec des *convives* dont elles n'avaient pas souhaité la présence. » Qu'est-ce que des « convives »?

3) « *Panique* quand elle devait passer une journée au lit. » Qu'est-ce que la « panique »?

4) « Les listes d'attente pour les chambres de *résidents* étaient longues... » Quel est le verbe qui correspond au nom « résidents »? Qui sont alors les « résidents »?

5) « Grandma fut elle aussi *transférée* à la section hospitalière. » Quel est le nom qui correspond au verbe « transférer »?

6) « C'est beaucoup mieux pour les vieilles personnes de se trouver sous une surveillance constante, de vivre avec les personnes qui se trouvent dans la même situation. » Cette phrase est placée entre guillemets ; c'est donc qu'elle est prononcée par quelqu'un. A votre avis, qui la prononce : est-ce les personnes âgées?

7) Pourquoi l'auteur dit-il que, dans les maisons de retraite, on ne dit plus « je » mais « nous »?

8) « Elle ouvrit la porte du placard dans lequel se trouvait la télévision et se demanda ce qui était arrivé à la *jeune fille* sympathique qui se trouvait dedans habituellement. » Qui est la « jeune fille » dont parle la vieille dame?

9) « Je refusais de croire que la *sénilité* lui faisait perdre la raison. » Qu'est-ce que la « sénilité »? Quel est l'adjectif qui correspond à ce nom?

10) « Elle ne devait pas s'enfermer dans un état de *stupeur*. » Cherchez un synonyme au nom « stupeur » dans cette phrase.

S'exprimer

Selon votre réaction au texte, exprimez-vous par écrit à partir de l'une ou l'autre des suggestions suivantes :

1) Vieillir est le destin de chaque humain ; personne ne peut s'y soustraire. Comment envisagez-vous la vieillesse : est-ce une période qui vous fait peur ou, au contraire, une phase de la vie que vous ne redoutez pas? Pourquoi?

2) « Nous pouvons rester allongées et contempler les photos de la famille et des amis. Qui ont tellement à faire de leur côté que la visite au vieillard est remise de semaine en semaine. » Pensez-vous que la seconde partie de cette phrase soit exacte et que les gens aient vraiment trop à faire pour venir voir leurs vieillards?

3) « Je voulais [...] lui rappeler que je l'aimais, que j'avais toujours besoin de partager avec elle les expériences de la vie... » Y a-t-il une personne âgée avec laquelle vous partagez les « expériences de la vie »? Si oui, évoquez-la et dites pourquoi vous lui confiez beaucoup de choses.

4) « Elle avait atteint ce moment de la vie où l'on est enfin autorisé à jeter un coup d'œil dans le livre des réponses. Et il n'y avait pas de réponse. » Il n'y a pas eu de réponse pour la grand-mère de l'auteur ; pensez-vous qu'on puisse, au soir de sa vie, trouver des réponses dans le livre de la vie? Quelles réponses?

5) Comment voudriez-vous vivre votre propre vieillesse?

Résumer

L'auteur reproche plusieurs choses aux « foyers de vieillards », c'est-à-dire aux lieux où l'on regroupe les personnes âgées. Relisez le texte attentivement puis masquez-le, et évoquez en quelques lignes l'essentiel de ces reproches.

■ LA MALADIE, LA MORT

présentation

Tahar Ben Jelloun, écrivain arabe, évoque la mort d'une personne âgée.

Mourir comme elle

Ta grand-mère est morte hier. Elle est partie le matin, à l'aube. Heureuse et belle. Une étoile sur le front et un ange sur chaque épaule. Son dernier regard fut pour toi. [...]

Elle a souri puis elle est partie sur un cheval. On pense que c'est un cheval ailé. Nous avons vu de notre terrasse le ciel s'ouvrir et accueillir au crépuscule une petite étoile. On peut la voir de partout. Tu nous as manqué. Ce fut une très belle fête. Nous avons respecté sa volonté : nous n'avons ni pleuré ni hurlé au moment où le cercueil passait le seuil de la maison. Nous nous sommes parfumés avec le bois fumé, encens du paradis. Le jardin où elle aimait prier était en fleurs.

Tu te rappelles ses silences entre deux prières ; chaque ride était une tendresse. Il nous reste la sérénité et la lumière de cette journée. On l'a lavée et parfumée à l'eau de rose et de jasmin. Elle aimait sa fraîcheur. On l'a enveloppée dans ce linceul qu'elle avait acheté et il y a longtemps, peut-être avant que tu ne naisses. Elle le parfumait à chaque fête.

Elle qui ne savait pas écrire avait dessiné sur ce drap des roses et des étoiles. Elle le gardait soigneusement au fond de sa valise.

Tu te souviens? Elle nous disait :

« C'est dans la plus belle des robes que je désire arriver chez le prophète [...]. J'ai vécu heureuse dans la chaleur de vos bras, de vos mains. J'ai perdu mon mari et mon plus bel enfant, une fleur arrachée par le soleil du mois d'août. Je ne me suis jamais sentie veuve. J'avais ma maison, mon foyer, chez chacun de vous. [...] La vieillesse ! Qui parle de vieillesse? Si je n'avais le cœur un peu fatigué... D'ailleurs qu'importe !... Qu'elle vienne la mort, mais de l'azur et non des cendres. »

Elle n'est morte ni dans un hospice ni dans la solitude d'une chambre au fond d'un couloir. Elle s'est éteinte en douceur, chez elle, chez l'aîné de ses enfants.

T. Ben Jelloun,
Les Amandiers sont morts de leurs blessures.

activité

Apprécier et comprendre

1) « Elle est partie le matin, à l'aube. Une étoile sur le front et un ange sur chaque épaule. » Nous savons bien que la grand-mère n'avait pas vraiment « une étoile sur le front et un ange sur chaque épaule », mais en choisissant ces images, l'auteur a voulu que nous comprenions bien comment est morte sa grand-mère. Choisissez deux adjectifs pour qualifier cette mort ; nous verrons ainsi si vous avez compris l'auteur. Relevez ensuite dans le deuxième paragraphe d'autres images qui contribuent à nous donner la même impression.

2) Dans le quatrième paragraphe, les paroles de la grand-mère comportent également une image. Relevez-la, et dites si vous trouvez ou non qu'elle est bien adaptée à ce qu'elle évoque.

3) « Il nous reste la *sérénité* et la lumière de cette journée. » Qu'est-ce qu'être « serein »?

4) Le texte vous a-t-il paru difficile à comprendre? Observez ses phrases : sont-elles courtes ou longues? Y a-t-il beaucoup de mots difficiles?

Après avoir lu le texte, quels conseils pouvez-vous donc vous donner à vous-même pour rédiger?

S'exprimer

Selon votre réaction au texte, exprimez-vous par écrit à partir de l'une ou l'autre des suggestions suivantes :

1) « Elle n'est morte ni dans un hospice ni dans la solitude d'une chambre [...]. Elle s'est éteinte en douceur, *chez elle*, chez l'aîné de ses enfants. » Pensez-vous que c'est ainsi que doit s'éteindre une vieille personne : dans le foyer d'un de ses enfants où elle se sente « chez elle »?

2) « Qu'elle vienne la mort, mais de l'azur et non des cendres. » Pensez-vous qu'il soit possible que la mort « vienne de l'azur », et, si oui, à quelles conditions?

3) Êtes-vous choqué que l'auteur dise de l'enterrement qu'il fut « une très belle fête » et que personne n'y a pleuré?

Créer

A la manière dont l'auteur évoque la mort, essayez d'évoquer une naissance. Exemple : Dominique est née hier. Elle est arrivée... Heureuse et...? Une... sur le front et... sur chaque épaule. Son premier regard fut..., etc.

présentation

Anne Philipe, femme du célèbre comédien Gérard Philipe, évoque avec émotion la manière dont elle a vécu les dernières semaines de la vie de son mari.

On vient d'opérer Gérard Philipe, mais l'opération a été inutile... Il va mourir ; son cancer est inguérissable.

Ton premier regard. Il émergeait d'un autre monde qu'il voulait fuir et s'agrippait au mien. Ma trahison commença : « Tout va bien. » Tu as souri, serré les paupières et touché ma main.

[...] On m'avait dit qu'une trop grande douleur rend insensible. Ce n'est pas vrai, jamais je n'avais été si perméable à tout ce que je rencontrais. Ce soir-là, je suis allée chez nous. Des éclats de rire enfantins m'ont accueillie.

L'innocence allait être frappée. Et là non plus, je ne pouvais rien. La table ronde avec ta place vide. Notre lit. Était-ce là que tu mourrais? Qu'importerait l'endroit? Ce qui était monstrueux, c'est que tu doives mourir. J'allais être seule, je n'y avais pas encore pensé. La solitude : ne pas voir, ne pas être vue. Je suis repartie pour la clinique. Tu m'attendais. Tu existais encore et demain sans doute, tu serais là, et notre premier regard serait l'un pour l'autre. [...]

J'ai attendu que tu t'endormes et puis, pour la première fois, j'ai perdu conscience, assommée comme une bête.

Le lendemain, je me suis réveillée très tôt. J'ai écouté ton souffle. Un jour je ne l'entendrai plus. Je ne voulais pas sombrer dans le marais. « Il va mourir, il va mourir; me répétais-je, demain ou dans quinze jours, il faut bien le savoir, il n'y a d'issue que fatale. » Ne pas me leurrer. Savoir. Puis oublier que je sais et accomplir les gestes habituels. Ne pas m'arrêter, me lever, prendre une douche, me laver les dents, penser aux enfants qui partent pour l'école.

Quand tu t'es réveillé, tout est devenu plus facile : nous étions deux. Je ne voulais pas penser pour combien de temps. Les secondes me paraissaient des heures; les journées quelques instants. Notre vie entière, qu'était-elle dans le cours du monde? A peine le temps d'un soupir. Et c'était la somme de toutes ces existences bout à bout, depuis l'ancêtre des cavernes, qui a fait l'histoire de l'humanité. Tu allais mourir, je mourrais un peu plus tard. Nous aurions été un chaînon.

A. Philipe,
Le Temps d'un soupir.

activité

Comprendre

1) « Ton premier regard. Il *émergeait* d'un autre monde qu'il voulait fuir... »

Le mot « émerger » contient lui-même un mot, dont on dit qu'il est sa base, son radical : le discernez-vous? Qu'est-ce alors qu'« émerger de quelque chose »? L'opéré, en s'éveillant, émerge d'un autre monde qu'il veut fuir. A quel monde songe sa femme en écrivant cela?

2) « Jamais je n'avais été aussi *perméable* à tout ce que je rencontrais. » Comment comprenez-vous le mot « perméable » dans cette phrase?

3) « Je suis allée chez nous. Des éclats de rire enfantins m'ont accueillie. *L'innocence* allait être frappée. » A qui songe l'auteur en employant le mot « innocence »?

4) « Il n'y a d'*issue que fatale*. » Dans le langage des médecins, qu'est-ce que « l'issue fatale »? Quel est le sens du mot « fatalité » dans les phrases suivantes : « Elle est poursuivie par la fatalité. » « Pourquoi a-t-il fallu qu'il prenne cet avion ce jour-là? C'est la fatalité ! »?

5) « Ne pas me *leurrer*, dit l'auteur. Savoir. » Qu'est-ce que « se leurrer »?

S'exprimer

Selon votre réaction au texte, exprimez-vous par écrit à partir de l'une ou l'autre des suggestions suivantes :

1) Quand son mari s'éveille, Anne Philipe lui dit : « Tout va bien », et choisit donc de lui cacher la vérité. Êtes-vous ou non d'avis qu'il faut dire la vérité aux malades? Pourquoi?

2) L'auteur dit que la solitude, c'est « ne pas voir, ne pas être vue ». Approuvez-vous cette définition de la solitude? Si oui, expliquez comment la solitude nous amène à « ne pas voir », à « ne pas être vu ».

3) « Nous aurions été un chaînon. » Pensez-vous qu'une vie humaine est cela : un chaînon, qui permet modestement à l'espèce humaine de se continuer? ou lui voyez-vous, personnellement, un autre sens?

présentation

En 1977, l'hebdomadaire *Le Point* publiait l'article suivant.

Choisir sa mort

« Aider les malades à survivre, mais aussi à mourir. » Cette petite phrase lancée mardi dernier aux médecins par Mme Simone Veil est révolutionnaire. Pour la première fois, un ministre de la Santé parle publiquement de l'un des derniers tabous de notre société : le plus angoissant, l'euthanasie. [...]

Ce pathétique problème moral, qui consiste à regarder la mort en face et à baisser les bras devant l'irrémédiable, et seulement l'irrémédiable, entre dans les préoccupations, dans les conversations, dans la philosophie de beaucoup. [...]

On voit apparaître ici ou là, dignes ou sordides, sublimes ou atroces, des faits qui indiquent que le problème fait désormais partie de la réalité quotidienne [...].

Christian Barnard, le précurseur des greffes cardiaques, avoue avoir, après consultation de son frère, également médecin, laissé mourir sa mère. Volontairement. Agée de quatre-vingt-treize ans, elle n'était maintenue en vie que grâce à une alimentation artificielle pratiquée au moyen de tubes implantés dans sa gorge. « Ce fut une chose terrible, ont dit les deux médecins, mais il est temps de légaliser l'euthanasie passive. »

En France, comme dans de nombreux pays, la loi interdit aussi bien l'euthanasie passive que sa forme active. Mais, la justice elle-même vacille devant ce problème de conscience.

Voilà quelques années, un médecin de La Haye qui avait administré une dose mortelle de morphine à sa mère atteinte d'un mal incurable fut condamné à huit jours de prison avec sursis. Et, plus récemment, c'est un juge lui-même qui a autorisé les médecins d'un hôpital d'Hawaii à suspendre la survie d'une jeune femme, Alice Cameron, vingt-sept ans, entrée depuis deux semaines dans un état de coma irréversible.

En France, André Lobry, coupable d'avoir tué sa femme atteinte d'un mal incurable qui provoquait d'atroces souffrances, ne fut condamné en 1975 qu'à deux ans de prison avec sursis par les jurés parisiens : l'équivalent hypocrite d'un acquittement.

Ce faisant, on ouvre la porte à l'impensable, au crime. Voici l'histoire de Yolande McShane, une Anglaise de soixante et un ans, qui purge une peine de deux ans de prison pour avoir tenté de convaincre sa mère, paralytique incurable, d'absorber de son plein gré une dose mortelle de barbiturique. Piégée par une caméra invisible installée par la police, elle fut arrêtée et condamnée. Et les téléspectateurs britanniques ont pu voir l'épouvantable scène où elle tente de persuader sa mère d'avaler les capsules.

Ce débat si explosif bouleverse les morales, bouscule les principes. [...]

Cette insondable interrogation n'a qu'une réponse : la conviction qui se forme dans la conscience de chacun d'entre nous et qui ne peut s'appliquer qu'à sa propre vie... cela s'appelle choisir sa mort.

J.-M. Gourevitch,
(Enquête du Service Société),
Le Point, n° 262, 20 septembre 1977.

activité

Comprendre

1) « Pour la première fois, un ministre de la Santé parle publiquement de l'un des derniers *tabous* de notre société... » Que signifie le mot « tabou » dans notre langue? Savez-vous d'où nous vient ce mot?

2) A travers le texte, avez-vous pu saisir le sens du mot *euthanasie*?

3) « Il est temps, dit le professeur Barnard de *légaliser l'euthanasie passive.* » Qu'entend-il par là? Et que faut-il entendre alors par « euthanasie active »? Qu'est-ce que « légaliser » l'euthanasie?

4) Le problème de l'euthanasie fait apparaître des faits *sordides* ou *sublimes.* Pour éclairer le sens de ces deux adjectifs, essayez d'imaginer un cas où l'euthanasie serait « sordide », et un autre où elle serait « sublime ».

5) « La justice elle-même *vacille* devant ce drame de conscience. » Que faut-il entendre par là?

6) La jeune malade de l'hôpital de Hawaii était dans un coma *irréversible.* Quel est le sens de cet adjectif?

7) L'auteur dit que le verdict qui condamnait André Lobry à deux ans de prison avec sursis était « l'équivalent *hypocrite* d'un acquittement ». A votre avis, pourquoi dit-il cela?

S'exprimer

Le journaliste conclut son article sur cette pensée : la décision de mettre un terme à la vie, quand le mal est incurable, ne peut s'appliquer « qu'à sa propre vie ». Partagez-vous cette pensée, ou pensez-vous qu'on devrait avoir le droit d'abréger les grandes souffrances de ceux qui sont incurables? Pourquoi? Exprimez votre opinion par écrit.

■ UN SENS A LA VIE

présentation

Vivre ! Notre vie prendra fin un jour ; elle est éphémère. Chacun de nous le sait, et s'efforce alors de bien vivre, c'est-à-dire de réaliser avec sa vie quelque chose dont il soit satisfait, dont il soit fier, qui le rende heureux.
Cette réalisation varie selon les êtres et les circonstances. Voici celle d'un jeune homme de vingt ans qui choisit un jour de quitter sa famille et son pays.

Le bonheur par moins 60

Il fait nuit, il est 2 heures du matin. Un orage magistral lance ses foudres et arrache les tuiles. J'ouvre la fenêtre, enjambe l'appui et me retourne avec précaution pour tirer le châssis derrière moi. Je suis en mauvais équilibre, mon sac à dos risque de m'entraîner à la renverse. Et alors, le grand départ se terminera-t-il?

Hier, avant-hier, j'ai averti mes parents : je vais partir. Mon père a essayé de me dissuader. Fatigué de l'entendre, j'ai fini par l'écouter sans rien dire. Et maintenant, ça y est, je m'en vais. J'ai refermé les deux battants en m'arrachant un ongle, je saute à quelques mètres plus bas. J'ai coupé avec mon enfance.

Dorénavant, la vie est autre part. Avec les hommes d'autres pays, en d'autres univers. Ici, je crève. Quand je pense à l'existence à laquelle on m'a destiné — mécanicien, dessinateur industriel, ingénieur peut-être — au petit ou grand boulot qui m'attend, avec son salaire, ses heures fixes, la tranquillité d'esprit, le train-train, rien que d'y penser, j'étouffe [...].

Où aller maintenant? Le Sud, le Nord? L'Afrique, la Polynésie, ou les pays froids? Rien n'était impossible. Pile ou face. Pile, les cocotiers, les atolls ou les éléphants. Face, le Grand Nord, les icebergs, la banquise.

Je lance ma pièce en l'air, elle retombe. Face. Je la ramasse, à moitié enfouie dans la poussière blonde des déserts d'Asie. Le pays le plus au nord qui soit s'y dessine, le Groenland.

Mi-juillet 73. Avec Peggy, la jeune américaine qui partage ma vie, me voici arrivé à Jacobshavn, au sud du Groenland. Nous trouvons du travail dans une conserverie, à trier les crevettes et à transporter les caisses. C'est pénible, répétitif, aléatoire aussi puisque l'embauche dépend des arrivages quotidiens, mais nous pouvons mettre de l'argent de côté, pour repartir vers le nord.

Avant de courir les grands espaces où nous serons nos propres maîtres, nous menons la vie dure et sans panache des ouvriers du monde entier, qui sortent de l'usine à bout de force, après une journée qui sera suivie d'une autre, puis d'une autre identique en tout point, et cela trente, quarante ans et plus, de leur vie durant.

Pour nous, privilégiés du vagabondage, cet état est provisoire et nous l'avons choisi. Rien de tel pour nos compagnons. Mais nous ne pouvons guère échanger nos impressions, hélas ; nous ne connaissons pas encore leur langue et surtout les cadences n'autorisent pas les parlottes.

Très vite, avec septembre, arrivent les premiers grands froids. La vie s'arrête. Les ruisseaux ne cascadent plus, la glace règne déjà.

Recueilli par Cl. Masot,
La Vie, n° 1666, 2-8 août 1977.

activité

Comprendre

1) « Un orage *magistral* lance ses foudres... » Qu'est-ce que quelque chose de « magistral(e) »? Essayez de composer une phrase qui utilise cet adjectif.

2) « Mon père a essayé de me *dissuader*. » Qu'est-ce qu'essayer de « dissuader » quelqu'un de faire quelque chose? Cherchez le nom qui correspond à ce verbe.

3) « Pile les cocotiers, les *atolls* ou les éléphants. » Savez-vous ce que c'est qu'un « atoll »?

4) « C'est pénible, *répétitif*, *aléatoire*... » Qu'est-ce qu'un travail « répétitif »? Avez-vous déjà fait un travail de ce genre? Ou avez-vous actuellement un travail répétitif? Qu'est-ce qu'un emploi « aléatoire »? Connaissez-vous le nom qui correspond à cet adjectif?

5) « Nous menons la vie dure et sans *panache*... » Qu'est-ce que faire une chose (discours, action sportive, intervention) avec « panache »? Pourquoi l'auteur dit-il que son travail est « sans panache »?

S'exprimer

Selon votre réaction au texte, exprimez-vous par écrit à partir de l'une ou l'autre des suggestions suivantes :

1) « Mon père a essayé de me dissuader. Fatigué de l'entendre, j'ai fini par l'écouter sans rien dire. » L'attitude de ce jeune vous choque-t-elle, ou la comprenez-vous? Dans l'un et l'autre cas, expliquez votre point de vue.

2) « Quand je pense à l'existence à laquelle on m'a destiné, [...] au petit ou grand boulot qui m'attend, avec son salaire, ses heures fixes, la tranquillité d'esprit, le train-train, rien que d'y penser, j'étouffe. » Pour ce jeune homme, la meilleure façon de vivre pleinement et de s'épanouir, c'est de refuser un emploi stable et un habitat fixe. C'est de vivre constamment dans la découverte de la nature et des autres, dans l'aventure, dans l'adaptation à des situations toujours nouvelles. Partagez-vous ou non ce point de vue?

3) Vous est-il arrivé d'avoir envie de partir loin? Pour où? Avez-vous ou non réalisé ce rêve? Pourquoi?

présentation

Pour certains êtres, le bonheur n'est pas lié à l'aventure ; il se construit chaque jour dans la vie familière. Anne Philipe, femme du grand acteur décédé Gérard Philipe, évoque cette forme de bonheur.

Le goût du bonheur

Le temps s'est écoulé. Les enfants sont nés. C'est un soir comme les autres. Je t'attends. Je connais non seulement le ronflement du moteur de notre voiture, mais aussi ta façon d'accélérer ou de freiner à des endroits précis et suivant ton humeur. Les yeux fermés, j'écoute chaque bruit de la nuit. Te voilà. Tu t'arrêtes pour ouvrir la grille qui ne grince plus, tu ne la refermes pas, donc tu es fatigué, les pneus crissent sur les cailloux, les phares caressent les volets fermés, tu parles au chien, tu montes l'escalier, tu enlèves tes souliers pour ne pas me réveiller. Tu entres. Tu es là. Nous existons.

La maison dort encore quand je me glisse dans le jardin. C'est la plus belle heure, celle que j'appelle l'heure chinoise. La rivière scintille sous le léger brouillard, les pelouses portent la rosée de la nuit, les jets d'eau tournent dans le potager. [...] Chaque matin je viens aussi reconnaître les bouleaux et les cèdres, les pêchers et les figuiers, je cueille les fleurs de la saison. Quand tu te réveilleras, je te donnerai des nouvelles de nos arbres et de nos fleurs.

[...] Pendant des années nous avons pressenti qu'à partir de notre amour nous pourrions construire. Construire des enfants, un métier, des amitiés, des maisons et peut-être aider à construire un monde meilleur.

A. Philipe,
Le Temps d'un soupir.

activité

Comprendre

1) « Les pneus *crissent* sur les cailloux... » Que signifie le verbe « crisser »? Cherchez le nom qui correspond à ce verbe.

2) « Pendant des années, nous avons *pressenti* qu'à partir de notre amour nous pourrions construire. » Cherchez un synonyme au verbe « pressentir » dans cette phrase. Essayez ensuite d'utiliser ce verbe dans une phrase avec un autre sens.

3) « Construire des enfants, un métier, des amitiés, des maisons, et peut-être aider à construire un monde meilleur. » Le verbe « construire » a, dans cette phrase, cinq compléments : enfants, métier, amitiés, maisons, un monde meilleur. Essayez de rédiger des phrases avec chacun de ces compléments en substituant à chaque fois au verbe « construire » un autre verbe.

4) « La rivière *scintille* sous le léger brouillard... » En quoi l'action de « scintiller » est-elle différente de « briller »?

S'exprimer

Selon votre réaction au texte, exprimez-vous par écrit à partir de l'une ou l'autre des suggestions suivantes :

1) Pour Anne Philipe et son mari, la vie se construisait « à partir de leur amour ». C'était lui qui leur permettait de réaliser diverses choses : éducation des enfants, métiers, etc., et c'est donc par lui que la vie prenait un sens. Partagez-vous cette conception?

2) Quelle est, ou quelle serait, pour vous la forme d'existence qui donnerait un sens à votre vie?

présentation

Pour l'un de nos contemporains, Raoul Follereau, le sens de la vie, c'est de « bâtir du bonheur pour tous les hommes ». Raoul Follereau a découvert en Afrique les lépreux, et il a passé sa vie à lutter pour obtenir qu'ils soient secourus et soignés.

La bataille de la lèpre

Première rencontre avec les lépreux

Dans la communication qu'il présenta le 6 octobre 1958 devant l'Académie des sciences morales et politiques, Raoul Follereau raconte lui-même sa première rencontre avec les lépreux.

Notre jeep avait à peine dépassé ce village d'Afrique, lorsque nous dûmes nous arrêter auprès d'un marigot pour désaltérer le moteur.

Bientôt émergèrent de la brousse quelques visages apeurés, puis quelques corps faméliques. Je leur criai d'approcher. Bien au contraire, certains s'enfuirent : les autres, les plus courageux, demeurèrent immobiles, sans cesser de me regarder de leurs yeux fixes et douloureux.

Au guide, j'ai dit : « Quels sont ces hommes? »

— Des lépreux, m'a-t-il répondu.
— Pourquoi sont-ils là?
— Ils sont lépreux.
— J'entends bien, mais ne seraient-ils pas mieux au village?
— Ils sont lépreux, me répondit l'homme taciturne et têtu.
— Au moins, les soigne-t-on? »

Alors mon interlocuteur haussa les épaules et me quitta sans rien dire.

C'est ce jour-là que j'ai compris qu'il existait un crime impardonnable, promis à n'importe quel châtiment, un crime sans recours et sans amnistie : la lèpre. Et c'est ce jour-là que j'ai décidé de ne plus plaider qu'une seule cause pour toute ma vie : celle de ces millions d'hommes dont notre ignorance, notre égoïsme, notre lâcheté ont fait des « lépreux ». [...]

Des lépreux? Au XXe siècle du christianisme, j'en ai trouvé en prison, chez les fous, enfermés dans un cimetière désaffecté, ou bien encore parqués dans le désert, entourés de fils de fer barbelés, avec miradors et mitrailleuses. Des lépreux? J'en ai vu nus, hurlants, affamés, désespérés. J'ai vu leurs plaies grouillantes de mouches, leurs taudis infectes, les pharmacies vides, et les gardiens avec leurs fusils. J'ai vu un monde inimaginable d'horreurs, de douleurs et de désespoirs.

Cela va-t-il durer? Laisserons-nous mourir, pourrir, quinze millions d'êtres humains, alors que nous savons maintenant qu'on peut les soigner, les sauver, les guérir?

Les lépreux, qu'est-ce que cela peut leur faire qu'on leur donne quelque chose, si on ne leur donne pas la main ! [...]

Ah ! les gens qui mangent trois fois par jour ne sont pas pressés...

15 millions de lépreux sur la terre. Deux à trois millions sont soignés. Les autres — 12 millions ! — attendent... Attendent qu'on veuille bien penser à eux pour les guérir.

Seulement la lèpre, elle, n'attend pas. Et chaque jour des mains sont à jamais mutilées, des pieds pourrissent, des yeux se ferment.

Est-ce que cela n'empêche personne de dormir?

Peut-être la grande leçon de la « Bataille de la Lèpre », ce sera moins encore les malades guéris, les vies sauvées, les hommes délivrés, que cette vérité que j'ai souvent répétée : sans amour, rien n'est possible, avec l'amour, rien n'est impossible...

Et ce témoignage : un homme, même seul au départ, s'il donne chaque jour son coup de pioche dans la même direction, sans se laisser distraire ou détourner, si chaque jour il poursuit son effort, chaque jour, sans en manquer un seul, les yeux fixés sur une unique étoile, s'il donne chaque jour son coup de pioche, même si le terrain est de roc ou d'argile, il finit toujours par ouvrir un chemin. [...]

Si vous acceptez, sans colère et sans remords, que, sur 15 millions d'hommes atteints de lèpre, maladie peu contagieuse et parfaitement guérissable, 12 millions demeurent encore sans soins, sans secours, sans amour, c'est vous le vrai lépreux.

R. Follereau,
Le Livre d'amour.

activité

Comprendre

1) « Bientôt *émergèrent* de la brousse quelques visages apeurés, puis quelques corps *faméliques.* » Qu'est-ce qu'émerger de quelque part? En prenant appui sur le texte, essayez de définir le sens de l'adjectif « famélique », puis consultez le dictionnaire.

2) « Ils sont lépreux, me répondit l'homme *taciturne* et têtu. » Qu'est-ce qu'un tempérament « taciturne »? Quel est le contraire de cet adjectif?

3) Combien de fois l'homme répète-t-il : « Ils sont lépreux »? Qu'est-ce que cela laisse à penser?

4) « Il existait un crime impardonnable, [...] un crime sans recours et sans *amnistie...* » Quand un président de la République française est élu, il prononce généralement une « amnistie » : en quoi cela consiste-t-il? Qu'entend donc l'auteur quand il dit : « Il existe des crimes sans recours et sans amnistie »?

5) Croyez-vous qu'il pense réellement que la lèpre est un « crime »? Pourquoi emploie-t-il ce mot alors?

6) « Des lépreux? J'en ai trouvé [...] dans un cimetière *désaffecté,* ou bien encore *parqués* dans le désert, entourés de fils de fer barbelés, avec *miradors* et mitrailleuses. » Qu'est-ce qu'un cimetière, une école, une usine « désaffecté(e) »? Quand on dit qu'on « parque » des gens dans un lieu, en quoi cela consiste-t-il? Partout où l'on a enfermé des hommes : prisons, camps de concentration, etc., il y a eu des « miradors ». Connaissez-vous le sens de ce mot?

7) « Laisserons-nous mourir, pourrir, quinze millions d'êtres humains... » L'auteur emploie le verbe « pourrir » : savez-vous en quoi consiste la lèpre?

S'exprimer

Selon votre réaction au texte, exprimez-vous par écrit à partir de l'une ou l'autre des suggestions suivantes :

1) « J'ai décidé de ne plus plaider qu'une seule cause pour toute ma vie : celle de ces millions d'hommes dont notre ignorance, notre égoïsme, notre lâcheté ont fait des « lépreux ». » L'auteur a donc choisi, comme sens de sa vie, l'aide à cette humanité souffrante. Qu'en pensez-vous?

2) « Est-ce que cela n'empêche personne de dormir? ». Vous savez à présent que 12 millions d'hommes, atteints de la lèpre, vivent dans des conditions horribles. Cela est-il ou non de nature à « vous empêcher de dormir »? Pourquoi?

3) « Sans l'amour, rien n'est possible, avec l'amour, rien n'est impossible... » Partagez-vous cette conviction de l'auteur?

4) « Un homme, même seul au départ, s'il donne chaque jour son coup de pioche dans la même direction, sans se laisser distraire ou détourner, si chaque jour il poursuit son effort [...] il finit toujours par ouvrir un chemin. » A l'heure où tant de choses se font à coup d'argent, partagez-vous cette conviction de Raoul Follereau? Si oui, donnez des exemples qui justifient votre point de vue.

5) Raoul Follereau pense que c'est notre attitude, plus encore que la maladie, qui fait des gens atteints de la lèpre « des lépreux ». Connaissez-vous alors d'autres personnes dont nous faisons « des lépreux »?

Résumer

En répondant aux questions suivantes : où l'auteur a-t-il rencontré les lépreux? combien sont-ils? comment les traite-t-on? présentez à quelqu'un qui n'aurait pas lu le texte la situation actuelle des lépreux.

■ UN ART DE VIVRE

présentation

Raoul Follereau, qui consacra sa vie à aider les lépreux, s'est adressé à plusieurs reprises à la jeunesse du monde. A travers ses différents messages, il proposa aux jeunes un « art de vivre ».

Message à la jeunesse du monde, 1961

Si vous avez le désir de manger, ne dites pas : « J'ai faim! » Mais pensez aux 400 millions de jeunes filles et de jeunes gens qui ne mangeront pas aujourd'hui. Car la moitié de la jeunesse du monde a faim.

Si vous avez un rhume, ne dites pas : « Mon Dieu, que je suis malade! » Mais pensez à tous ceux qui souffrent, aux 800 millions d'êtres humains qui n'ont jamais vu un médecin.

Il ne s'agit pas d'essuyer vaguement une larme : c'est trop vite fait. Ni même d'avoir un instant pitié : c'est trop facile. [...]

Message à la jeunesse du monde, 1962

Soyez intransigeants sur le devoir d'aimer. Ne cédez pas, ne composez pas, ne reculez pas. Riez au nez de ceux qui vous parleront de prudence, d'opportunité. [...]

Et puis, surtout, croyez en la bonté du monde. Il y a dans le cœur de chaque homme des trésors prodigieux d'amour : à vous de les faire surgir.

Le plus grand malheur qui puisse vous arriver, c'est de n'être utile à personne, c'est que votre vie ne serve à rien.

Soyez fiers et exigeants. Conscients du devoir que vous avez de bâtir du bonheur pour tous les hommes, vos frères, ne vous laissez pas enliser dans les sables mouvants des velléitaires ou des impuissants. [...]

je te dis ce que j'ai lu, je te dis ce que j'en pense

Message à la jeunesse du monde, 1968

Vous cherchez un but à votre vie?
Il manque dans le monde trois millions de médecins :
devenez médecins.
Plus d'un milliard d'êtres humains ne savent ni lire, ni écrire :
devenez des enseignants.
Deux hommes sur trois ne mangent pas à leur faim :
devenez des semeurs et, des terres incultes, faites surgir les récoltes qui les rassasieront.
Vos frères ont besoin de vous :
dans n'importe quelle discipline, devenez très simplement, très noblement, des « ouvriers ».
Car tout travail est noblesse lorsqu'on l'accroche à une étoile. [...]

Le monde va, se déshumanisant :
soyez des hommes.

R. Follereau,
Le Livre d'amour.

activité

Comprendre

1) « Soyez *intransigeants* sur le devoir d'aimer. » Qu'est-ce qu'être « intransigeant »? Connaissez-vous le sens du verbe « transiger »?

2) « Ne cédez pas, ne *composez* pas, ne reculez pas. » En vous appuyant sur le texte, essayez de définir le sens du verbe « composer » dans cette phrase. Ne peut-il avoir un autre sens?

3) « Riez au nez de ceux qui vous parleront de prudence, d'*opportunité*. » A travers les phrases qui vont suivre, essayez de définir le sens de l'adjectif « opportun » : « Elle a agi au moment opportun ; c'est pourquoi elle a réussi. » « Il m'a paru opportun de rencontrer Michel. » Qu'est-ce alors que l'« opportunité », et que veut dire l'auteur quand il emploie ce mot? N'y a-t-il pas un autre nom de la famille d'« opportun »? Quel est son sens?

4) « Ne vous laissez pas *enliser* dans les sables mouvants des *velléitaires* ou des impuissants. » Qu'est-ce que « s'enliser » dans des sables mouvants? A travers la phrase suivante, essayez de définir le sens de l'adjectif « velléitaire » : « Il dit toujours qu'il va faire beaucoup de choses, mais en fait il ne réalise jamais rien; c'est un velléitaire. » Connaissez-vous le nom qui correspond à « velléitaire »? Pourquoi l'auteur dit-il qu'en écoutant les velléitaires, on risque de « s'enliser »?

5) « Devenez des semeurs et, des terres *incultes*, faites surgir les récoltes qui les *rassasieront*. » Qu'est-ce qu'une terre « inculte »? Qu'est-ce que « rassasier » quelqu'un?

6) « Vos frères ont besoin de vous : dans n'importe quelle *discipline*... » Quel est le sens du mot « discipline » dans cette phrase? Ne peut-il avoir un autre sens?

S'exprimer

Exprimez-vous par écrit à partir de l'une ou l'autre des suggestions suivantes :

1) Raoul Follereau demande aux jeunes « de croire en la bonté du monde ». Il affirme qu'il y a « dans le cœur de chaque homme des trésors prodigieux d'amour, qu'il faut faire surgir ». Partagez-vous ou non cette opinion? Pourquoi?

2) « Le plus grand malheur qui puisse vous arriver, c'est de n'être utile à personne », dit l'auteur. Êtes-vous de cet avis? Pourquoi?

3) « Vous avez le devoir de bâtir du bonheur pour tous les hommes, vos frères » dit l'auteur. Croyez-vous, avec lui, que chacun de nous ait ce devoir?

4) « Le monde va, se déshumanisant... » Partagez-vous ou non ce point de vue de l'auteur? Quelle que soit votre réponse, justifiez-la par des exemples.

présentation

René Barjavel nous dit à présent pourquoi, à son avis, les hommes ne sont pas heureux.

Ce qui les rend malheureux, c'est le bonheur. L'idée qu'ils s'en font, et le besoin de l'attraper. Ils s'imaginent qu'ils sont malheureux aujourd'hui, mais qu'ils pourront être heureux demain. [...]

Et chaque individu croit qu'il sera heureux demain, s'il est plus riche, plus considéré, plus aimé, s'il change de partenaire sexuel, de voiture, de cravate ou de soutien-gorge. Chacun, chacune, attend de l'avenir des conditions meilleures, qui lui permettront, enfin, d'atteindre le bonheur...

Cette conviction, cette attente, ou le combat que l'homme mène pour un bonheur futur, l'empêchent d'être heureux aujourd'hui. Le bonheur de demain n'existe pas. Le bonheur, c'est tout de suite ou jamais. Ce n'est pas organiser, enrichir, capitonner la vie, mais savoir la goûter à tout instant. C'est la joie de vivre, quelles que soient l'organisation et les circonstances. C'est la joie de boire l'univers par tous ses sens, de goûter, sentir, entendre, le soleil et la pluie, le vent et le sang. [...]

Si tu ne sais pas que tu es vivant, tout cela tourne autour de soi sans que tu y goûtes, la vie te traverse sans que tu retiennes rien des joies ininterrompues qu'elle t'offre.

R. Barjavel,
Si j'étais Dieu.

activité

Comprendre

1) « Chaque individu croit qu'il sera heureux demain, s'il est plus riche, plus *considéré*, plus aimé... » Dans quel sens faut-il prendre ici le verbe « considérer »? Quel est le nom qui lui correspond? Employez à présent ce verbe avec un autre sens.

2) « Le bonheur [...], ce n'est pas *capitonner* la vie... » Qu'est-ce « capitonner » un fauteuil ou le berceau d'un enfant? Que faut-il entendre alors par « capitonner la vie »?

3) Tu ne retiens rien « des joies *ininterrompues* qu'elle t'offre ». Cherchez un synonyme à cet adjectif. Cherchez le verbe et le nom de la même famille que « interrompu ». Cherchez le verbe et le nom qui appartiennent à la famille de « rompre ».

S'exprimer

Selon votre réaction au texte, exprimez-vous par écrit à partir de l'une ou l'autre des suggestions suivantes :

1) « Le bonheur de demain n'existe pas, dit Barjavel. Le bonheur, c'est tout de suite ou jamais. » Partagez-vous cette opinion? Ou pensez-vous qu'il existe un « bonheur de demain » qu'il faut construire?

2) Êtes-vous heureux? Si oui, essayez d'évoquer les éléments de votre bonheur. Si non, dites ce qui vous serait nécessaire pour le devenir.

Résumer

Résumez le texte en quelques lignes de façon à en dire l'essentiel à quelqu'un qui ne l'aurait pas lu.

3

étude de la langue

ORGANISATION DU VOCABULAIRE FRANÇAIS

ENRICHISSEMENT LEXICAL

■ LA VIE DES MOTS

■ fiche 1

présentation

Prenez connaissance des six mots qui suivent.

cleptomane, tronquer, innocuité, grégaire, plausible, ablation.

Connaissez-vous leur sens? Pour répondre à cette question, choisissez entre les trois possibilités suivantes.

— je connais → O (oui) ;
— je ne connais pas → N (non) ;
— je crois connaître sans en être certain(e) → Pe (peut-être).

cleptomane .... *tronquer* .... *innocuité* ....

grégaire .... *plausible* .... *ablation* ....

Prenez connaissance, à présent, des énoncés qui suivent.

1) Il n'a pas besoin de chaparder dans les grands magasins comme il le fait. Il a largement de quoi vivre; mais il ne peut pas s'empêcher de voler. C'est un cleptomane.

2) On a demandé à M. Callaghan ce qu'il pensait de l'avenir de Concorde et il a nettement répondu. Mais la presse n'a rapporté qu'une partie de sa réponse. Ainsi tronquée, la déclaration du Premier Ministre britannique n'avait plus du tout le même sens.

3) Tu peux manipuler ce produit en toute confiance. Tu n'auras ni eczéma, ni allergie. Son innocuité est totale.

4) A 22 heures, le bruit courut dans le village qu'un O.V.N.I. avait atterri dans un champ voisin. Tous les gens quittèrent alors leurs maisons et se réfugièrent dans le bois de Chulet. Ils se serraient les uns contre les autres et se parlaient sans cesse pour se rassurer. Dans ces moments de peur collective, l'instinct grégaire est très fort.

5) Louis assure que nous aurons des tickets de rationnement d'essence. Une telle mesure aggraverait encore la crise de l'industrie automobile et serait impopulaire. D'autre part, elle n'apporterait pas grand-chose à notre économie, car l'essence ne représente que 15 % de nos importations de pétrole. L'affirmation de Louis me semble donc peu plausible.

6) La radiographie ayant révélé la présence d'une tumeur, l'ablation du rein s'impose. Le chirurgien la pratiquera, lundi matin, à l'hôpital Saint-Georges.

activité

● **La lecture de ces énoncés a-t-elle confirmé le sens que vous prêtiez aux mots? Ou vous a-t-elle aidé à découvrir leur signification au cas où elle vous aurait été inconnue?**

● **Que faudrait-il faire à présent pour être tout à fait sûr du sens des mots?**

■ fiche 2

présentation

Lisez attentivement les douze phrases qui vont suivre.

1) Pour échapper à la cohue de l'autoroute, nous avons *emprunté* l'itinéraire de délestage.

2) Madame Fournier m'a *emprunté* mon aspirateur mais elle ne me l'a pas rendu.

3) La clef *joue* dans la serrure.

4) Les enfants *jouent* dans la cour.

5) Des parcs naturels ont été créés dans de nombreux pays pour protéger les *espèces* animales en voie de disparition.

6) Préférez-vous être payé par chèque ou en *espèces?*

7) Jean-Louis est *susceptible.*

8) Jean-Louis est *susceptible* de bien faire.

9) Mélanie pèse 80 kg. Elle est trop *grosse.*

10) Mélanie attend un bébé. Elle est *grosse* de six mois.

11) Je *réponds* à mon ami Jacques. Il m'a gentiment écrit.

12) Je *réponds* de mon ami Jacques. C'est un brave garçon.

activité

● **Que vous révèlent ces phrases sur « la vie des mots »?**

● **Essayez d'exprimer votre découverte en une ou deux phrases.**

■ fiche 3

présentation

Comparez les couples de phrases qui vont suivre.

1) Il n'a pas encore touché sa pension.
2) Il n'a pas encore perçu sa pension.

1) On verra bientôt le C.E.S. sortir de terre. Ses fondations sont terminées.
2) On verra bientôt le C.E.S. sortir de terre. Ses fondations sont achevées.

1) Vous serez payé pour faire ce travail.
2) Vous serez rétribué pour faire ce travail.

1) Elle a renversé le lait sur sa robe.
2) Elle a répandu le lait sur sa robe.

1) Il s'est fait attraper par ses parents parce qu'il est rentré trop tard.
2) Il s'est fait gronder par ses parents parce qu'il est rentré trop tard.

1) Il va falloir que tu diminues tes dépenses.
2) Il va falloir que tu réduises tes dépenses.

1) On lui a graissé la patte pour qu'il se taise.
2) On l'a acheté pour qu'il se taise.

1) Il est décidé à faire cette démarche.
2) Il est résolu à faire cette démarche.

activité

● **Que vous apprennent ces couples de phrases sur « la vie des mots »?**

● **Allez voir, à présent, dans le dictionnaire la définition des verbes *restreindre* et *réprimander*. Que constatez-vous?**

■ fiche 4

présentation

Lisez attentivement les couples de phrases qui vont suivre.

1) La situation s'améliore.
2) La situation s'aggrave.

1) A 6 heures, la couche de neige était mince.
2) A 6 heures, la couche de neige était épaisse.

1) Le prix de cet appareil est élevé.
2) Le prix de cet appareil est modique.

1) J'éprouve de la sympathie pour ce garçon.
2) J'éprouve de l'antipathie pour ce garçon.

1) L'épidémie s'est répandue rapidement.
2) L'épidémie s'est répandue progressivement.

activité

● **Que vous apprennent ces phrases sur « la vie des mots »?**

● **Essayez à présent de trouver le contraire des mots en italique.**

1) Cette loi est *ancienne*.

2) Je vais lui annoncer son *succès* à l'examen.

3) Le maillot jaune a grimpé le col *aisément*.

4) Tu peux te baigner ici, c'est *permis*.

5) Son idée est *originale*.

● **Pourriez-vous, à présent, trouver un contraire à chacun des mots suivants?**

1) Elle a une déchirure *musculaire*.

2) Le dessinateur utilise une *équerre*.

3) Mon mari *photographie* le paysage.

● **Que conclure?**

fiche 5

présentation

Lisez attentivement les phrases qui vont suivre et voyez ce qu'elles vous apprennent de « la vie des mots ».

1) Mon père a repeint la clôture.

2) J'ai acheté une paire de draps.

3) Elle travaille au pair dans une maison de retraite.

4) Elle portait une toilette imprimée où le bleu et le vert se mêlaient. Cette robe était assortie à ses yeux pers; c'était charmant.

5) Chaque fois qu'il joue au tiercé, il perd.

activité

● **A présent, votre formateur va vous traduire le signe suivant : [*so*]. Cherchez plusieurs mots qui utilisent cette syllabe mais avec des orthographes différentes.**

fiche 6

présentation

Jojo-le-bafouilleur arrive tout ému chez des amis. Voici ce qu'il leur dit.

Mes chers amis, j'ai un tas de clous... J'ai un tract flou... J'ai un *trac fou!*... Je l'ai échappé belle! Au moment où je transperçais la nue... où je me trouvais tout nu... où je *traversais la rue,* un camion a percé le citron vert d'Hélène... un camion a sucé le sirop de troène... un camion *a heurté la Citroën de Fred!* Ça s'est passé en plein buvard... en plein foulard... *en plein boulevard.* J'ai pique-niqué dans les champs... *J'ai paniqué sur-le-champ* car j'ai failli être muté... être muet... *être tué!* J'étais dans mon eczéma... j'étais dans mes attentats... *dans tous mes états...* quelle histoire! Il faut inculquer tous les veaux... Il faut *inculper* tous les chars... tous les chauffe-eaux... tout l'œsophage... *tous les chauffards!* Je le dirai dans ma prochaine allocation... Je le dirai dans ma prochaine *allocution* à la radio... Je ferai sûrement une lotion... J'y ferai sûrement illusion... J'y ferai sûrement *allusion!* Ah! ça je l'ferai!

activité

● **Observez les mots soulignés. Que vous apprennent-ils de « la vie des mots »?**

● **Choisissez deux mots parmi les suivants, et essayez de les utiliser dans de courtes phrases.**

compréhensif / compréhensible;
évoquer / invoquer;
éruption / irruption;
affluence / influence;
éminent / imminent;
collision / collusion.

fiche 7

présentation

Le 22 mai 1974, à 20 heures, un incident survient dans une rue de Lille. Trois personnes en sont témoins : monsieur Théry, 42 ans, monteur en charpente métallique ; madame Devos, 35 ans, mère de famille, sans profession ; l'agent de police Level, 28 ans.

L'incident est si marquant que les trois personnes vont en reparler le lendemain :

activité

1) Madame Devos évoquera l'incident dans une *lettre* à une amie.

2) Monsieur Théry le racontera *de vive voix* à ses collègues de travail.

3) L'agent Level fera un *rapport*.

1) Extrait de la lettre de madame Devos

Hier, je suis allée en ville et j'ai été témoin d'un petit incident. Il faut que je le raconte car il n'est pas banal. Il était environ 20 heures. Je me trouvais rue de la Barre, face à l'école Saint-Joseph. Un taxi de la Compagnie T.U.G. stationnait là depuis quelque temps. Le chauffeur était au volant mais il paraissait dormir. Il avait appuyé son front sur le volant et il ne bougeait pas. Brusquement, il a démarré sans allumer ses phares et sans faire fonctionner ses clignotants. Ce fut vraiment brutal. Rien ne laissait prévoir sa manœuvre. Justement une voiture arrivait à ce moment-là, provenant du boulevard Vauban. C'était une R.6 blanche conduite par une dame d'environ 35 ans. Le taxi lui a littéralement barré la route. Par chance, la voiture n'allait pas vite. La conductrice a pu freiner sur place et éviter la collision. Tout en freinant, elle a klaxonné. Je crois qu'elle l'a fait par réflexe (elle a dû avoir très peur) et en signe de protestation. Cela n'a pas plu au chauffeur de taxi. Il a arrêté sa voiture quelques mètres plus loin. Il l'a mise en travers de la rue pour empêcher la dame de passer ; puis il est descendu de voiture, il est allé jusqu'à la R.6, il en a ouvert la portière, il a saisi la dame par le col de son manteau et lui a craché au visage. Visiblement, il était en état d'ébriété. La dame était surprise et effrayée. Elle se protégeait de son mieux mais elle ne pouvait rien faire contre cet énergumène. Heureusement, un agent de police passait par là. Il avait vu la scène de loin et il est intervenu. A sa vue, notre bonhomme s'est immédiatement calmé. Il a marmonné des explications mais l'agent ne s'en est pas laissé conter. Il a demandé à voir les papiers du personnage et il l'a emmené au commissariat.

A sa demande, un garagiste du voisinage a déplacé le taxi et l'a garé convenablement le long du trottoir. Quant à l'infortunée victime de cette agression, la pauvre conductrice de la R.6, elle s'est rendue au commissariat pour déposer plainte. Comme elle avait besoin d'un témoin, je lui ai offert mes services. J'avais, en effet, été indignée par l'incident. Les gens, au volant, deviennent vraiment des barbares !

2) Récit de monsieur Théry

Hier soir, vers 8 heures, je rentrais du boulot et j'ai vu un drôle de truc. Faut que je te le raconte parce que c'est pas tous les jours qu'on voit ça. J'étais rue de la Barre à Lille, en face de l'école de curés qui se trouve là. Bon, y'avait un taxi qui stationnait. L' chauffeur, y était au volant ; i'bougeait pas. Y'avait l'air de pioncer. Tout à coup, le v'là qui démarre ; i'met pas de clignotants, pas de phares, rien du tout... et, zou ! Le v'là parti. Juste à ce moment là, une bagnole arrivait, c'était une R.6, avec une bonne femme au volant.

Elle venait du boulevard Vauban et elle se pointait dans la rue de la Barre. Mon vieux, c'est miracle qu'elle ait pu s'arrêter !... Sur place, qu'elle a freiné la bonne femme !... Ça, y a pas à dire, chapeau !... A tout coup, i'devait y avoir un accident. La bonne femme, elle a freiné, et en même temps elle a klaxonné. Pour moi, elle devait avoir les chocottes. Elle a fait ça instinctivement. L'gars du taxi, y a entendu le coup de klaxon et ça a pas été de son goût. Y a mis sa bagnole en travers de la rue et y est descendu. J'ai tout de suite vu qu'y était vachement givré. Ça se voyait rien qu'à sa façon de marcher. Y est arrivé à la R.6, y a ouvert la portière, y a attrapé la bonne femme par le colbac, et i lui a balancé un beau molard. Mon vieux, j'en revenais pas !... tu parles d'un truc !... Heureusement, y avait un flic qui passait par là. Pour une fois, ça tombait bien. Y a épinglé notre zigomar en beauté et i l'a embarqué au violon. L'mec, i l'avait vraiment pas volé...

La bonne femme, elle s'est remise comme elle a pu, et elle est partie au commissariat pour porter plainte. Y avait une deuxième bonne femme qui avait tout vu parce qu'elle était comme moi sur le trottoir. Elle a servi de témoin. Moi, j'pouvais pas parce que j'étais déjà en retard ; ma femme, elle se serait fait du mouron. J'ai aidé un garagiste du coin à pousser l'taxi du mec ; i'était resté en rade au milieu de la rue. On l'a rangé comme il faut près du trottoir. Quand j'y repense, c'est quand même une histoire !... Y en a qui sont vachement dégueulasses au volant !

3) Rapport de l'agent Level

Le gardien de la paix Level André,
matricule 241306 du C.V. de Lille
à Monsieur le commissaire de permanence.

Objet :

1° Violences légères et scandale sur la voie publique.

2° Ivresse publique et manifeste.

3° Conduite d'un véhicule automobile en état d'ivresse.

Ce jour, 22 mai 1975 à 20 heures, de passage, en uniforme, rue de la Barre, j'ai été témoin d'un incident, face à l'école Saint-Joseph sise au n° 42.

Un taxi T.U.G., immatriculé 3402 EP 59, effectua une manœuvre de déboîtement et se mit en marche en direction du carrefour Royal-Thiers, sans éclairage et sans faire fonctionner son clignotant. Une conduite intérieure Renault, de type R.6, immatriculée 4010 GA 59, circulant rue de la Barre, même direction, arrivait à ce moment à la hauteur du taxi. La conductrice fut dans l'obligation de freiner brusquement. Par réaction, elle klaxonna. Le chauffeur de taxi plaça alors son véhicule en travers de la chaussée, la roue avant gauche dépassant de 60 cm la médiane, de façon à couper la route à la R.6. Il descendit de voiture, ouvrit la portière de la R.6, empoigna la conductrice par ses vêtements et lui cracha au visage.

J'ai donc interpellé le chauffeur de taxi et constaté qu'il était en état d'ivresse. Il m'a présenté ses papiers au nom de :
— Denorme Louis, Chauffeur, 45 ans ;
— domicilié : 10, rue des Sarrazins à Lille ;
— au service des taxis T.U.G., 12, rue d'Amiens à Lille ;
— ainsi qu'un permis de conduire et la carte grise du véhicule.

La conductrice de la R.6, madame Ravout Jeannine, née Mollet, épouse de Ravout François, domiciliée, 8, boulevard Carnot à Lille, a été invitée à se présenter à la permanence du commissariat central.

Pendant que je m'assurais de la personne du chauffeur de taxi, un garagiste voisin, Desrumeaux Jean, propriétaire du « Garage des Flandres », sis au n°8 de la rue des Bouchers, a placé le taxi devant son garage et appelé Police-Secours.

Une dame ayant été témoin des faits a bien voulu se présenter. Il s'agit de Duriez Yvonne, veuve Devos, 48 ans, domiciliée 42, rue Hegel à Lille.

Le sieur Denorme, fouillé sommairement, a été placé en garde à vue à votre disposition. La compagnie T.U.G. a été invitée à reprendre possession de son taxi.

A Lille - 22 mai 1975
Le gardien de la paix - Level André.

les enseignements de ces trois textes

Impression première

● **Que vous apprennent-ils sur « la vie des mots » ?**

Approfondissement

Comparons les mots soulignés :

1) Il était en état d'ébriété.
2) Il était en état d'ivresse.
3) Y était vachement givré.

● **Lequel de ces mots a été *dit* ?**

● **Lesquels ont été *écrits* ?**

● **Imaginons que M. Théry n'ait pas raconté l'histoire à son camarade mais à une personne qu'il connaissait à peine, le directeur d'école de son fils, par exemple ; aurait-il employé ces mots-là ?**

Comparons encore :

1) Juste à ce moment une voiture arrivait.
2) Juste à ce moment une bagnole arrivait.
3) Juste à ce moment une conduite intérieure arrivait.

● **Lequel de ces mots a été *dit* ?**

● **Madame Devos et l'agent Level ont tous les deux écrit. Pourtant madame Devos n'a pas employé le mot « conduite intérieure » et il est peu probable qu'elle l'emploie un jour dans une lettre.**

Qu'en conclure ?

Comparons enfin :

1) Y a entendu le coup de klaxon, et ça a pas été de son goût.

2) Il a entendu le coup de klaxon, et ça ne lui a pas plu.

● **Laquelle des deux phrases a été *dite* ?**

● **Soulignez le ou les élément(s) négatif(s) de la phrase 1, celui ou ceux de la phrase 2. Que constatez-vous ?**

● **Cherchez des mots et expressions du langage familier et leur(s) correspondant(s) dans le langage courant.**

■ fiche 8

présentation

En allant au travail, Jef raconte à un camarade un incident dont il a été le témoin, la veille.

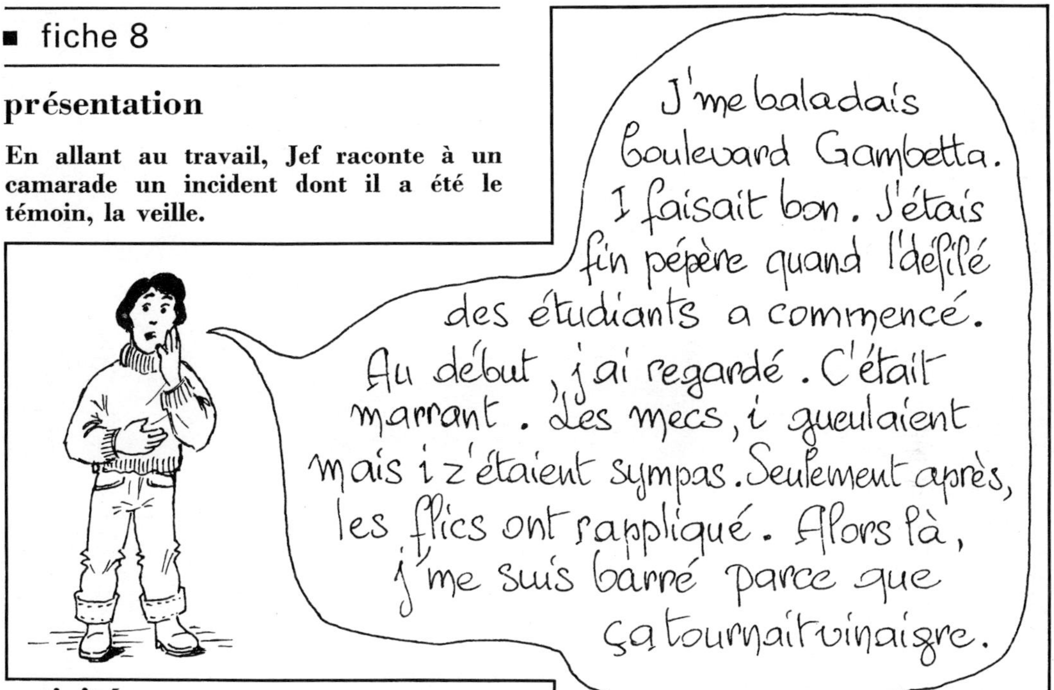

activité

● **A présent, Jef assiste au mariage de sa sœur. Au vin d'honneur, il évoque le même incident ; mais cette fois, son interlocuteur est le frère du marié, personnage que Jef ne connaît absolument pas. Comment va-t-il s'exprimer ?**

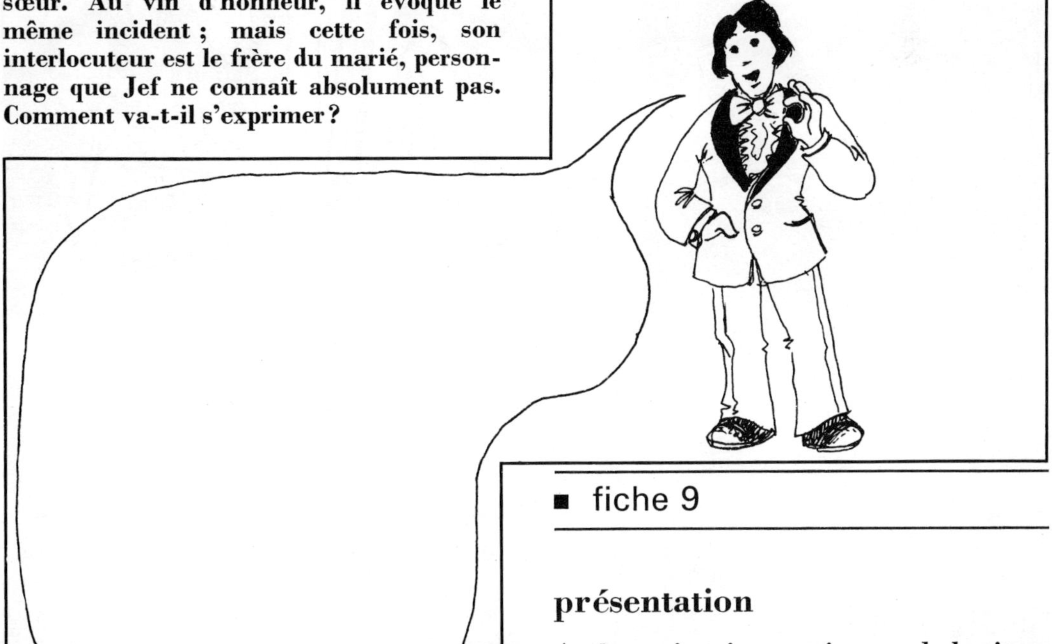

■ fiche 9

présentation

Après avoir pris connaissance de la situation évoquée par ces dessins, imaginez les paroles échangées par les personnages.

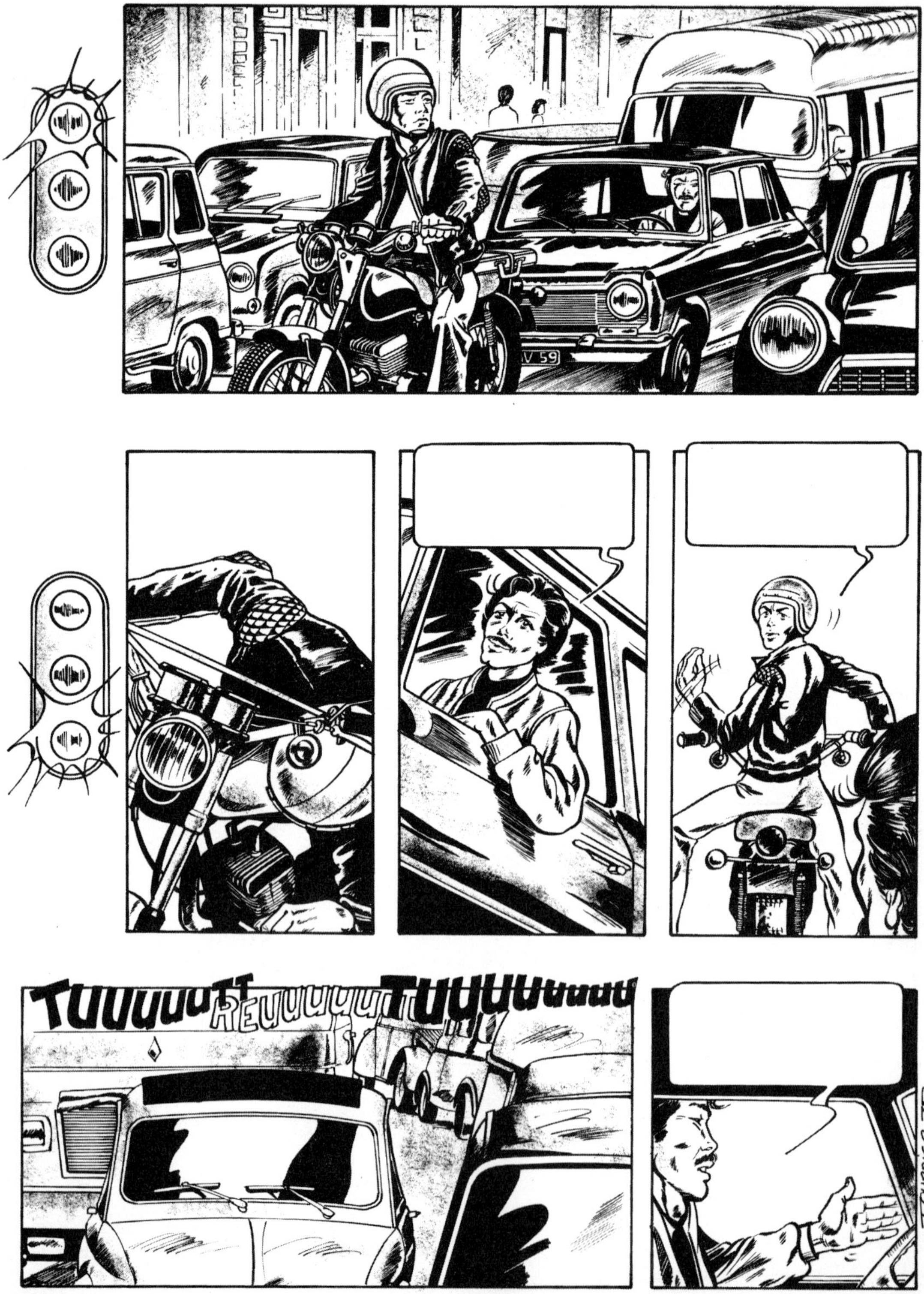
TUUUUUTT
REUUUUUT
TUUUUUUUUU
FOURNIER 75

?
TUUUUUUUTÉUUUUUUUUUU
FOURNIER 75

activité

● **Essayez à présent de décrire l'incident évoqué par les dessins.**

● **Si possible, intégrez au texte le vocabulaire ci-joint :**

Verbes :
— *s'évertuer à ;*
— *insister ;*
— *assurer (quelqu'un de quelque chose) ;*
— *entraver la circulation.*

Adjectifs :
— *irascible ;*
— *exaspéré ;*
— *désavantagé.*

Noms :
— *interlocuteur ;*
— *la chaussée.*

invitation

● **Le même incident a été décrit par Albert Camus, écrivain français du XXe siècle.**

● **En retournant le livre, nous pouvons en prendre connaissance.**

L'homme au volant

Une motocyclette conduite par un petit homme sec, m'avait doublé et s'était installée devant moi, au feu rouge. En stoppant, le petit homme avait calé son moteur et s'évertuait en vain à lui redonner souffle. Au feu vert, je lui demandai, avec mon habituelle politesse, de ranger sa motocyclette pour que je puisse passer. Le petit homme s'énervait encore sur son moteur poussif. Il me répondit donc, selon les règles de la courtoisie parisienne, d'aller me rhabiller. J'insistai, toujours poli, mais avec une légère nuance d'impatience dans la voix. On me fit savoir aussitôt que, de toute manière, on m'emmenait à pied et à cheval. Pendant ce temps, quelques avertisseurs commençaient, derrière moi, de se faire entendre. Avec plus de fermeté, je priai mon interlocuteur d'être poli et de considérer qu'il entravait la circulation. L'irascible personnage, exaspéré sans doute par la mauvaise volonté de son moteur, m'informa que si je désirais ce qu'il appelait une dérouillée, il me l'offrirait de grand cœur. Tant de cynisme me remplit d'une bonne fureur et je sortis de ma voiture dans l'intention de frotter les oreilles de ce mal embouché. Je ne pense pas être lâche (mais que ne pense-t-on pas !), je dépassais d'une tête mon adversaire et mes muscles m'ont toujours bien servi. Je crois encore maintenant que la dérouillée aurait été reçue plutôt qu'offerte. Mais j'étais à peine sur la chaussée que, de la foule qui commençait à s'assembler, un homme sortit, se précipita sur moi, vint m'assurer que j'étais le dernier des derniers et qu'il ne me permettrait pas de frapper un homme qui avait une motocyclette entre les jambes et s'en trouvait, par conséquent, désavantagé. Étourdi, je marchai machinalement vers d'Artagnan quand, au même moment, un concert exaspéré d'avertisseurs s'éleva de la file des véhicules. Le feu vert revenait. Alors, encore un peu égaré, au lieu de secouer l'imbécile qui m'avait interpellé, je retournai docilement vers ma voiture et je démarrai, pendant qu'à mon passage l'imbécile me saluait d'un « pauvre type » dont je me souviens encore.

A. Camus,
La Chute.

enrichissement lexical

■ UN VOCABULAIRE PRÉCIS

■ fiche 1

présentation

Prenez connaissance des énoncés qui vont suivre. Puis efforcez-vous d'y remplacer *les termes* en italique par *un mot* précis. Vous le choisirez parmi les mots suivants :

avoir l'aval de quelqu'un, solvable, pécuniaire, bénévole, honorer, gracieusement, une caution, improductif, désintéressé(e), rétribuer ou rémunérer, des honoraires, des appointements.

1) Des musiciens *qui n'étaient pas obligés d'être là et qui ont joué à l'œil* ont animé la fête du quartier. Ils ont mis une bonne ambiance.

2) Il a agi *sans chercher à se faire du fric, et en pensant seulement à rendre service.* (Il a agi de façon...)

3) A la foire commerciale, le stand de « La Vache qui pleure » reçut beaucoup de visiteurs. On y donnait *pour rien* une boîte de fromage et un ballon.

4) Vous serez *payés* pour faire ce travail.

5) Bernard ne travaille plus chez Lebinois. Il a démissionné. *Ce qu'il gagnait* était insuffisant. (Ses... étaient insuffisants.)

6) *Les sommes que les médecins ont le droit de demander pour leurs visites* vont être relevées. (Les... des médecins vont être relevés.)

7) Il a signé des traites. Maintenant, il doit *tenir ses engagements et payer les traites.* (Maintenant, il doit les...)

8) Pour obtenir un crédit automobile, il faut qu'il ait *la garantie officielle* de quelqu'un.

9) L'ennui, c'est qu'il est *sans ressources, et qu'on ne pourra pas se rabattre sur son salaire s'il ne paie pas.* (L'ennui, c'est qu'il n'est pas...)

10) Si tu loues une voiture d'occasion, tu devras déposer *une somme d'argent en garantie.*

11) Dans notre société, on n'a guère de respect pour *ceux qui ne travaillent pas et qui, par conséquent, ne produisent pas :* les vieillards, les malades, les handicapés de toute sorte.

12) Jacques a des ennuis *d'argent.*

activité

a) Connaissez-vous le nom et l'adverbe qui correspondent à l'adjectif utilisé en 1?

b) Connaissez-vous le nom correspondant à l'adjectif utilisé en 2?

c) L'adverbe utilisé en 3 ne peut-il avoir un autre sens?

d) Et le verbe utilisé en 7?

e) Connaissez-vous les noms correspondant aux verbes utilisés en 4?

f) Le nom utilisé en 10 ne peut-il avoir un autre sens?

g) Connaissez-vous des adjectifs qui se terminent de la même façon que l'adjectif utilisé en 12?

h) A quel thème appartient le vocabulaire utilisé dans ces douze phrases?

■ fiche 2

présentation

Prenez connaissance des énoncés qui vont suivre. Puis efforcez-vous d'y remplacer *les termes* en italique par *un mot* précis. Vous le choisirez parmi les mots suivants :

majorer, déduire ou défalquer, inflation ou inflationniste, exigible, grever, exonérer, indexer sur, débit, indemniser, être crédité de.

1) Le premier tiers provisionnel de l'impôt sur le revenu *doit être payé* le 15 février. (Le premier tiers provisionnel est... le 15 février.)

2) Si tu achètes une maison, tu pourras *enlever* de tes revenus les intérêts que tu paieras pour ton emprunt. Cela va diminuer tes impôts.

3) Cette personne est très âgée et a peu de ressources. Elle est *dispensée de payer* des impôts.

4) J'ai reçu mon dernier relevé de C.C.P. On *indique qu'on a versé à mon compte* une somme de 82 F. Je n'en connais pas la provenance. (On m'a... d'une somme de 82 F.)

5) Je vois sur mon relevé de C.C.P. une *indication disant qu'on a enlevé* 50 F *de mon compte*. Je ne sais plus à quoi cela correspond. (Je vois sur mon relevé un... de 50 F.)

6) Ce livreur malhonnête profitait qu'il avait affaire à une personne âgée pour *augmenter* de 10 % toutes ses factures.

7) Jacques a des ennuis pécuniaires. C'est de sa faute; il a *mis en l'air* son budget avec l'achat de cette grosse voiture.

8) Les habitants du village sinistré *vont recevoir une somme d'argent correspondant à peu près à ce qu'ils ont perdu.* (Les habitants vont être...)

9) Les retraites ne sont pas *liées au* coût de la vie. Tout augmente mais les pensions des vieux ne suivent pas.

10) Nous vivons une époque *de désordre économique, qui est surtout marquée par la flambée des prix.* (Nous vivons une époque...)

activité

a) Connaissez-vous le nom correspondant à l'adjectif utilisé en 1? (Il figure souvent sur les feuilles d'impôts.)

b) Connaissez-vous le nom et l'adjectif correspondant au verbe « déduire »? Vous êtes invité à consulter le dictionnaire à leur sujet.

c) Connaissez-vous le nom correspondant au verbe utilisé en 3?

d) Quel est le nom correspondant au verbe utilisé en 4? (Il figure sur les relevés de comptes bancaires ou postaux.) Et le verbe correspondant au nom utilisé en 5? Ces noms ne peuvent-ils avoir un autre sens? Consultez le dictionnaire à leur sujet.

e) Quel nom correspond au verbe utilisé en 6? Connaissez-vous des mots de la même famille?

f) Quel nom correspond au verbe utilisé en 8?

g) A quel thème appartient le vocabulaire utilisé dans ces dix phrases?

■ fiche de réemploi 2 bis

présentation

Même consigne que pour les exercices précédents. Les mots appartiennent au vocabulaire que vous avez précédemment découvert.

1) J'ai profité que le plombier était chez la voisine pour lui demander de resserrer le robinet de ma cuisine. Il m'a fait ça *pour rien.*

2) *Les sommes que demandent les médecins spécialistes pour leurs consultations* sont généralement très élevées. (Les... des médecins spécialistes sont généralement très élevés.)

3) Il recevra certainement *une somme d'argent* pour le travail qu'il a fait. (Il recevra une... pour ce travail.)

4) Le commerçant ne rentrera jamais dans ses fonds, car son client *n'a pas de ressources.* (Car son client n'est pas...)

5) Je viens d'*avoir, sur mon relevé de compte postal, l'enregistrement d'une somme de* 1 200 F. Mon compte est donc approvisionné : je peux tirer un chèque de 500 F. (Je viens d'être... d'une somme de 1 200 F.)

6) Paul a des ennuis *d'argent.* Il va manquer la location de cet appartement, faute de pouvoir verser *la somme d'argent qui lui est demandée en garantie.*

7) Ses impôts vont être *augmentés* de 10 %. Il a passé la date *où il fallait les payer.* (Il a passé la date d'...)

8) Je crois que je vais accepter cette place : le travail me plaît et *ce que je toucherai par mois* sera de 3 000 F.

9) Les prix galopent mais les salaires ne sont pas vraiment *liés au* coût de la vie. On n'en sort plus !

10) Dans ce pays, *la flambée des prix et le désordre économique* n'existent pas.

11) Marie ne se rappelle plus si elle a payé cette facture. Elle n'a qu'à consulter son relevé de C.C.P. ; elle verra si cette somme lui a été *enlevée.*

12) Nous avons tendance à mépriser *les gens qui ne travaillent pas et, par conséquent, ne produisent pas.* Nous leur faisons sentir qu'ils n'ont pas, à nos yeux, grande importance.

■ fiche de réemploi 2 ter

présentation

Même consigne que pour l'exercice précédent. Les mots appartiennent au vocabulaire que vous avez précédemment découvert.

1) Malgré l'article de *Nord-Échos* et les appels lancés par *Télé-Nord,* on n'a pas eu beaucoup de personnes *qui soient venues travailler à l'œil* pour restaurer la petite chapelle de Jolimetz.

2) Ce mois-ci, mes dépenses ont été modérées. Dans mes relevés de compte, la colonne *qui indique le détail de mes dépenses* n'est guère chargée. (La colonne des... n'est guère chargée.)

3) Paul ne sera pas *payé* pour son intervention, mais il n'en sera pas déçu. *Il ne chasse pas le fric ; il n'a pas fait ça pour les honneurs ou le profit.* (Il est...)

4) Dans ma déclaration d'impôts, je n'ai pas le droit d'*ôter* de mes revenus ce que je donne à mes vieux parents : ils n'habitent pas chez moi.

5) Gilles n'obtiendra pas *de Louise qu'elle lui serve de garantie officielle,* car il est insolvable. (Gilles n'obtiendra pas... de Louise.)

6) Paul n'a plus d'ennuis *d'argent.*

7) Henri m'assure qu'il a réglé ce qu'il me devait par virement postal. Pourtant, *je ne trouve pas sur mon relevé de compte l'enregistrement de cette somme.* (Pourtant, je n'ai pas été... de cette somme.)

8) Elle ne peut pas bénéficier d'*une mesure qui la dispense totalement de payer des impôts* car elle n'a pas 80 ans. (Elle ne peut pas bénéficier d'une... fiscale.)

9) J'essaie toujours de faire attention à mon budget. Je ne l'ai jamais *démoli* avec des dépenses exagérées.

10) Paul est mécontent car *ce qu'il touche par mois* n'est guère élevé. (Car ses... ne sont guère élevés.)

11) Les victimes de l'accident s'organisent et protestent : on leur a donné peu d'*argent pour les dédommager des préjudices qu'elles ont subis.* (Elles n'ont guère été...)

activité

a) Relisez attentivement, *d'un bout à l'autre,* les phrases où figurent les mots en italique. Ne remarquez-vous pas qu'elles ont quelque chose de commun ? Quoi ?

b) Pouvez-vous essayer de *classer* ces différents éléments ?

■ fiche 3

présentation

Prenez connaissance des phrases qui vont suivre. Puis essayez d'y remplacer *les termes* en italique par *un mot* précis. Vous le choisirez parmi les mots suivants :

composer, restreindre, évincer, indisposer, expulser, déclencher, excéder, reléguer, restaurer, s'interposer, rénover, bouleverser, être confus(e), se restreindre.

1) La nouvelle augmentation de loyer était excessive. Elle a *mis en branle* une réaction des locataires qui ont décidé une grève des loyers.

2) L'achat du lave-vaisselle avait grevé notre budget. J'ai dû *mettre le holà dans* nos dépenses et les *diminuer*. (J'ai dû... nos dépenses.)

3) En faisant cette réflexion stupide, il *s'est mis à dos* son chef de service.

4) Ce qui se passait dans cette famille était lamentable : la vieille dame était *mise à l'écart* dans une mansarde non chauffée.

5) Gérard est inquiet. Il sait très bien qu'on cherche à le *mettre dehors* du conseil d'administration.

6) Des manifestants occupaient les locaux du journal : la police les a *mis dehors*.

7) Mon mari a vu le moment où les deux jeunes gens allaient se battre. Il *s'est mis entre eux*.

8) Pour le printemps, nous allons *remettre à neuf* la façade.

9) Des travailleurs bénévoles ont *remis en état* la petite église de la vallée.

10) La nouvelle l'a *mise dans tous ses états*.

11) Dans un ménage, on ne peut pas toujours imposer son point de vue. Il faut souvent *mettre de l'eau dans son vin*.

12) C'était un enfant gâté. Il voulait qu'on s'occupe de lui et n'a pas cessé de réclamer quelque chose. Il a fini par me *mettre les nerfs en pelote*.

13) Quand la commerçante l'a rappelée parce qu'elle avait oublié de payer, *elle ne savait plus où se mettre*. (Elle était...)

14) Nous avons beaucoup dépensé en vacances. Maintenant, il va falloir *nous mettre la ceinture*.

activité

a) Connaissez-vous les noms qui correspondent aux verbes employés dans les énoncés 1 et 2?

b) Connaissez-vous un synonyme du verbe « restreindre »?

c) Connaissez-vous les noms correspondant aux verbes employés dans les énoncés 5, 6 et 8, 9?

d) Le verbe utilisé dans l'énoncé 10 ne peut-il être employé dans un autre sens? Vous êtes invité(e) à consulter le dictionnaire à son sujet.

e) Même question pour les verbes des énoncés 11 et 12.

f) Connaissez-vous le nom correspondant à l'adjectif employé dans l'énoncé 13? Ne peut-il avoir un autre sens? Vous êtes invité(e) à consulter le dictionnaire à son sujet.

g) Relisez à présent chacun des éléments en italique. N'ont-ils pas un verbe commun? Lequel?

■ fiche de réemploi 3 bis

présentation

Même consigne que pour les exercices précédents. Les mots appartiennent au vocabulaire que vous avez précédemment découvert (un même mot peut être employé deux fois mais avec des sens différents).

1) La *remise en état* du kiosque devient urgente. Le toit risque de s'effondrer sur les usagers.

2) Le petit appartement est bien conçu. Il suffira de *remettre à neuf* les tapisseries et les peintures et il deviendra coquet.

3) Martine a la scarlatine. La directrice de son école a fait savoir que la période *pendant laquelle elle ne peut être admise en classe* était de trois semaines.

4) Il a voulu prendre un crayon sur mon bureau et il *a mis de la déroute dans* tous mes papiers.

5) Cet élève avait commis une faute grave. Sa *mise à la porte* du lycée a été décidée.

6) J'ai vu une personne de dos à l'arrêt du bus et je l'ai prise pour ma sœur.

Je lui ai dit bonsoir en la prenant affectueusement par le bras. Quand j'ai réalisé ma méprise, *je ne savais plus où me mettre*. (J'étais bien...)

7) Bernard a fait *un mélange* entre les mots « trac » et « tract ». Ce sont des termes qui se ressemblent.

8) Dernièrement, nous avons repeint le vestibule. Ma sœur voulait une teinte « chamois » et moi, je désirais un ton « ivoire ». Finalement, nous avons *mis de l'eau dans notre vin* et adopté un beige assez chaud.

9) Après sa chute dans le Tourmalet, Poulidor est *mis à l'écart* au bas du classement général.

10) Mes amis discutaient politique. Tout à coup, leur conversation s'est envenimée. Ils allaient en venir aux mains. Mon père s'est *mis entre eux*.

11) Il faut que je *mette un frein à* ma consommation d'essence. Elle devient trop coûteuse.

12) Il était arrogant comme un petit coq. Il critiquait tout et se permettait de donner des conseils. Il m'a *mis en boule*.

13) Mon colis a été refusé à la poste. Il *dépassait* de 300 grammes le poids autorisé.

▪ fiche 4 quelques verbes pour favoriser l'expression

présentation

Prenez connaissance des énoncés qui suivent. Puis essayez d'y remplacer *les termes* en italique par *un mot* précis. Vous le choisirez parmi les mots suivants :

se raviser, surmonter, apprécier, se dérober, ébruiter, localiser, se surestimer, se vulgariser, envisager, généraliser, dévisager, approuver, se munir de, se désister en faveur de quelqu'un, se dédire, se désennuyer.

1) Autrefois, nos mamans lavaient les couches des bébés. Maintenant, les couches cellulosiques sont *employées par tout le monde. Elles sont connues de toutes les mamans.*

2) Il ne faut pas *dire* cette nouvelle *à tout le monde.*

3) Les enfants uniques sont souvent des enfants gâtés. Mais on ne peut tout de même *dire que cela soit vrai pour tout le monde.*

4) Marc a *dit qu'il était d'accord avec* notre démarche.

5) Jean avait promis de nous conduire à Amiens, mais à la dernière minute, *il est revenu sur sa promesse et a dit qu'il ne pouvait pas y aller.*

6) Marie allait acheter une jupe-culotte, mais à la dernière minute, *elle a changé d'avis :* elle a choisi une petite robe.

7) On ne peut pas compter sur ce garçon. Il fait des promesses qu'il ne tient pas. Au moment de tenir parole, *il se « débine »*.

8) Jacques et François étaient tous les deux candidats pour devenir délégués du personnel. Finalement, Jacques *a retiré sa candidature pour laisser la place à François.* (Jacques s'est...)

9) Une canalisation du chauffage a sauté. Mais on n'a pas encore *trouvé où se trouve* la fuite.

10) La S.N.C.F. a accordé aux personnes âgées la carte vermeille. C'est une mesure que je *trouve bien.*

11) Il *se croit plus fort qu'il n'est* et ne soigne pas suffisamment son travail. Un jour ou l'autre, il aura un échec.

12) Pour le moment, le pont n'est conçu que pour les voitures. Les piétons doivent le contourner en faisant un crochet. Mais on *fait le projet de* construire une passerelle piétonnière au printemps.

13) Il *m'a regardée en pleine figure* devant tout le monde. J'étais gênée !

14) Si tu veux retirer ce paquet recommandé, il faut *prendre avec toi* ta carte d'identité. Sinon, le postier ne pourra pas te donner ton colis.

15) Il a bien *repris le dessus après* sa défaillance. (Il a bien... sa défaillance.)

16) Pour *passer le temps,* j'ai feuilleté un livre de géographie. (Pour me...)

activité

a) Connaissez-vous le nom de la même famille que le verbe utilisé en 1? Et l'adjectif? A-t-il le même sens que le verbe?

b) Qu'est-ce que les phrases 1, 2 et 3 ont de commun?

c) Connaissez-vous le nom qui correspond au verbe utilisé en 4? Connaissez-vous les contraires du verbe et du nom?

d) Qu'est-ce que les phrases 2, 3, 4 et 5 ont de commun?

e) Le verbe utilisé en 7 n'a-t-il pas un autre sens si on l'emploie sans « se »?

f) Connaissez-vous des mots de la famille du verbe utilisé en 9?

g) Connaissez-vous le nom correspondant au verbe utilisé en 10?

h) Quel est l'élément commun aux phrases 9 et 10? A-t-il à chaque fois le même sens?

i) Le verbe utilisé en 14 a-t-il tout à fait le même sens dans la phrase suivante : « Le camping est muni d'une infirmerie et de douches. »?

■ fiche de réemploi 4 bis

présentation

Même consigne que pour les exercices précédents.

1) Les premières machines à laver étaient lourdes et coûteuses. Peu de gens en avaient. Mais, à présent, la plupart des ménages en sont équipés. C'est un appareil qui s'est *bien répandu dans le public.*

2) *Je ne suis pas d'accord avec* l'attitude de Jean-Louis. *Je dis qu'elle n'est pas bonne.* (Je... l'attitude de Jean-Louis.)

3) Elle allait partir en mobylette, malgré le verglas. Elle disait qu'elle serait prudente et qu'elle ne tomberait pas. Mais après avoir roulé dix mètres, elle *a changé d'avis et* elle est allée à pied.

4) Georges m'a confié qu'il avait son changement pour Paris. Mais il ne faut pas *dire* la nouvelle *à tout le monde* avant qu'elle ne soit officielle.

5) Il avait promis de signer notre pétition. Mais le jour venu, il s'est *débiné.*

6) L'infection qui lui donnait de la température a été *repérée :* c'est un petit abcès dentaire.

7) Jacques a échoué à son examen. C'est une bonne leçon qu'il reçoit là. Il *s'était cru plus fort qu'il n'était* et il n'avait pas assez travaillé.

8) Paul m'a porté mon sac jusqu'à l'autobus. C'est un geste que j'ai *trouvé bien.*

9) Il faut que *tu tiennes le coup et que tu passes au-dessus de* cette épreuve. Tu seras plus fort et plus expérimenté ensuite.

10) Si tu vas en consultation à la cité hospitalière, il faut *prendre avec toi* ta carte de Sécurité sociale. Elle est indispensable.

11) J'avais promis à Gisèle de l'accompagner en ville mercredi. Mais, mardi soir, j'ai été obligée d'*annuler ma promesse et de dire que je n'irai pas là-bas :* j'étais malade.

12) Qui a bu boira, dit un proverbe. On dit qu'un automobiliste imprudent récidive toujours. Mais peut-on vraiment *dire que cela est vrai pour tout le monde?* Il y a tout de même des mesures qui incitent les gens à se calmer.

13) Je n'ai pas pu poster ton colis. Il *dépassait de beaucoup* le poids autorisé par les P. et T.

■ fiche 5
quelques adjectifs pour favoriser l'expression

présentation

Prenez connaissance des phrases qui vont suivre; puis efforcez-vous d'y remplacer *les termes* **en italique par** *un mot* **précis. Vous le choisirez parmi les mots suivants :**

pitoyable, réticent(e), déprimant(e), désemparé(e), décontenancé(e) ou déconcerté(e), ambigu(ë), éprouvé(e), éprouvant, abattu(e), perplexe, poignant(e), incertain(e), défait(e).

1) Elle est très *touchée* par son échec à l'examen. (Elle est très... par son échec.)

2) On construit un immeuble dans notre quartier. Du matin au soir, il faut entendre le bruit des bétonneuses et des marteaux-piqueurs. A la longue, *ça fait mal aux nerfs et c'est dur à supporter.* (A la longue, c'est...)

3) Nous n'avons pas eu de chance en vacances. Il a plu pendant huit jours d'affilée. *Ça donnait le cafard.* (C'était...)

4) La télévision a repassé dernièrement le film « Jeux interdits ». Voir cette petite fille de quatre ans s'en aller seule sur les routes bombardées de mai 1940, son papa et sa maman tués dans un fossé, *ça fendait le cœur.* (C'était...)

5) Ce pauvre vieux était là dans sa chambre, malade, abandonné et sans chauffage. *Ça faisait pitié.* (C'était...)

6) Il a souffert toute la nuit de sa dent. Ce matin, il est parti travailler avec un visage *qui n'était pas beau à voir : les yeux cernés, les traits tirés, tout pâle.*

7) La nouvelle vient d'arriver sans qu'on s'y attende. Pour le moment, *on est K.O., on ne sait pas réagir.* (Pour le moment, on est...)

8) Mon directeur m'a demandé à brûle-pourpoint si je comptais me marier cette année. Sur le coup *je n'ai pas su quoi répondre.* (Sur le coup, je fus...)

9) Depuis le départ de sa fille, elle est toute perdue, elle n'a plus de goût à rien ; *on dirait qu'elle ne sait plus ce qu'elle doit faire.* (Elle est...)

10) Je lui ai demandé de dire ce qu'il pensait. Il a fait une réponse *peu claire, qu'on pouvait comprendre de plusieurs façons.* Je ne suis pas plus avancé.

11) Le temps *n'est pas sûr. Il peut très bien tourner à la pluie comme il peut se remettre.* (Le temps est...)

12) J'ai demandé à Monique de nous accompagner. J'ai tellement insisté qu'elle a fini par dire oui mais j'ai bien vu qu'elle *n'était pas chaude.* (Mais j'ai bien vu qu'elle était...)

13) J'ai gagné le premier lot à la tombola des Anciens Combattants. C'est un marchand d'électro-ménager qui l'a offert. Je peux choisir entre un lave-vaisselle ou un congélateur. Que prendrais-tu à ma place? Moi, *je ne sais pas me décider. Je n'y vois pas clair.* (Moi, je suis...) J'aime autant l'un que l'autre.

activité

a) Connaissez-vous le nom correspondant aux adjectifs utilisés en 1 et 2? Ne peut-il avoir plusieurs sens? Et le verbe?

b) Comment négativer l'adjectif utilisé en 5? Quel est le sens de l'adjectif ainsi construit?

c) Quel est le nom qui appartient à la famille de l'adjectif utilisé en 6? N'y a-t-il pas un adjectif qui corresponde à ce nom? Quel sens a-t-il?

d) Connaissez-vous un autre adjectif de la famille de « déconcerté »? Qu'est-ce que « se concerter »?

e) Quel est le nom qui correspond à l'adjectif utilisé en 10?

f) Connaissez-vous le nom correspondant à l'adjectif utilisé en 11?

g) Quel est le nom qui correspond à l'adjectif utilisé en 12? et en 13?

■ fiche de réemploi 5 bis

présentation

Même consigne que pour les exercices précédents. Les mots appartiennent au vocabulaire que vous avez précédemment découvert.

1) Sous-alimenté, battu par ses parents, à peine vêtu, cet enfant est dans un triste état. Son petit corps est maigre et marqué d'ecchymoses. *Ça fait pitié.*

2) Il ne cherche pas à comprendre les autres. Il ne pardonne aucune défaillance. Il est *sans pitié*.

3) On ne peut pas compter sur Louis pour disputer ce match. *Il n'est pas sûr*.

4) Jacques est *tout à fait sûr* qu'on cherche à l'évincer du comité. (Jacques a la... qu'on cherche à l'évincer.)

5) Il est *très touché, très marqué* par la rupture de ses fiançailles. (Il est très... par la rupture de ses fiançailles.)

6) Le bébé de nos voisins pleure à longueur de journée. *Ça fait mal aux nerfs, c'est dur à supporter*. (C'est...)

7) Elle broie du noir à longueur de journée. Elle n'a de goût à rien. *Ça fiche le cafard*. (C'est...)

8) Chantal m'offre de profiter de sa voiture et de faire le voyage avec elle. Gérard me conseille de prendre le train, car Chantal est imprudente au volant. Je ne sais que décider. Je suis embarrassé. (Je suis...)

9) Je n'ai pas aimé la réponse qu'il m'a faite. *Ce n'était pas franc. Ce n'était ni oui, ni non*. (C'était...). On ne peut pas s'y fier.

10) Partout où il y a la guerre, des innocents souffrent dans leur corps et dans leur cœur. Morts, blessés, familles séparées, maisons sinistrées, les spectacles *qui serrent le cœur et qui bouleversent* ne manquent pas.

11) Il est *tout K.O. parce qu'il a de la fièvre*. (Il est... par la fièvre.)

12) Son visage est *cerné, tiré, fatigué* : on voit qu'il est malade.

13) Les deux camarades sont inséparables, mais ce n'est pas bon pour Michel. Privé de son ami, il est *tout perdu, il ne sait pas se diriger et réagir*. (Privé de son ami, il est...)

14) Il m'a dit carrément qu'il me désapprouvait. Je ne m'attendais pas à cela. Sur le coup, *j'ai perdu le fil. Je n'ai plus su quoi répondre*.
(Sur le coup, je fus...)

15) Pour acheter ma voiture, je vais devoir prendre un crédit. J'aimerais que Bernard *réponde pour moi*. (J'aimerais que Bernard me donne son...)

▪ fiche de réemploi 5 ter

présentation

Même consigne que pour les exercices précédents. Les mots appartiennent au vocabulaire que vous avez précédemment découvert.

1) Elle a accepté de s'occuper de cette affaire, mais ce fut *en se faisant tirer l'oreille*. (Mais ce fut avec...)

2) Elle aurait voulu que son projet soit adopté tel qu'elle le présentait, mais les membres du comité ont insisté pour qu'il soit un peu modifié. Finalement, elle a *dû mettre de l'eau dans son vin*.

3) Les parents voulaient qu'on descende leur enfant d'une classe mais l'instituteur s'est interposé. Le petit garçon était seulement *perdu* par le changement de région. Quand il s'est adapté, sa scolarité est redevenue normale.

4) Ils vont devoir *diminuer* leur consommation de mazout. Ils ont des notes trop élevées qui *démolissent* leur budget.

5) On a fait exprès de lui causer quelques difficultés pour *mettre son courage à l'épreuve*. (Pour... son courage.)

6) Ta démission nous a *fait beaucoup de peine ; nous en restons marqués*. (Ta démission nous a...)

7) Elle me fait toujours des remarques inattendues *qui me prennent au dépourvu et auxquelles je ne trouve rien à répondre*. (Elle me fait toujours des remarques inattendues qui me...)

8) Comment peut-on *être d'accord avec* une chose pareille? Le nombre de ses « heures supplémentaires » *dépasse de loin* ce qui est autorisé par la loi !

9) A force de travailler et de ne pas voir ses efforts aboutir, elle *attrape le cafard*. (Elle est...)

10) Des jeunes gens ont remis à neuf le foyer des personnes âgées. Ce fut un *travail généreux pour lequel les jeunes n'ont pas voulu se faire payer*. (Ce fut du...). Je l'ai *trouvé très bien*. (Je l'ai beaucoup...)

11) Il y a *quelque chose de peu clair* dans son attitude. J'ai l'impression qu'il va *se défiler*. (Il y a de... dans son attitude. J'ai l'impression qu'il va se...)

12) Il était sur le point d'acheter un parasol, mais *il a changé d'avis*. Le temps *n'était pas assez sûr*. (Le temps était trop...)

13) Arrivée à la caisse, je me suis aperçue que je n'avais pas d'argent pour payer. *Je ne savais plus où me mettre*. (J'étais...)

14) Quand un enfant est enlevé par des ravisseurs, la radio *dit* la nouvelle *à tout le monde*. Depuis qu'on a *tant répandu* le transistor, les nouvelles vont vite!

15) A force de *se croire plus fort qu'il n'est*, il donne aux autres des complexes. A la longue, sa compagnie est *dure à supporter*.

16) On *fait le projet* d'interdire les transistors sur les plages et dans les forêts. Ce serait une bonne chose.

17) Son visage *tout déballé* me disait sa peine : il avait été *mis dehors* du comité qui se constituait.

18) Pour passer en Suisse, l'enfant doit *prendre avec lui* une autorisation paternelle de quitter le territoire.

19) Il *s'est mis tout le monde à dos* tant il a été maladroit. (Il a... tout le monde contre lui.)

20) Sa réponse *me laisse pensive*. *Je ne sais plus quoi penser*. (Sa réponse m'emplit de...)

21) Il y a risque de pénurie de cuivre sur le marché mondial; il faut que les pays industriels *diminuent* leur consommation.

22) Nous n'avions plus besoin de cette vieille machine à coudre; *nous nous en sommes débarrassés en la mettant* au grenier. (Nous l'avons... au grenier.)

23) Marc était prêt à s'emporter; mais pour ne pas bloquer la discussion, il a *mis un frein* à sa colère.

activité

● **Le verbe « interposer », utilisé dans la phrase 3, a-t-il le même sens que nous avions précédemment découvert?**

■ chasser l'intrus

présentation

Dans le texte suivant, 5 mots sont employés à tort; l'auteur leur donne un sens qui n'est pas le leur. Essayez de les repérer et de les remplacer par ceux qui conviennent.

Depuis que mon fils fréquente Jean Lantier, il a beaucoup changé : il ne se coiffe plus, se lave à peine, porte des vêtements négligés, dit des plaisanteries grossières, pour choquer, et crie dans la rue au moindre prétexte. Vraiment, il se vulgarise de plus en plus et nous en sommes choqués. Par ailleurs, Jean Lantier ne travaille pas et ne cherche pas de travail; il est perpétuellement insolvable. Nous avons peur que notre fils prenne ce chemin, il est tellement influençable!

Henri Danvers, son ancien camarade, est très différent. Il admire beaucoup son père qui est général à Arras; aussi généralise-t-il en tout : cheveux en brosse, vêtements impeccables, regard direct, poignée de main ferme, voix nette, presque autoritaire. On croirait voir le père avec trente ans de moins : un vrai général en herbe! C'est peut-être pour cela que notre fils a choisi un camarade tout à fait différent. Mais il est tombé dans l'excès inverse, et a fait un mauvais choix. A son âge, on n'a pas le sens de la mesure, on excède toujours!

L'idéal serait Michel Derbecourt. Ce garçon est vraiment très bien : calme, gentil, serviable, et surtout très franc. Quand il dit quelque chose, on peut le croire. L'autre jour, il a invité notre fils à l'accompagner au bowling en soirée. Comme il nous voyait hésitants, il nous a donné son aval que Pierre serait rentré pour minuit. A 23 h 45, il le ramenait.

Pierre apprécie Michel, mais c'est tout de même à Jean Lantier que va sa préférence. Quand on est jeune, il est difficile de bien choisir ses amis. On est indexé sur des tas de choses : la mode, les vedettes du sport ou de la chanson, la presse des jeunes, les bandes qui se constituent, le désir de s'affirmer... On est aussi idéaliste et généreux. C'est un âge difficile mais tellement passionnant!

■ fiche 6

présentation

Prenez connaissance des phrases qui suivent; puis efforcez-vous d'y remplacer *les termes* **en italique par** *un mot* **précis. Vous le choisirez parmi les mots suivants :**

favoriser, concilier quelque chose et quelque chose, se démener, se ménager, se refuser à quelque chose, improviser, se tracasser ou se tourmenter, se morfondre, s'adapter à quelque chose ou à quelqu'un, intervenir, pâtir de quelque chose, participer à quelque chose, procurer, consentir à quelque chose.

1) Depuis son infarctus, il doit *faire attention, et veiller à ne pas trop se fatiguer.*

2) La marche à pied *fait du bien* à la digestion.

3) Son mari a ramené des amis à l'improviste. Elle a dû *faire* un petit repas *sans s'y attendre.*

4) Il est difficile à une femme qui travaille de *faire aller ensemble* l'éducation des enfants et la profession. Souvent, ce sont les enfants qui *en font les frais.*

5) Je n'arrive pas à *me faire* à cette situation.

6) Gilles a promis de *faire partie de* notre manifestation.

7) J'ai demandé à Irène de nous accompagner. *Elle le veut.*

8) J'ai demandé à Bernard de signer notre pétition mais il *ne le veut pas.*

9) Marc va *faire quelque chose* pour que l'affaire s'arrange.

10) Il se *fait de la bile* inutilement. C'est un tempérament pessimiste.

11) Il se *faisait du mauvais sang* dans son coin, parce qu'il n'osait pas prendre la parole en présence de M. Vesse. Il avait bien tort.

12) Jean m'a *fait avoir* deux places pour le gala de l'Union des Artistes.

13) Je *fais de mes pieds et de mes mains* pour vous obtenir des couchettes dans ce train et vous n'êtes pas encore contents !

14) A la gare de Metz, l'attente nous parut longue. Le train pour Dijon ne partait qu'une heure plus tard. Pour *passer notre ennui,* nous avons joué à la belote.

15) Au moment de payer ta facture, n'oublie pas de *décompter* l'acompte que tu as versé.

16) Demain matin, les gardes organiseront une battue. On a *trouvé* l'endroit où le loup se terre.

activité

a) Revoyez les termes en italique. N'ont-ils pas un élément commun?

b) Le verbe employé en 1 ne peut-il avoir un autre sens quand on l'utilise sans « se »? Quel est le nom qui y correspond?

c) Le verbe employé en 2 ne peut-il avoir un autre sens? Quel est alors le nom qui y correspond? Et le contraire du verbe?

d) Quel est le nom qui correspond au verbe employé en 3? Au verbe employé en 4?

e) Quel est le nom qui correspond au verbe employé en 9?

f) Quel est le nom qui correspond au verbe employé en 12? Connaissez-vous son sens?

g) Les verbes employés en 4, 5, 6, 7 et 8 fonctionnent tous avec une préposition. Cette préposition est-elle partout la même?

h) Observez les phrases suivantes et essayez d'y remplacer le nom en italique par un ***pronom.*** **Que remarquez-vous?**

1) La situation n'est pas facile mais il faut que je m'adapte *à la situation.*

2) Son directeur a des méthodes de travail qui lui sont propres. Il faut qu'elle s'adapte *à son directeur.*

3) Chacun de nous aide notre vieille maman à sa façon. Pour le moment, elle a des ennuis pécuniaires. Marc s'occupe *de ses ennuis pécuniaires.*

4) Cette dame est trop âgée pour se débrouiller seule. Marc s'occupe *de cette dame.*

■ fiche de réemploi 6 bis

présentation

Même consigne que pour les exercices précédents. Les mots appartiennent au vocabulaire que vous avez précédemment découvert (un même mot peut être employé deux fois, mais avec des sens différents).

1) La douceur de la température *fait du bien à* l'éclosion des bourgeons.

2) Marc n'est pas juste. En intervenant comme il l'a fait, il *a mis* la candidature de Françoise *en meilleure posture par rapport aux autres*. (Il a... la candidature de Françoise.)

3) C'était Jean-Louis qui *faisait avoir* aux jeunes lycéens des pétards.

4) A la foire commerciale de Lille, on ne s'attendait pas à la visite de Merckx. Le directeur a dû *faire au pied levé* un discours de bienvenue.

5) Ne dépasse pas tes limites. *Fais attention à toi*. Ta convalescence est encore récente. (... toi)

6) Pourquoi te *faire de la bile* pour cette affaire? Elle n'est pas bien grave.

7) Au lieu de dire ce qu'il a sur le cœur, il se *fait du souci, et se tient à l'écart de tout le monde*.

8) Demande à Jean *de faire quelque chose* pour activer la liquidation de mon dossier.

9) Un militant a beaucoup de mal à *faire aller* sa vie familiale avec les activités de son mouvement.

10) Je *fais de mes pieds et de mes mains* pour avoir ce poste, mais il n'est pas sûr que je l'obtienne. C'est encore incertain.

11) Pierre m'a demandé d'aller à cette réunion et de *prendre part* à la discussion (et de... à la discussion) ; mais *je ne veux pas faire ça*. La situation est trop ambiguë.

12) Paul me demande d'ébruiter la nouvelle afin que chacun soit au courant. *Je veux bien faire ça*.

13) Quand un père de famille se met à la boisson, les enfants *en font les frais*.

■ fiche de réemploi 6 ter

présentation

Même consigne que pour les exercices précédents.

1) J'ai demandé à Henri de participer au défilé. Il a dit « oui » mais j'ai bien vu qu'il *n'était pas chaud*.

2) Désormais, je rangerai mes affaires dans une autre armoire. Je ne veux pas *faire les frais* de ton désordre.

3) Mes amis sont arrivés à l'improviste. Je n'avais rien à leur offrir : ni apéritifs, ni jus de fruits, pas même de l'eau minérale. J'étais *bien gênée!*

4) Avant de m'embaucher, on m'a posé plusieurs questions techniques et on m'a fait réaliser un petit travail. C'était pour *voir si j'étais compétent*. (C'était pour... ma compétence.)

5) Au cours de la réunion, Jacques a été injustement accusé. Il en a été *très peiné*.

6) Nous avons demandé notre chemin à un passant. Il nous a renseignés aimablement, mais ses explications ont été si *embrouillées* que nous n'avons rien compris. Finalement, nous nous sommes perdus.

7) Il faisait si chaud que chacun transpirait beaucoup. Dans ces conditions, le trajet en bus a été *très dur*. Le car était bondé ; nous y étions serrés les uns contre les autres.

8) La déclaration du ministre *n'était pas nette ; on pouvait l'interpréter de plusieurs façons*. Les journalistes ne s'y sont pas trompés. (La déclaration du ministre était...)

9) Pour former l'équipe, je disposais de douze garçons ; or il ne m'en fallait que onze. J'avais le choix entre deux solutions : laisser Jean-Pierre sur la touche, et lui faire de la peine ; ou le faire jouer pendant la première partie du match, et utiliser Guy dans la seconde mi-temps. Cette solution n'était pas très bonne car elle risquait de détruire la cohésion de l'équipe. Cependant, je savais combien Jean-Pierre s'était entraîné, et comme il serait déçu de ne pas jouer ! *Je ne savais vraiment pas quoi faire*. (J'étais...)

10) La télévision en couleurs *se répand largement dans le public*. On la rencontre de plus en plus dans les foyers.

11) Si tes bagages à mains *dépassent* quatre kilos, tu ne pourras monter dans l'avion.

12) Jacques m'a dérangée six fois de suite alors que je faisais un travail délicat. A la fin, j'étais *hors de moi*.

■ fiche 7

présentation

Prenez connaissance des énoncés qui suivent; puis efforcez-vous d'y remplacer *les termes* en italique par *un mot* précis. Vous le choisirez parmi les mots suivants :

nausée, cirrhose, chronique, diabète, cancérigène, lancinant(e), indolore, œdème, hypotension, contaminer, intolérable, incubation, infarctus.

1) Il a été foudroyé par *une crise cardiaque : c'est une hémorragie qui s'est produite à l'intérieur du cœur*.

2) Son alcoolisme a atteint un stade assez avancé. Il a une *maladie du foie. Son foie est formé de petites granulations dures*.

3) Il n'est pas très solide. Il souffre d'une *insuffisance de la tension sanguine*.

4) Elle a été piquée par un insecte. Elle a un *gonflement* de la face, *une sorte de poche contenant du liquide*. (Elle a un... de la face.)

5) Elle doit suivre un régime très strict. Elle a *une maladie qui lui donne du sucre dans les urines*.

6) Sa jaunisse ne lui donne pas de fièvre mais de fréquentes *envies de vomir*.

7) On soupçonne ce colorant d'être une substance *qui donne le cancer*.

8) Sans le vouloir, Guy a *donné son angine* à Louis. Il a été à son contact pendant la période *où la maladie se préparait en lui*. (Sans le vouloir, Guy a... Louis. Il a été à son contact pendant la période d'...)

9) N'aie pas peur de cette piqûre. *Elle ne te causera aucune douleur*. (Elle est...)

10) Non seulement cette douleur est vive, mais elle *revient régulièrement et me lance*. (Cette douleur est...)

11) J'ai eu tort de ne pas aller chez le dentiste hier soir. J'ai passé une nuit blanche. A minuit, *je ne pouvais plus tenir tellement j'avais mal*. (A minuit la douleur était...)

12) Il s'est résigné à sa petite douleur rhumatismale. *Elle est quotidienne et le restera*. (Elle est...)

activité

a) Connaissez-vous le contraire du mot employé en 3? Connaissez-vous les adjectifs qui correspondent?

b) Connaissez-vous l'adjectif qui correspond au nom utilisé en 6?

c) Quel est le nom qui correspond au verbe utilisé en 8?

d) Connaissez-vous deux adjectifs de la même famille que celui qui est utilisé en 9?

e) A quel thème se rattache le vocabulaire utilisé dans cette fiche?

■ fiche 8

présentation

Prenez connaissance des énoncés qui suivent; puis efforcez-vous d'y remplacer *les termes* en italique par *un mot* précis. Vous le choisirez parmi les mots suivants :

sous-cutané(e), impotent(e), psychiatre, neurologue, prothèse, urologue, euthanasie, pédiatre, oto-rhino-laryngologiste, séquelle, perfusion, gérontologue.

1) Elle ne peut pas s'alimenter actuellement. On la nourrit *en faisant passer du sérum dans son sang. Pour cela on introduit dans sa veine une aiguille reliée à un fin tuyau qui amène le sérum goutte à goutte*. (On la nourrit par...)

2) On a guéri ce bouton par une petite injection *qui s'est faite sous la peau.*

3) On a malheureusement dû l'amputer de la jambe. Il a *un membre artificiel* qui lui permet de marcher.

4) Elle n'est plus en danger de mort, mais elle va garder pour la vie des *suites* de sa congestion cérébrale.

5) Son vieux père *ne peut plus se déplacer. Il ne parvient plus à marcher.* (Son vieux père est...)

6) En présence des souffrances intolérables d'un être cher qui est condamné, certaines personnes *donnent la mort au malade.* (Certaines personnes recourent à l'...)

7) Pierre avait une inflammation de la vessie. Il est allé consulter un *spécialiste des voies urinaires.*

8) Elle craignait d'avoir un cancer de la gorge. Elle est allée consulter un *spécialiste des maladies du nez, de l'oreille et de la gorge.*

9) Il a une grande tendresse pour les personnes âgées. Il veut devenir *médecin-spécialiste des troubles causés par le vieillissement.*

10) Il a le système nerveux malade. Il est pris de tremblement qu'il ne sait pas contrôler. Il devrait consulter un *spécialiste du système nerveux.*

11) Elle est très déprimée. Elle éprouve, sans raison, de grandes angoisses qui la font pleurer. Elle devrait consulter un *spécialiste des maladies mentales.*

12) Son bébé lui semblait anémié. Elle est allée consulter un *spécialiste des enfants.*

activité

a) Connaissez-vous des adjectifs qui soient le contraire de celui qui est utilisé en 5?

b) Quels sont les noms qui désignent les parties de la médecine correspondant aux médecins cités en : 7, 8, 9, 10, 11 et 12?

c) A quel thème appartient le vocabulaire utilisé dans cette fiche?

▪ fiche de réemploi 8 bis

présentation

Même consigne que pour les exercices précédents.

1) Depuis un certain temps, il est bizarre. Il vole dans les magasins sans en avoir besoin, et il chipe les cendriers dans les cafés. Il est devenu, en quelque sorte, cleptomane. Il devrait consulter un *spécialiste des maladies mentales.*

2) Je ne peux pas encore dire que j'ai échappé à l'épidémie de scarlatine. La période *pendant laquelle la maladie se prépare en nous* est assez longue. Il est très possible que je couve la maladie sans le savoir.

3) Depuis qu'il a eu cet *accroc : une hémorragie dans le cœur,* il doit se ménager.

4) *La partie de la médecine qui s'attache à étudier le vieillissement et à essayer d'en atténuer les effets* progresse. Les vieillards que nous deviendrons seront moins handicapés que leurs grands-parents.

5) Il risque la congestion cérébrale. Il a *trop de tension.* (Il est...)

6) *La maladie qui donne du sucre dans l'urine* se soigne par un traitement mais aussi par un régime.

7) Ma grand-mère s'est cassé le col du fémur. On l'a opérée et on lui a mis *un fémur artificiel.*

8) L'action du vin sur le plastique donne naissance au polychlorure de vinyle. On dit que ce dernier *donne le cancer.* (On dit que ce dernier est...)

9) Elle a *une poche de liquide* dans le poumon qui gêne sa respiration.

10) Il avait du pus dans les urines. Il a dû consulter un *spécialiste des voies urinaires.* Celui-ci a demandé *une somme d'argent* assez élevée.

11) Elle a une petite éruption *sous la peau.*

12) Il faudra montrer cet enfant au *spécialiste des enfants.* Son retard pour marcher n'est pas normal.

13) Elle éprouve une douleur *qui lance* au niveau du foie. Elle a peut-être des calculs de la vésicule.

14) Il est incapable de parler et de s'alimenter. On le nourrit par *du sérum qui tombe goutte à goutte dans son sang.*

15) Son taux de cholestérol *dépassait de beaucoup* la normale.

16) Cette dame fait de la représentation ; ses journées professionnelles sont longues. Ses enfants en *font les frais.*

17) Par cette chaleur, le travail est *dur à supporter.*

18) J'ai voulu amener Françoise à parler de son problème. Elle ne m'a pas dit non franchement, mais j'ai senti qu'elle *n'était pas chaude.*

19) Il faut *trouver un moyen de mettre à l'épreuve son honnêteté* avant de lui faire confiance. (Il faut... son honnêteté avant de lui faire confiance.)

20) On lui a arraché une dent de sagesse. L'intervention a duré plus longtemps que prévu. Il en est sorti bien *mal en point, ayant beaucoup souffert.*

■ fiche de réemploi 8 ter

présentation

Même consigne que pour les exercices précédents. (Ne vous préoccupez pas pour l'instant des verbes en gras.)

1) C'est lui qui *a dit à tout le monde* la nouvelle dont on **parle** maintenant.

2) Son médecin l'a montrée à un *spécialiste des voies urinaires* dont elle m'a **dit du bien.**

3) Il avait un visage *tout déballé* dont j'ai **eu pitié.**

4) Il a un *bras artificiel* dont il **se sert** très bien.

5) Voilà une substance *qui donne le cancer et* dont **j'ai très peur.**

6) Ce fut un moment *très dur, très pénible* dont il **se souviendra.**

7) *Elle s'est mis à dos* le chef de service dont elle **dépend.**

8) La municipalité *fait le projet de remettre en état* le local dont nous **avons besoin.**

9) Il a fait une réponse *peu nette* dont il **se repentira.**

10) Ils ont *lié le prix de leurs articles au* prix du pétrole ; c'est une mesure dont leur clientèle va se **plaindre.** (Ils ont... le prix de leurs articles sur celui du pétrole.)

11) J'éprouve une douleur *qui me lance et* dont je ne parviens pas à **me débarrasser.**

12) C'est un vieillard *qui fait pitié.* Il est le voisin de la personne âgée dont je **m'occupe.**

13) Sur le coup, l'incident m'a *donné le cafard* mais, en fait, il n'était pas grave. C'est une aventure dont je **ris** à présent.

14) Il était *marqué* par son échec. Il avait un visage triste auquel j'ai **essayé de sourire.**

15) Pendant deux heures, il a insisté pour que j'accepte le projet auquel il se **ralliait.** A la fin, *j'avais les nerfs à vif.* (J'étais...)

16) Paul voulait *augmenter* la petite note de 10 %. Jacques s'y est opposé. Ce sont des procédés auxquels il **se refuse.**

17) Elles n'ont pas *payé* leurs traites *comme elles s'y étaient engagées* car elles sont *sans ressources.* Ce sont les situations auxquelles on **s'expose** quand on tente les gens avec la publicité. (Elles n'ont pas... leurs traites car elles sont...)

18) Voilà le *spécialiste des enfants* auquel tu dois **t'adresser.**

19) Jacques *se croit beaucoup plus fort qu'il ne l'est.* Les appointements auxquels il **s'attend** sont illusoires.

20) Il était tellement *perdu* après la rupture de ses fiançailles qu'il avait besoin de parler à quelqu'un. Mais la personne à laquelle il **s'est confié** n'était pas digne de confiance.

21) Les paroles de Louis étaient blessantes. Georges ne les a pas appréciées. *La façon dont il a montré qu'il les condamnait* a été nette. (Sa... a été nette.) Pour ma part, ce sont des paroles auxquelles je ne **souscris** pas.

activité

a) Relisez les énoncés 1 à 13. N'ont-ils pas un pronom commun? Lequel?

b) Ensemble, nous allons faire fonctionner les *verbes* dont ces pronoms dépendent dans leur phrase. Ces verbes sont en gras.
Exemples : Énoncé 1) : on parle de quelque chose.
Énoncé 2) : on se méfie de quelqu'un, etc.

c) Ne remarquez-vous pas que ces verbes ont un élément commun? Lequel?

d) Comparez-le au pronom « dont ». Que remarquez-vous?

e) Relisez à présent les énoncés 14 à 21. N'ont-ils pas des pronoms communs? Lesquels?

f) Ensemble, faisons fonctionner les *verbes* dont ces pronoms dépendent :
Exemples : Énoncé 14) : on sourit à quelqu'un.
Enoncé 16) : on se refuse à quelque chose.

g) Ne remarquez-vous pas que ces verbes ont un élément commun? Lequel?

h) Comparons cet élément aux pronoms employés. Que remarquons-nous?

i) Comparons à présent les pronoms utilisés en 14 et 16 ainsi qu'en 17. *Se prononcent-ils différemment*? Et cependant, comparons leur orthographe. Que découvrons-nous?

■ fiche 9

présentation

Prenez connaissance des énoncés qui suivent, puis efforcez-vous d'y remplacer *les termes* en italique par *un mot* précis. Vous le choisirez parmi les mots suivants :

impassible, toxique, efficace, nocif(ve), adapté(e) à, inexpérimenté(e), conforme à, compétent, comestible, désœuvré(e), farfelu(e), surmené(e), incompatible, discret(e), émotif(ve), sobre.

1) Si Jean te dit de changer ton chauffe-eau, tu peux le croire. Il *connaît drôlement bien son travail*. (Il est très...)

2) L'intervention de Georges a *fait de l'effet* : la majoration des loyers a été ramenée à 3 %. (L'intervention de Georges a été...)

3) Pour me dépanner, on m'a envoyé un jeune apprenti *qui n'avait pas l'habitude du métier*.

4) Paul *n'a rien à faire*. Il ne sait comment se désennuyer. (Paul est...)

5) Jacques *ne sait plus où donner de la tête*. Ce n'est pas sage. Après son infarctus, il devrait se ménager. (Jacques est...)

6) Quand on a annoncé la nouvelle à Gérard, il est resté *froid comme un marbre, sans montrer ce qu'il pensait*.

7) Gisèle est *vite bouleversée : elle rougit et se panique pour un rien*. Il faudra lui annoncer la nouvelle avec ménagement. (Gisèle est...)

8) André et Jean ne peuvent cohabiter. L'un est un vrai gourmand et *l'autre mange et boit très modérément*. (Et l'autre est...)

9) Il mange des sandwiches à la moutarde et porte des vêtements qui sortent de l'ordinaire. Il se singularise partout où il passe. Il est *un peu zozo*.

10) Tu as raison d'emmener Paul avec toi. Tu ne le regretteras pas. *Il veille toujours à ne pas se faire remarquer*.

11) Cette solution est *bien faite pour* notre problème. (Cette solution est... à notre problème.)

12) Son récit *colle tout à fait avec* la vérité. (Son récit est... à la vérité.)

13) Vous ne pouvez pas concilier vos deux points de vue. *Ils ne vont pas ensemble*. (Ils sont...)

14) Le marron d'Inde *ne peut servir de nourriture à l'homme*. (Le marron d'Inde n'est pas...)

15) Ce produit *contient du poison*. (Ce produit est...). Prétendre que son innocuité est totale est un mensonge.

16) Les fumées chimiques que rejette cette entreprise *nuisent beaucoup au voisinage*. (Les fumées sont très...)

activité

a) Connaissez-vous le contraire de l'adjectif « compétent ». Et les noms qui correspondent aux deux adjectifs?
« Compétent » a-t-il seulement un sens professionnel?

b) Connaissez-vous les mots de la famille de « efficace »?
Et leurs contraires?

c) Connaissez-vous le nom qui correspond à « désœuvré »? Connaissez-vous des synonymes à ces mots? Si non, consultez le dictionnaire.

d) Quel est le nom qui correspond à l'adjectif « surmené »?

e) Connaissez-vous un ou des synonymes de « impassible »?

f) Connaissez-vous le nom qui correspond à « ému »? Celui qui correspond à « émotif »? N'y a-t-il pas un troisième adjectif dans cette famille? Quel est le verbe qui y correspond?

g) Quel est le nom qui correspond à l'adjectif « sobre »? Celui-ci ne peut-il avoir un autre sens que dans l'énoncé 8?

h) L'adjectif « discret » n'a-t-il pas un autre sens que celui de l'énoncé 10? Quel est le nom qui y correspond?

i) Quel est le nom et l'adverbe qui correspondent à « conforme »?

j) Quel est le verbe qui correspond à « toxique »? Connaissez-vous des noms de cette famille?

k) Comparez : innocuité et nocif.
Que remarquez-vous? Quel est le nom qui correspond à « nocif »? Connaissez-vous un synonyme de l'adjectif? Quel est le nom qui y correspond?

l) Quel est le nom qui correspond à « incompatible »? Dans quelle circonstance l'utilise-t-on souvent?

■ fiche de réemploi 9 bis

présentation

Même consigne que pour les exercices précédents.

1) Au moment de la proclamation des résultats, Pierre est resté *froid comme un marbre*.

2) Ne mange pas ces champignons. Ils ne sont pas *mangeables*. Ils sont vénéneux.

3) L'étiquette de l'emballage ne mentionnait pas que le produit *contenait du poison*. Les associations de consommateurs *ont fait une démarche* auprès des pouvoirs publics pour obliger le fabricant à révéler la composition du produit. (L'étiquette ne mentionnait pas que le produit était... Les associations sont... auprès des pouvoirs publics.)

4) Pour détacher le parquet, Paul m'a *fait avoir* un produit *qui est absolument sans danger*. (Paul m'a... un produit dont... est totale - ou un produit qui n'est pas...)

5) Mon frère fait partie d'un club de football. Les dirigeants exigent qu'il s'entraîne trois fois par semaine. *Ça ne peut pas aller avec ses études*. (C'est... avec ses études.)

6) Quand j'ai fait allusion à ses fiançailles, Chantal a rougi. Elle est *vite retournée*. (Elle est...)

7) Cette congestion cérébrale est sérieuse. Je crains que notre amie n'en garde des *suites durables*.

8) Cette maison de retraite est un plain-pied. Des rampes y courent le long des murs pour que les personnes âgées puissent s'y tenir. Elle est vraiment *bien faite pour* les vieillards. Malheureusement, les personnes qui *ne peuvent plus marcher* n'y sont pas admises. (Elle est vraiment... aux vieillards. Malheureusement, les personnes... n'y sont pas admises.)

9) On voulait *éjecter* Marc du comité qui se constituait. Mais Jacques s'est *mis en travers de cette manœuvre*. Il a parlé *peu et sans éclat* mais son intervention a porté. (Il a parlé...)

10) J'ai été étonné qu'on retienne ce candidat. C'est *celui qui connaît le moins son travail*. (C'est le moins...)

11) *Le fait de n'avoir rien à faire* n'est jamais bon. Pour ma part, ça *me donne le cafard*. (Le... n'est jamais bon. Pour ma part, cela me...)

12) Pierre Dac était un personnage un peu *cocasse, qui sortait de l'ordinaire*.

13) Je lui avais demandé de ne pas *dire* la nouvelle *à tout le monde* et il en a parlé partout. On ne peut pas se fier à lui. Il *ne sait pas garder un secret*. (Il est...)

14) Il faut avoir de la patience avec Chantal. Son *manque d'expérience* ne durera pas.

15) *Le spécialiste des voies urinaires* lui a prescrit un traitement. *Ça a fait de l'effet* puisque ses douleurs ont disparu en trois jours. (Ça a été...)

16) Avant de m'embaucher, ils m'ont posé beaucoup de questions pour *voir* si j'étais *vraiment* compétent. (Ils m'ont posé des questions pour... ma compétence.)

17) Malgré la gravité de la situation, Brigitte ne manifestait aucune réaction. *Le fait qu'elle restait de marbre* m'étonnait beaucoup. (Son... m'étonnait beaucoup.)

▪ fiche de réemploi 9 ter

présentation

Même consigne que pour les exercices précédents.

1) On a *enlevé de mon compte-chèques* une somme de 720 F. C'est le prix *du fémur artificiel* qu'on a posé à ma mère. (On m'a... d'une somme de 720 F.)

2) Je ne voudrais pas être juré quand il s'agit *de juger une personne qui a tué un être cher parce qu'il souffrait trop et qu'il était incurable*. (Je ne voudrais pas être juré quand il s'agit d'...). Je ne parviens pas à me faire une opinion sur le sujet. Je suis *très hésitante ; je n'y vois pas clair*. (Je suis...).

3) En *se mettant* entre les combattants, Luc a reçu un coup de poing, il a un gros hématome sur le menton. Heureusement, *ça ne lui fait pas mal*. (C'est ...)

4) Il est *très marqué, très attristé* par son accident de voiture. L'un de ses amis y a trouvé la mort, et lui-même en gardera des *suites* : la perte de l'œil gauche. L'enterrement de son camarade, un garçon de dix-huit ans, *serrait le cœur*. (L'enterrement était...)

5) Jean insiste pour que je *fasse partie de* la réunion, mais *je ne suis pas très chaude*. Je me sens fiévreuse et j'ai peur *de donner mon rhume aux autres*. (J'ai peur de... les autres de mon rhume.)

6) Ce garçon ne peut *faire face à* ses traites. Il est au chômage. Paul va *faire une démarche* pour qu'on lui accorde un délai de paiement.

7) Il m'est difficile de *faire aller ensemble* le sport et les études. J'avais *pensé à* démissionner le mois dernier. Puis j'ai *changé d'avis*. Mon problème reste entier.

8) Ce produit va être vendu, et cependant *on n'est pas sûr qu'il soit sans danger*. (On n'est pas sûr de son...) ou (On n'est pas sûr qu'il ne soit pas...)

9) Lave-toi les mains après avoir utilisé ce produit. Ne les porte pas à tes lèvres. Il *contient du poison*. (Il est...)

10) Les médecins pensent que le tabac *donne le cancer*. (Les médecins pensent que le tabac est...)

11) Après sa chute, il avait *une grosse enflure* au genou. Il s'est soigné avec des compresses d'eau chaude. Cela *fit de l'effet*. (Cela fut...)

12) Jean n'a pas accepté la réponse de Bernard. Elle *n'était pas franche*. *On pouvait la prendre aussi bien pour un oui que pour un non*. (Elle était...) On sentait que le garçon avait envie de *se défiler*. Mais Jean l'a obligé à s'expliquer. *J'ai trouvé qu'il faisait bien*. *Je lui ai donné raison*. (Je l'ai...)

13) Tu me demandes de juger le travail de Benoît. Je *ne connais rien à ce genre d'activités*. Je ne peux pas me prononcer. (Je ne suis pas...)

14) Quand Marie-Pierre lui a reproché son geste, *il n'a pas bronché et il n'a pas montré ce qu'il ressentait*. (Il est resté...)

▪ chasser l'intrus

présentation

Dans le texte qui va suivre, certains mots sont mal employés. L'auteur leur a donné un sens qu'ils n'ont pas.

activité

● **Essayez de repérer ces mots; soulignez-les, et proposez à leur place un mot ou une expression plus juste (il y en a trois).**

Jean est vraiment un bon camarade; je l'apprécie chaque jour. D'abord, il est très franc. Avec lui, pas d'ambiguïté, de confusion ou de mensonge. Il dit franchement ce qu'il pense, et, quand il prend des décisions, il les fait connaître clairement et nous en donne les raisons. L'année dernière, par exemple, nous travaillions sur un chantier à 15 kilomètres de Lille. Nous construisions un immeuble. En arrivant sur les lieux, un matin, mes camarades ont constaté que les échafaudages bougeaient. Comme il avait plu la nuit, on pouvait craindre un glissement de terrain. Jean a examiné les lieux et l'état des échafaudages, puis il a décidé d'interrompre le travail. Il en a pris la responsabilité devant le patron. Nous avons tous apprécié sa perplexité.

Et puis il est généreux et plein de compréhension pour les autres. Il milite, depuis dix-huit mois, pour que les employées de bureau obtiennent la journée continue. Il sait bien, en effet, qu'il est important qu'une femme soit à la maison à l'heure de la sortie de l'école. Si la maman est alors absente, ce sont les enfants qui en compatissent.

Enfin, il est très simple et ne fait pas de façons. Il se met à la portée de tout le monde, et vous accueille aimablement. On est vraiment confus avec lui.

■ trouver un titre

activité

● **Le petit texte qui suit est extrait d'un journal local. Lisez-le attentivement, puis essayez de lui donner un titre.**

L'association des locataires du lotissement Jean Mermoz a tenu, hier soir, une réunion exceptionnelle. La nouvelle augmentation des loyers en était la cause. Chacun était d'accord pour la juger excessive mais quand l'idée d'une grève des loyers a été lancée, la situation a changé. Invités à donner leur avis à tour de rôle, les gens se sont montrés réticents; les quelques personnes qui ont parlé ont fait des réponses ambiguës. Une discussion confuse a suivi et la réunion s'est achevée. Les responsables se demandent s'il faut ou non en organiser une autre la semaine prochaine.

■ fiche 10

présentation

Prenez connaissance des énoncés qui suivent, puis efforcez-vous d'y remplacer *les termes* en italique par *un mot* précis. Vous le choisirez parmi les mots suivants :

officieux(se), résilier, plafond, locatif(ve), acquitter une redevance, un récépissé, un curriculum vitae, un préavis, être éligible, une dérogation, des prestations, une procuration.

1) Si tu avais *payé* plus tôt la *taxe* pour la télévision, tu ne serais pas frappé d'une majoration de 10 %. (Si tu avais... plus tôt la... pour la télévision.)

2) Jacques est malade. Sa femme ne peut retirer aucun argent de son compte-chèques car il ne lui a pas donné *l'autorisation officielle de retirer de l'argent sur son compte.*

3) Roger a de la chance. Il a trente-deux ans, et la limite d'âge de cet examen est normalement fixée à trente ans. Mais il a pu obtenir *qu'on l'autorise exceptionnellement à passer l'examen.*

4) Si tu ne désires pas renouveler ta police d'assurance, il faut *y mettre fin officiellement,* un mois à l'avance, par lettre recommandée. (Il faut la...)

5) Jacques est impardonnable. Il aurait dû commencer à chercher du travail dès la période *au cours de laquelle il continuait à travailler, tout en sachant officiellement qu'il serait licencié.* (Dès la période de...)

6) Un journaliste annonce à l'instant que le Tour de France partira de Paris cette année. Mais c'est une information *qui n'a pas encore été confirmée par*

les responsables du Tour. Je ne peux donc garantir qu'elle soit vraie.

7) Quand je suis passé à la consigne de la gare pour reprendre ma valise, je me suis aperçu que j'avais perdu *le petit billet qu'on m'avait donné, et qui attestait que j'avais bien déposé ma valise à la consigne.*

8) Jean cherche du travail. Il a vu dans le journal une annonce qui l'intéresse. Je l'ai aidé à rédiger un *petit document qui le présente à l'employeur : situation de famille, diplômes, expérience professionnelle, etc.*

9) Tout salarié des deux sexes, âgé de dix-huit ans, sachant s'exprimer en français et travaillant depuis un an au moins dans l'entreprise, *peut être élu* au Comité d'entreprise. (Tout salarié est...)

10) Vous devez participer aux frais d'entretien du jardin. Cela fait partie des charges *qui reviennent aux locataires.*

11) Certains commerçants portent sur leurs produits un prix *de vente à ne pas dépasser.* Il est intéressant de voir s'il est respecté par le revendeur. (Certains commerçants portent sur leurs produits un prix...)

12) Toute femme enceinte qui remplit les conditions requises par la loi a droit à des *sommes d'argent* versées par la Caisse des Allocations familiales.

activité

a) Quel est le contraire de l'adjectif « officieux »?

b) Quel est le nom qui correspond au verbe « résilier »?

c) Connaissez-vous le verbe qui correspond au nom « plafond »?

d) Quel est le nom qui correspond à l'adjectif « éligible »?

e) Connaissez-vous le verbe qui correspond au nom « dérogation »?

f) Quel est le verbe qui correspond au nom « procuration »? Essayez de le faire fonctionner dans une phrase.

▪ fiche de réemploi 10 bis

présentation

Même consigne que pour les exercices précédents.

1) Tu peux faire des heures supplémentaires mais à la condition de ne pas dépasser le *montant maxima qui est autorisé,* c'est-à-dire l'équivalent de ton salaire.

2) Elle ne peut pas prouver qu'elle a *mis fin officiellement à* sa police dans les délais imposés par la loi, car elle a égaré le *petit papier délivré par les P. et T. qui attestait qu'elle avait envoyé une lettre recommandée.* (Car elle a égaré le... de sa lettre recommandée.)

3) La vieille dame est impotente depuis sa fracture du col du fémur. Malgré la prothèse qu'on lui a posée, elle ne peut plus se déplacer. Elle ne peut donc aller au bureau de poste retirer de l'argent sur son C.C.P. Aussi a-t-elle donné à sa fille une *autorisation officielle de retirer à sa place de l'argent de son compte.*

4) Jacques voudrait faire son service militaire dans la coopération. Normalement, il n'y a pas droit car il n'est pas enseignant. Cependant, le ministre de l'Industrie lui a accordé une *autorisation exceptionnelle de participer quand même à la coopération* en raison de sa compétence en électronique.

5) Paul est résolu à quitter l'entreprise. Il n'a pas encore envoyé la lettre *par laquelle il avise officiellement son employeur, un mois à l'avance, de son intention de partir,* mais cela ne saurait tarder. (Il n'a pas encore envoyé sa lettre de...)

6) N'oublie pas de *payer la taxe* pour la télévision sinon tu risquerais d'avoir une majoration de 10 %.

7) Dans l'appartement où j'ai emménagé, les menuiseries sont mal faites. L'air pénètre par de nombreuses fissures, et il fait froid quand le vent est au nord. Mais je ne veux pas faire retoucher les menuiseries, car cela n'entre pas dans les charges *qui reviennent au locataire.*

8) Pierre *ne remplit pas les conditions imposées par la loi pour pouvoir se présenter aux élections.* On ne peut donc retenir sa candidature. De toute façon, il se serait désisté en faveur de René. (Pierre n'est pas...)

9) A 17 heures, la radio annonçait *(mais sans que les gouvernements français et algérien aient confirmé la chose)* la visite du président algérien à Paris en avril. (La radio annonçait... la visite du président algérien à Paris.)

10) De nombreuses personnes ont répondu à l'annonce que nous avons passée dans le journal pour l'emploi de secrétaire. Nous sommes en train d'examiner *les documents par lesquels elles nous présentent : leur personne, leur situation de famille, leurs diplômes, leur expérience professionnelle,* etc. (Nous sommes en train d'examiner leurs...)

11) Jacques a des ennuis pécuniaires. M. Trache est intervenu auprès de la Sécurité sociale pour essayer d'activer le versement des *sommes que la Sécurité sociale doit lui verser dans le cadre du congé maladie.*

■ fiche de réemploi 10 ter

présentation

Même consigne que pour les exercices précédents. Ne vous préoccupez pas, pour l'instant, des verbes en gras. Nous les considérerons à la fin de l'exercice.

1) Marc a des ennuis avec sa compagnie d'assurances. J'**ai peur** qu'il ait *mis fin à* sa police beaucoup trop tard.

2) Je **crains** que Jacques *ne remplisse pas les conditions voulues pour pouvoir se présenter aux élections.* (Je **crains** que Jacques ne soit pas...)

3) Je **voudrais** pourtant qu'il obtienne une *autorisation exceptionnelle de s'y présenter.*

4) Son vieux père est malade. Elle **souhaite** qu'il veuille bien lui donner *le droit de signer à sa place l'acte de vente.*

5) Jacques a gardé des *traces* de son accident. Je **serais heureux** qu'il puisse les montrer à un neuro-chirurgien.

6) Je **serais heureux** qu'on sache à quoi s'en tenir en ce qui concerne le détail des charges *qui reviennent aux locataires.* J'ai gardé le *talon* de la lettre recommandée que j'ai adressée au propriétaire.

7) J'apprécie que Marcelle fasse preuve de courage pour trouver du travail. J'ai lu le document *par lequel elle se présente aux employeurs.* Il est très bien fait.

8) Je **ne suis pas content** qu'on fasse autant de publicité pour ce produit. *Il contient du poison.* Les gens ne le savent pas. (Il est...)

9) Il n'apprécie pas que son fils veuille fréquenter ces garçons. Leur influence est *mauvaise. Elle fait mal.* (Leur influence est...)

10) Je **regrette** qu'on ne fasse pas tout ce qu'il faut pour démentir cette nouvelle. Elle *n'est pas du tout confirmée de source autorisée* et pourtant on l'ébruite. (Elle n'est qu'... et pourtant on l'ébruite.)

11) Le directeur **exige** que notre système d'évacuation en cas d'incendie *soit tout à fait en règle avec les conditions requises par la loi.* (Soit tout à fait... à la loi.)

12) Sa femme **veut** qu'il soit moins émotif. Elle souhaite qu'il reste *très froid* si Bernard lui fait des reproches.

13) Elle est sujette à l'eczéma. Le médecin **interdit** qu'on lui fasse une injection *sous la peau.*

14) Le règlement **défend** qu'on fasse du bruit après 22 heures. En maison familiale, il faut savoir *faire aller ensemble* ses plaisirs et les exigences de la vie en communauté.

activité

a) Relisez chaque énoncé en observant le verbe qui est en gras. Puis regardez le verbe qui le suit :
1) verbe en gras
2) verbe qui suit
Quel est le mode du verbe 2?

b) En vous aidant du tableau qui va suivre, pouvez-vous classer les verbes présentés en gras?

Classement des verbes

Verbes exprimant un désir

Verbes exprimant la satisfaction

Verbes exprimant une crainte

Verbes exprimant un regret

Verbes d'autorité

▪ fiche de réemploi 10 quarto

présentation

Même consigne que pour les exercices précédents.

1) Il faut que tu ailles voir Marie. Elle est *cafardeuse.*

2) Il faut qu'on puisse *faire aller ensemble* loisirs et travail ménager. Ce n'est pas toujours facile.

3) Il faut qu'on fasse venir André pour examiner la toiture. Il *s'y connaît.* (Il est...)

4) Il faut que Pierre *boive et mange plus modérément* sinon il risque l'infarctus. (Il faut que Pierre soit plus...)

5) Il vaut mieux qu'on ait affaire à *quelqu'un qui ait de l'expérience.* (A quelqu'un d'...)

6) Il vaut mieux qu'on ne fasse pas cette cueillette de champignons. On ne sait pas s'ils sont *bons à manger.*

7) Il vaut mieux qu'on remette cette démarche, Gilles *ne sait plus où donner de la tête* en ce moment. (Gilles est... en ce moment.)

8) Il suffit qu'on fasse un reproche à Françoise pour qu'elle devienne toute rouge et se mette à pleurer. Elle est *vite « retournée ».* (Elle est...)

9) Il suffit qu'on veuille faire une démarche pour que Jacques s'y oppose. C'est un personnage *un peu étrange qui se fait toujours remarquer.*

10) Il suffit qu'elle soit malade pour que la vie du foyer soit désorganisée, et les enfants en *font les frais.*

11) Elle ne doit pas se tourmenter pour ses dents cassées. Il suffira qu'elle aille voir un dentiste. Il lui posera *un petit appareil qui remplacera ses dents cassées.*

12) Il arrive que nos deux points de vue soient *opposés et ne puissent absolument pas aller ensemble.*

13) Il arrive qu'il prenne une décision *qui ne suive pas du tout* le règlement. (Il arrive qu'il prenne une décision non... au règlement.) En ce cas, nous ne le suivons pas. Nous *ne voulons pas faire cela.* (Nous nous y...)

14) Toutes les maladies n'ont pas la même évolution. Il arrive que la période *pendant laquelle la maladie couve* soit très longue.

activité

a) Relisez les énoncés 1, 2, 3 et 4. Ils ont un élément commun. Lequel? A quel *mode* est le verbe qui suit cet élément?

b) Relisez les énoncés 5, 6 et 7. Quel est leur élément commun? Mode du verbe qui suit?

c) Mêmes questions pour les énoncés 8, 9, 10 et 11.

d) Mêmes questions pour les énoncés 12, 13 et 14.

e) Pouvez-vous conjuguer oralement au présent du subjonctif les verbes suivants :

faire, pouvoir, aller, savoir, vouloir, être, avoir, sortir, partir, dormir.

■ fiche 11

présentation

Prenez connaissance des énoncés qui suivent, puis efforcez-vous d'y remplacer *les termes* en italique par *un mot* précis. Vous le choisirez parmi les mots suivants :

être solidaire de quelqu'un, être tributaire de quelqu'un, taciturne, expansif(ve), ouvert(e), unanime, réservé(e), influent(e), influençable, sociable, casanier(e), promiscuité, cohabitation, sédentaire.

1) Quand on exerce une profession *qui oblige à rester assis(e) ou debout, sans se donner de mouvement,* il faut veiller à faire de l'exercice, sinon on risque l'embonpoint.

2) Le psychiatre voudrait que Maurice sorte davantage et qu'il participe, d'une façon ou d'une autre, à la vie sociale. Mais c'est difficile ! *Il aime bien sa maison et il s'y tient très souvent.* (Il est très...)

3) Contrairement à son frère, Jacques *aime beaucoup les contacts avec les autres et se lie facilement.* (Jacques est...)

4) Tu voudrais bien savoir ce que pense Rémi. C'est difficile. *Il est toujours tellement silencieux! Il parle peu.* (Il est tellement...)

5) Tu sauras toujours à quoi t'en tenir avec André. Il *dit volontiers ce qu'il pense et l'exprime sans détours.* (Il est...)

6) Robert est un méridional. Il *aime bien montrer ses sentiments, et il les manifeste avec chaleur.* (Il est...)

7) Georges *se laisse mener par le bout du nez. Avec lui, le dernier qui parle a raison.* (Georges est...)

8) Tu peux demander à Marcel d'intervenir en ta faveur. Il *a le bras long.* (Il est...)

9) Dans cette affaire, *nous nous serrons les coudes.* (Nous sommes...)

10) N'ayant pas de voiture, je *dépends vraiment* de René pour me rendre au travail. Je me conforme à ses horaires. (N'ayant pas de voiture, je suis... de René.)

11) Notre décision a été vraiment *celle de tout le monde :* il faut évincer Paul du comité directeur. Il se surestime tellement qu'il agacerait tout le monde.

12) Le projet de Philippe a reçu un accueil *mitigé : on sentait que les gens ne lui donnaient pas leur approbation toute entière.*

13) En attendant la finition de leur maison, les jeunes mariés logent chez mes parents ; mais le *fait de vivre avec un autre ménage* commence à leur peser. (Mais la... commence à leur peser.)

14) Tout s'entend dans cet immeuble. Il est mal insonorisé. Dans ces conditions *le fait qu'une centaine de personnes y vivent de façon très proche* est éprouvant. (Dans ces conditions la... est éprouvante.)

activité

a) Connaissez-vous le nom qui correspond à l'adjectif « sociable »? Quelle différence faites-vous entre « social(e) » et « sociable »?

b) Quel est l'adverbe qui correspond à l'adjectif « ouvert »? Essayez de le faire fonctionner dans une phrase. Essayez d'employer l'adjectif « ouvert » dans des phrases où il aura différents sens.

c) Quel est le nom qui correspond à l'adjectif « solidaire »? Et le verbe? Comment négativer ce verbe?

d) Quel est le nom qui correspond à l'adjectif « unanime »?

e) L'adjectif « réservé(e) » ne peut-il avoir un autre sens? Quel est alors le nom qui lui correspond? Quel est le nom qui correspond au sens qu'il a dans la phrase 12?

■ fiche de réemploi 11 bis

présentation

Même consigne que pour les exercices précédents.

1) Certaines personnes ne supportent pas les souffrances des autres quand elles deviennent inutilement intolérables. C'est le drame *que vivent ceux qui tuent des malades incurables pour leur épargner souffrance et agonie*. (C'est le drame de l'...)

2) Sa douleur au genou devient *habituelle. Elle ne s'en va plus. Il la ressent chaque jour*. En fin de journée, il lui arrive de boiter. Cela *lui donne le cafard*.

3) La nouvelle *n'est pas encore confirmée de source autorisée*. On ne peut pas *la dire à tout le monde*. (La nouvelle n'est qu'... On ne peut pas l'...)

4) Si tu envoies cette lettre en recommandé, garde bien le *petit talon que te donneront les P. et T. Il témoignera que tu as envoyé ta lettre*.

5) Cette personne âgée ne sort pratiquement plus. Elle *dépend de* ses voisins pour s'approvisionner. (Elle est... de ses voisins.)

6) Nous *faisons bloc avec* la décision que tu as prise. (Nous sommes... de ta décision.)

7) Il *retire sa candidature* en faveur de Jean-Pierre. C'est normal, il *ne remplit pas les conditions requises pour avoir le droit de se présenter aux élections*. (C'est normal, il n'est pas...)

8) Il *se fait de la bile* pour peu de choses. Il a un tempérament pessimiste, et il *se croit* toujours *beaucoup moins valable qu'il n'est*.

9) Il *reste seul* dans sa maison et *se fait du mauvais sang* en attendant le télégramme de Bernard. Il a tort : il devrait sortir et aller avoir des amis. (Il se... dans sa maison.)

10) Il *fait trop de choses. Il est débordé et passe les limites de ses forces*. (Il se...)

11) Il a été pris d'une douleur très vite dans la poitrine. En peu de temps, elle est devenue *si forte qu'il ne pouvait plus la supporter*. C'était l'infarctus qui commençait.

12) *Il reste souvent chez lui. Il aime bien être dans sa maison. On a du mal à le décider à sortir*. Cela *ne va guère aller avec* sa future profession. (Il est... Cela ne sera guère... avec sa future profession.)

13) Au cours de nos dernières vacances, un orage a inondé le terrain de camping où nous étions. Tous les campeurs ont dû s'enfuir et se réfugier dans le seul bâtiment qui pouvait les accueillir : l'Auberge de Jeunesse voisine. Mais celle-ci étant exiguë, nous y avons été littéralement entassés pendant deux jours. *Le fait de vivre les uns sur les autres* a été pénible. (La... a été pénible.)

▪ fiche de réemploi 11 ter

présentation

Prenez connaissance des énoncés qui suivent, puis efforcez-vous d'y remplacer *les termes* en italique par *un mot* précis. Il appartient au vocabulaire que vous avez précédemment découvert.

1) La nervosité de Jeannine est éprouvante. Elle parle beaucoup et gesticule. En ce sens, la compagnie de Rémi va me reposer. Il *parle très peu*. (Il est...)

2) Jean-Marie est tombé malade le jour où il devait faire un petit discours pour le départ en retraite de M. Willems. Raoul l'a remplacé. Il a improvisé mais *il aime tellement s'exprimer et le fait avec tant d'ardeur*, qu'il s'en est bien tiré. (Mais il est tellement...)

3) La ville a beaucoup changé depuis que M. Deldique en est maire. C'est un homme *qui a le bras long*.

4) Ne sois donc pas aussi *impressionné par ce que disent les autres. Ils te font changer d'avis facilement*. Tu passes pour une vraie girouette. (Ne sois donc pas aussi...)

5) Marc *aime rester chez lui* mais sa femme aime sortir. Les deux époux doivent souvent composer. (Marc est...)

6) Vous pouvez envisager sans crainte d'inviter Rémi à cette soirée. Il ne sera pas effrayé par le nombre des invités. Il *aime la société et il y est à l'aise*. (Il est...)

7) Jean-Marie est secret alors que son frère *dit volontiers ce qu'il pense*. (Alors que son frère est...)

8) Dans un terrain de camping, *le fait que les gens vivent très près les uns des autres* a des avantages et des inconvénients. D'une part, on noue des contacts, on se fait des amis. D'autre part, on est gêné par le bruit des voisins. (Dans un terrain de camping, la... a des avantages et des inconvénients.)

9) Quand une personne âgée va vivre chez l'un de ses enfants, cela pose des problèmes. Il est difficile de faire *habiter ensemble* deux générations.

10) La France n'ayant pas de pétrole *dépend des* pays producteurs. (La France est... des pays producteurs.)

11) Je ne suis plus d'accord avec la tournure que prend votre démarche. *Je cesse de faire bloc avec elle.* (Je m'en...)

12) *Avec l'accord de tout le monde,* Marc a été désigné pour nous représenter. (A... Marc a été désigné.)

13) Jean-Marie ne veut pas d'une profession qui l'enfermerait dans un bureau. Il a besoin de se dépenser. Les professions *qui demandent qu'on reste assis la plupart du temps dans un local* lui font peur.

■ fiche 12

présentation

Prenez connaissance des énoncés qui suivent, puis efforcez-vous d'y remplacer *les termes* en italique par *un mot* précis. Vous le choisirez parmi les mots suivants :

agonir, agoniser, éminent, imminent, un tract, le trac, valoriser, évaluer ou estimer, compréhensif(ve), compréhensible, collusion, collision, infraction, effraction, éruption, irruption.

1) Je lui ai exposé mon problème. Il s'est montré *plein de compréhension.*

2) Paul a été désobligé par notre remarque. Il refusera certainement de participer à notre réunion. *Cela se comprend.* (C'est...)

3) Si tu stationnes sur ce passage clouté, tu risques la contravention car tu es *en faute par rapport à la loi.* (Tu es en...)

4) Pour cambrioler ces bureaux, les voyous avaient forcé les serrures de l'immeuble. Ils passeront samedi en correctionnelle pour vol avec *détérioration de serrure.*

5) La plupart des H.L.M. sont mal insonorisées et la promiscuité y est parfois pénible. Ma grand-mère *était à l'agonie* quand le transistor de mes jeunes voisins diffusait des chansons comiques. On entendait tout de la chambre de la malade.

6) La colère de Jacques était si grande qu'il ne se contenait plus. Il nous a *dit plein* d'injures. (Il nous a... d'injures.)

7) La poussière monte et le ciel est très noir. L'orage est *très proche.*

8) Le docteur Dusart est très connu. C'est un chirurgien *d'une extrême valeur.* (C'est un... chirurgien.)

9) J'ai hérité de ma tante une jolie bague. Elle me plaît beaucoup mais je n'ai pas la moindre idée de sa valeur. Je vais demander à un bijoutier de *déterminer sa valeur.*

10) La création d'un lac artificiel va *donner plus de valeur* à la région.

11) Il a *surgi brutalement* dans la pièce en criant. (Il a fait... dans la pièce.)

12) Ma fille a *des boutons sur la peau.* Je vais la garder pendant quelques jours à la maison. (Ma fille a une... cutanée.)

13) Le départ en retraite de M. Godet a été marqué par une cérémonie. J'ai dû faire un discours au nom du personnel. Au moment de prendre la parole, j'avais *peur.*

14) Le comité de défense des locataires a distribué un *papier* qui nous invite à une réunion générale.

15) Un violent *tamponnement* s'est produit hier soir, place Turenne, entre un autobus et une 204.

16) On est à présent certain qu'il y a eu *combine, entente sous le manteau* entre le maire et l'entrepreneur chargé des travaux.

activité

a) Quels sont les noms qui correspondent aux adjectifs : « imminent » et « éminent »? Lequel de ces deux noms correspond-il à un titre honorifique? A qui est-il donné généralement?

b) Le mot « éruption » ne peut-il avoir un autre sens que celui qu'il a dans la phrase 12?

c) Efforcez-vous de conjuguer oralement les verbes « agoniser » et « agonir » au présent de l'indicatif.

d) Quels sont les noms qui correspondent aux verbes « évaluer » et « valoriser »? Le verbe « estimer » ne peut-il avoir un autre sens que celui qu'il a dans la phrase 9? Connaissez-vous les noms qui correspondent à chacun de ces sens?

e) Dans une phrase de ce genre : « On évalue à 2 km la distance qui nous sépare du collège... », quel est le sens du verbe évaluer?

f) ***collusion / collision,***
trac / tract,
éruption / irruption,
etc.

Qu'est-ce que ces couples de mots ont de particulier? Connaissez-vous le nom qui les désigne?

■ fiche de réemploi 12 bis

présentation

Même consigne que pour les exercices précédents.

1) Il a *violé le code de la route* en traversant cette agglomération à 100 km à l'heure. Il risque la suspension de permis. (Il a commis une...)

2) La serrure du bureau était à moitié arrachée. Elle ne tenait presque plus au tiroir. *Le fait qu'on ait tenté de briser la serrure* était manifeste. (L'... était manifeste.)

3) Ils ont eu une entrevue avec le professeur de leur fils. Il *a montré de la compréhension*. (Il s'est montré...)

4) L'attitude de Josiane *ne peut se comprendre*. (L'attitude de Josiane est...)

5) Il paraît que le Vésuve est *en activité, qu'il gronde et rejette des flots de lave.*

6) Jacques *a surgi soudainement* dans mon bureau, une note de service à la main.

7) La voiture est tombée dans un ravin. L'endroit était désert, c'est pourquoi on ne s'est pas aperçu tout de suite de l'accident. Il est probable que l'automobiliste *a subi son agonie* tout seul, pendant des heures.

8) Roger était ivre. Il *nous a crié* des injures en pleine rue.

9) Es-tu sûr qu'il n'y a pas eu *entente secrète et arrangement* entre l'administration et cette société?

10) Il a évité de justesse *le tamponnement.*

11) Les experts vont *déterminer* l'importance des dégâts que nous avons subis. Nous serons indemnisés ultérieurement.

12) Patrick n'a parlé de la sorte que pour *donner de la valeur* à l'acte de François.

13) Jean-Marie va quitter notre club. Sa démission est *extrêmement proche.*

14) Poulidor fut un champion cycliste de *très grande valeur.*

15) J'ai dû présenter au directeur les revendications du personnel. J'avais *une belle peur!*

16) *Le papier* qu'ils ont distribué incitait à la violence.

17) Avez-vous *eu* cette somme *sur votre compte?* (Avez-vous été... de cette somme?)

18) Vous a-t-on *enlevé* cette somme *de votre compte?* (Avez-vous été... de cette somme?)

19) Dans la vie moderne, les maladies liées *au manque d'exercice physique* se multiplient. (Les maladies liées à la... se multiplient.)

20) Le projet de M. Laurent *a reçu l'accord de tous.* (Le projet de M. Laurent a fait l'...)

■ fiche de réemploi 12 ter

présentation

Même consigne que pour les exercices précédents.

1) Je crois que Martine se vexera si nous lui offrons une rétribution pour ce qu'elle a fait. *Elle ne cherche pas les honneurs et le profit ; elle agit surtout pour rendre service.* (Elle est...)

2) Jacques n'est pas apprécié de ses subordonnés. Il devrait *avoir plus de compréhension.* (Il devrait être...)

3) Jeanne ne veut pas *mettre de l'eau dans son vin et nous faire des concessions.* Après le tour que nous lui avons joué, *cela se comprend.*

4) Paul est souvent excessif dans ses jugements. Parce qu'il a gardé un mauvais souvenir d'un terrain de camping, il *étend son jugement à tous les terrains de France* et dit que les campeurs français sont sales.

5) Jacques nous a accompagnés jusqu'à la porte de la salle de réunion, mais, au moment de la franchir, *il a changé d'avis* et il est rentré chez lui. Cela ne m'a pas surpris, j'avais bien vu qu'*il n'était pas très chaud.* (Qu'il était...)

6) La réponse de Francis *n'était pas nette. Elle pouvait signifier beaucoup de choses.* Je ne serais pas étonné qu'il y ait eu *des manigances, des « combines » cachées* entre sa société et notre direction.

7) J'ai vu Henri, maigri, le visage *pâle, cerné, les traits déformés par le chagrin,* silencieux. *Il faisait pitié.*

8) La direction voulait changer les horaires de travail mais nous nous sommes *opposés à ce projet :* les nouveaux horaires *diminuaient* encore le temps du repas.

9) Je n'ai pas *mesuré l'importance* de son chiffre d'affaires, mais il est certainement considérable.

10) Elle parle toujours d'elle-même, de ses diplômes, de ses relations, de ses résultats. Elle éprouve constamment le besoin de se *donner de la valeur.*

11) La mort de notre voisin est *toute proche : elle peut arriver d'une minute à l'autre : il est en agonie.*

12) L'intervention de Pierre a été pénible ; il nous a *dit plein* d'injures pendant une demi-heure. (Il nous a ... d'injures.)

13) Mon vieux père va nous donner sa maison. La rente que nous lui verserons en retour sera *liée au* coût de la construction.

14) Poussé par un camarade, Jean a *surgi brutalement* dans la pièce. Personne n'a *été d'accord avec* cette façon de faire.

■ chasser l'intrus

présentation

Prenez connaissance du texte suivant et voyez si tous les mots y ont été bien employés.

activité

● Si vous jugez qu'un mot est utilisé dans un sens qui n'est pas le sien, soulignez-le et remplacez-le par un mot plus juste (le texte comporte quatre mots de ce genre).

Le crime de la rue Masséna a bouleversé les habitants. L'assassin a agi en pleine rue, abattant froidement sa victime de trois coups de revolver. Deux personnes ont été témoins du meurtre. La police les a interrogées en présence d'un dessinateur et les gens ont pu donner un signalement assez précis du meurtrier : taille, front, nez, couleur de cheveux... un vrai curriculum vitae ! L'un d'eux a même ajouté que l'assassin portait une cicatrice sur la joue, prothèse sans doute d'une bagarre ou d'un mauvais coup ! M. Lambert, le mari de l'infortunée victime, apportera également son témoignage. Écrasé par le choc et le chagrin, il n'était pas en état de témoigner hier soir. La police s'est montrée compréhensible : elle ne l'interrogera que vendredi.

La peur règne à présent dans la rue Masséna et c'est compréhensif. Outre le meurtre, on n'ignore pas en effet que cette petite rue isolée et mal éclairée a déjà été le théâtre de plusieurs méfaits : vols de voiture, bagarres, etc. Quand on sait que le bureau de poste se trouve dans cette rue, on se demande ce qu'attend la municipalité pour prendre des mesures. « Il y a longtemps, nous dit une personne âgée, que je n'ose plus aller à la poste et que j'ai donné une procuration à mon fils pour qu'il retire de l'argent à ma place. »

Des lampadaires et des rondes de police dans la rue Masséna... à quand ces mesures? Faudra-t-il payer d'une nouvelle victime le droit de les obtenir?

■ rédiger deux messages

Mme Meunier, personne âgée vivant seule à son domicile, tombe malade. L'assistante sociale de son quartier lui rend visite et trouve, dans l'immédiat, une femme qui accepte de s'occuper de la vieille dame : elle fera les courses, le ménage et la toilette de la personne âgée. Cette femme demande toutefois à être payée à la journée et en argent liquide ; or Mme Meunier n'a plus beaucoup d'argent chez elle. Elle se proposait justement d'aller en retirer à la poste quand elle est tombée malade. L'assistante sociale trouve alors l'adresse de la fille de Mme Meunier (Mme Leducq - 16, rue Colbrant à Valenciennes) et lui envoie un mot pour la prévenir de la maladie de sa mère. Elle lui demande si elle a l'autorisation de retirer de l'argent sur le compte de sa maman.

Par ailleurs l'assistante sociale pense que, une fois guérie, Mme Meunier sera mieux dans une maison de retraite. Elle songe à la maison « Le Verger », située non loin du quartier de Mme Meunier (2, rue des Lilas à Lambersart). Mme Meunier est d'accord. Pour être admise dans cette maison, la vieille dame doit cependant remplir trois conditions :

— ne pas être impotente ;

— être affiliée à la Caisse de retraite des Artisans ;

— être âgée de soixante-dix ans à la date d'admission.

Mme Meunier remplit les deux premières conditions mais ne répond pas à la troisième : elle n'a pas encore 70 ans. Toutefois, elle les aura bientôt : le 31 mars prochain. L'assistante sociale pense que, dans ces conditions, la maison de retraite pourrait peut-être accepter quand même la vieille dame. Elle écrit, dans ce sens, à la directrice de la maison.

activité

● **Essayez de rédiger ces *deux courts messages* : le premier s'adresse à la fille de Mme Meunier, le second à la directrice de la maison de retraite.**

Nous adressons nos plus vifs remerciements à tous ceux qui ont bien voulu nous autoriser à reproduire dans ce livre des pages extraites d'œuvres n'appartenant pas au domaine public.

Albin Michel : G. Cesbron, pp. 64, 65, 107; A. Maurois, p. 106.

Éd. du Cerf : G. Dessière, p, 56.

La Croix-Dimanche du Nord : J. David, pp. 126, 127.

M. Daninos (Hachette) : P. Daninos, p. 111.

Denoël : F. de Closets, p. 64; B. Gros, p. 57; C. Paysan, p. 64.

Duguet et Ardaut : R. Ramuz, p. 54.

L'École des Loisirs : J. Charpentreau, p. 36.

Les Éditeurs Français Réunis : N. Hikmet, p. 55.

Fayard : F. Dupuy, p. 150; G. Franco, p. 117.

Flammarion : Colette, p. 78; J. Romains, p. 52.

Fondation Maurice Carême (Éd. Ouvrières) : M. Carême, p. 59.

Les Fondations Raoul Follereau, Paris (Éd. R. Heurion) : R. Follereau, pp. 161, 163.

Gallimard : M. Bellet, p. 64; A. Camus, p. 176; J. Eastwood, p. 57; H. de Montherlant, p. 35; F. Ponge, p. 90; J. Prévert, pp. 44, 46, 54, 64, 92; R. Queneau, pp. 36, 58; C. Roy, p. 142; A. de Saint-Exupéry, pp. 49, 90; R. Tagore, p. 49; S. Weil, p. 51.

Garnier Frères : R. Barjavel, p. 165.

P. Gauthiez : pp. 37, 59, 60.

Grasset : M. Cardinal, pp. 91, 147, 148; B. Groult, p. 138; J. Guéhenno, pp. 53, 56; J. Nesny, p. 40; C. Rochefort, p. 108.

Information-Jeunesse : J.-P. Gamelin, p. 112.

Julliard : J.-L. Curtis, p. 148.

Laffont : M. Gray, pp. 4, 35, 63, 65.

Marabout : J.-B. Matabaruka, p. 35.

Martinsart : A. Loyen, p. 145.

Maspéro : T. Ben Jelloun, pp. 128, 154.

O. Mathus : p. 45.

Mercure de France : F. Jammes, p. 40; P. Valet, p. 59.

Le Monde : A. Bourseiller, p. 142; A. Guérin, p. 109; E. Laurent, p. 123.

Nord-Éclair : p. 139.

Les Nouvelles Éditions Musicales Caravelle : J. Brel, p. 45.

Les Nouvelles Littéraires : G. Beaumont, p. 44.

Les Éditions Ouvrières : A. Bosquet, p. 45; J. Urbain, p. 52; R. Queneau, p. 58; J. Charpentreau, p. 60.

Paris-Match : S. Guitry, pp. 64, 65.

Société Nouvelle des Éditions J.-J. Pauvert : B. Vian, p. 144.

A. Philipe (Éd. R. Julliard) : pp. 155, 160.

Le Point (Agence Scoop) : J.-M. Gourevitch, p. 156; R. Mihail, p. 115; C. Pierre et U. Zentsch, p. 119.

Plon : G. Douart, p. 56; P.-J. Hélias, p. 130; E. Herriot, p. 40.

Presses de la Cité : R. Barjavel, pp. 35, 52, 63, 64.

Seghers : D. Jallais, pp. 36, 49; J. Rictus, p. 47.

A. Sodenkamp (Éd. A. de Rache) : p. 35.

Stock : B. Clavel, pp. 133, 136; G. Gilbert, pp. 131, 134; G. Navel, pp. 124, 125.

La Vie : L. Durand, p. 113; Cl. Masot, p. 158.

Références iconographiques

P. 6 : photothèque Perrin.
P. 7 : B. Rast, Friburg Ch.
P. 8 : J. Michalik-Rapho.
P. 9 : P. Michaud.
P. 10 : P. Michaud-Rapho.
P. 11 : A. Delefosse.
P. 12, 13, 14 : J.-M. Rémy.
P. 15 : Collection Viollet.
P. 16 : Niepce-Rapho.
P. 17 : Azenstarck-Bard-Rapho.
P. 18, 19 : J.-M. Rémy.
P. 20 : Roger-Viollet.
P. 21 : J.-M. Rémy.
P. 22 : N.D. Roger-Viollet.
P. 23 : P. Michaud-Rapho.
P. 24 : Picasso, « Vive la paix », © by SPADEM 1979.
P. 25a : Paul Klee, « Mécanique du quartier d'une ville », © by SPADEM 1979.
P. 25b : Picasso, © by SPADEM 1979.
P. 26 : Rodin, « L'enfant prodigue », © by SPADEM 1979, (René Jacques).
P. 27 : Rodin, « La cathédrale », © by SPADEM 1979 (P. Jahan - Hachette).
P. 28a : P. Michaud.
P. 28b : H. W.-Silvester-Rapho.
P. 29 : Hoviv.
P. 30a, 30b, 31, 32, 33a, 33b : P. Fournier.
P. 34 : P. Michaud.
P. 37 : J. Dieuzaide-yan-Rapho.
P. 38 : A. Steiner-Rapho.
P. 39 : Savitry-Rapho.
P. 41 : Gamet-Rapho.
P. 42 : J.-M. Rémy.
P. 43 : N. Dumas-Rapho.
P. 47 : B. Rast.
P. 50 : S. Fournier-Rapho.
P. 51 : J.-L. Chavanat.
P. 54 : Bajande-Rapho.
P. 55a : Nadine C.-Rapho.
P. 55b : W. Limot-Rapho.
P. 62 : P. Michaud.
P. 80 : La Voix du Nord.
P. 93, 94, 95, 96 : P. Fournier.
P. 101, 104, 105 : J.-L. Chavanat.
P. 121 : J.-M. Rémy.
P. 159 : Erling-Mandelmann-Who-Rapho.
P. 173 : J.-L. Chavanat.
P. 174, 175 : P. Fournier.

table des matières

1 s'exprimer

2 communiquer

je te dis ce que j'ai lu, je te dis ce que j'en pense

3 étude de la langue

organisation du vocabulaire français

enrichissement lexical

Aubin Imprimeur
LIGUGÉ, POITIERS

Achevé d'imprimer en novembre 1986
N° d'édition 06 / N° de collection 40 / N° d'impression L 22345
Dépôt légal, 3067-12-1986
Imprimé en France

16/4932/6